# More Than The Law:

## Behavioral And Social Facts In Legal Decision Making

# 法律，不只是法律

## 行為與社會事實在法律判決時的角色

彼德・英格利許（Peter W. English）
布魯斯・塞爾斯（Bruce Dennis Sales）——著
龐元媛——譯

五南圖書出版公司 印行

獻給我的妻子，凱西艾芭洛，以及我的父母，約翰和喬瑟芬，
感謝他們在大小事情上的愛與支持。

——彼得W·英格利許

獻給賈斯汀、海瑟和喬，是你們為我突出了傑出教育的重要性。

——布魯斯D·塞斯

# 致謝

感謝我們的同事諾曼・芬克爾、丹尼爾・庫斯、羅傑・李維斯克，以及丹尼爾・徐曼閱讀本書的初稿並給予評論。我們設法提出他們所有出色的建議，但如果有力有未逮之處，都該歸咎於我們。

我們也很感謝擔任我們研究助理的學生，布萊恩・卡隆、史卡特・克利斯汀森、羅莉・柯罕、提摩西・蓋格、法蘭克・強森、馬特・米克以及莎拉・芮森。

推薦序

# 法律，不只是法律

新聞評論人　范立達

高坐在審判席上的法官，在聆聽完控辯雙方的説詞後，必須依據證據、認定事實，然後依法作出判決。這也即是法律人常説的「認事、用法」程序。但其實，在整個審判的過程中，適用法律只是完成判決的最後一個動作，在此之前，法官要做的，都是事實認定。

通常來説，在一個民主法治國家裡，能披上法袍成為法官的人，應該都接受過一定程度的法學教育，因此，在適用法律上，不同的法官彼此間對於法律的見解，其差異性通常都不大；不過，由於每一位法官出身背景不同，對於人情世故及生活體驗也大相逕庭，從而，在事實認定上，就可能有很大的出入。

舉司法實務界最常引的例子來説吧！假設張三揮刀殺李四，一殺就殺了三十幾刀，李四幸而未死，法官該如何對張三作出判決？甲法官認為，張三是基於殺人故意，所以才會連殺了李四三十多刀，因此判決張三殺人未遂罪，處以十年重刑；乙法官認為，張三根本沒有置李四於死的意圖，否則一刀即可斃命，怎可能連殺三十幾刀還不致死？因此判決張三傷害罪，處刑三月。

十年重刑對上三月輕刑，誰判得對？試想，如果案子不幸落到甲法官手上，張三下半輩子人生差不多就得在牢裡待著；但若由乙法官審判，三個月徒刑還能易科罰金，張三等於連一天牢飯也不必吃，只要繳幾萬元罰金，就能安然脫身。這兩項判決豈非天差地遠？對受審者而言，難道不是天堂與地獄的差別？

問題出在哪裡？不在用法，在認事。

認定事實容易嗎？其實非常不容易。因為，訴訟兩造在法庭中所陳述的事實，一定大不相同，這其中，有可能一方所述為真、一方為偽，但更有可能的是，兩造都沒有說真話，都隱瞞了部分事實，只在法庭中披露對自己有利的部分。而法官既然不可能在事發時出現於現場，僅於事後聽取兩方南轅北轍的說法，他要如何判定誰說的才是事實？這也難怪法官常嘆稱：「審判，是神的工作，而我們常常替代神在工作。」真的，孰是孰非？只有天知道！

但很明顯的，神不可能為了人與人之間的各項爭執，就下凡來逐一審判。替代神從事這麼高難度工作的法官，要怎麼扮演好他們的角色？這裡，就涉及了事實認定的功夫了。而這部分，也往往是一件案子裡最不確定的、最常受爭議的焦點。

舉例來說，總統的法定職權包不包括主導二次金改？這部分的事實認定就涉及了前總統陳水扁有罪或無罪的關鍵；猥褻女童是不是要先考量有無違反其意願？當街強吻女性算不算公然猥褻？不慎把玻璃娃娃摔傷的同學，該不該負起民、刑事責任？如果法官對於這些爭點的判斷標準和一般民眾的認知或期待相距太遠，作出的判決自然容易產生驚聲尖叫。

前美國聯邦最高法院大法官霍姆斯（Oliver Holmes）說得好：「法律的生命不在於邏輯，而在於經驗。」經驗豐富的資深法官，在認定事實上或許會比初出茅廬的菜鳥法官來得強，但就算法官的人生閱歷再豐富，還是有其極限。這時，法院就必須引進外部專家，協助法官作出正確判斷。而這些專家們所提供的，就是行為事實與社會事實的專業知識。

本書提到的各項案例，就是討論法官認定的事實，與社會科學專家所認知的事實，之間究竟有多大的鴻溝。透過一則則案例，以及專家們精闢的分析說明，很多在法官（甚至我們）想當然爾的觀念，都被逐一推翻，也開啟我們另一層面的思考方向。

但值得注意的事，審判究竟是法官的工作，社會科學家無論如何不能越俎代庖，替法官審斷案件。在有陪審團制度的國家（如英、美），控辯雙方為了勝訴，必須舉出對自己有利的專家證人，提供堅強有力的論證，說服陪審團，以獲得對自己有利的判決；在沒有陪審團制度的國家（如我國），專家證人就必須說服法官，甚至改變法官的成見，才能扭轉判決結果。但言者諄諄，聽者藐藐，專家證人有時就算講得再口沫橫飛，陪審團或承審法官卻不一定採納其意見，而這時，社會科學家所能致力的方向，或許就只有透過修法途徑，把不合理的制度、規範修正了。

最近，司法院正在研擬「人民觀審條例」，打算對沿襲已久的訴訟體系作些制度性的修正。在新制度的設計中，事實認定的權力不再由法官一人獨攬，法庭上的觀審員也可以參贊意見。可以想見的，未來的法庭活動中，控辯雙方所要設法說服的，不再只是深諳法律的審判長，而是與你、我無異的一般人。也因此，高深的法律用語或許只能在書狀中出現，在口頭論告或交互詰問時，任何人都必須用大家都聽得懂的淺顯白話說明。透過這種程序所產生的判決，是不是就比較不會背離人民情感？或許值得觀察。

法律，是社會科學的一部分，本就不該只是圍繞在艱深枯燥的專業名詞和複雜難懂的程序打轉，透過本書，或許我們也能了解，事實認定對一件案子的成敗，會有多大的影響力。而司法從業人員若能從本書中獲得些許啟發，爾後斷案在認定事實時不致與一般民眾的認知相距太遠，或許，所謂的「奶嘴法官」、「孔龍法官」的污名，終能成為絕響。

# 目次

# 第一章　緒論

本書是短篇故事集，不過並非出自美國文壇大師之手，而是現代美國法律專家的傑作，有些故事就來自於美國最高法院法官。這些故事不只是主角個人的事，裡面的議題跟每個人都切身相關。除了第五章的案例之外，書中每個故事都是真實法院判例。其中很多案子都是美國媒體討論的焦點，大部分都是地方上的案件，比方說所居住的某州、某城市、某區有人請校委會排解糾紛，一路上告到州法院、聯邦法院，最後由美國最高法院裁奪地方上的糾紛。

本書要證明的是，法律並非律師看守的堡壘，以遙不可及、晦澀難懂的法條，將升斗小民擋在門外。法律其實是一個動態的論壇，法條影響著兩人之間或是兩個團體間的紛爭，法官必須先釐清行為事實與社會事實的爭議，才能運用法條做出判決（也就是故事的結尾）。的確，每個故事都在示範法律如何運用行為事實與社會事實。這些故事不是大眾文學，故事的內容與教訓不容忽視，因為這些都與我們的基本生活息息相關。用法律可以接受的行為規範，看看我們的行為會產生哪些後果。這些故事不是小說，是與你我切身相關的大事，不過這些故事還有一個功能，就是讓我們知道立法機關可以依據行為事實與社會事實做決策。要了解法官如何行使職權，必須先知道他們如何辨別、分析、使用、誤用行為事實與社會事實，甚至有時候該用卻不用。

讀者可能會覺得奇怪，法官有各式各樣的規則（比方說法律）可以運用，為何還要考量行為事實與社會事實？答案很簡單，因為法律條文就是遊戲規則，可以決定到底要不要考量這些事實以及如何考量這些事實。不過規則並不是故事內容，事實才是。故事雖然常會出現紛爭，但是最後總要結束，法官的判決就是故事的結尾。

在大多數的案件當中，兩造（法院訴訟當事人或是請求立法機關、政府機關調解的各利益團體）的說法往往差異頗大，即使他們陳述的是同一件事情。法官的責任就是釐清哪些說法是事實，哪些說法只是當事人的揣測。要說「我知道事件的真相」很容易，可是你是否有充足的資訊能證明你說的話？還是你說的只是你個人的意見、直覺、猜測，與事實有所出入，所以根本就不算事實？證明事實的過程很複雜，因為很多人都會說自己知道事實。大部分的人不會自己修車、修水管、修家電，因為我們不夠了解。法官也面臨類似的問題。複雜的議題往往牽涉到許多互相矛盾的事實，只有專家才懂，所以法官需要了解事實，也經常需要請教行為科學、社會科學、生物醫學、物理科學等領域專家，才能裁決紛爭。

不過法官如何使用專家提供的事實知識，往往很難預料。光是有人提供事實知識，並不代表法官就會了解事實，也不代表法官就會妥善運用事實知識做出判決。的確，從本書的故事就能看出法官在判決當中如何使用、濫用或是不理會事實知識。故事裡也有一些例子是法官需要的事實沒人知道，或者只是部分證明。書中一共選錄了十一個故事，每個故事都有一個重要課題。這些故事證明了法官在審判過程中，的確會採用行為事實與社會事實，同時也探討法官為何採用某些事實知識，以及採用或想要採用事實知識會產生哪些問題。

本書的每一章探討一個故事，涵蓋的議題非常廣泛，如高中運動校隊強制實施禁藥篩檢、墮胎、謀殺以及幼稚園兒童指控老師性侵害等等。讀者也許不喜歡某些故事的結局，覺得不符合讀者心中的公平與正義的觀念。不過還是要請讀者敞開心胸，閱讀故事的時候，不要只想著自己認不認同某個判決或是某條法律，也要思考你為何會有這些想法，法官又是如何做出判決？舉例來說，你覺得事實知識對於判決有多重要？你覺得法院（律師通常將主審法官稱為「法院」）會不會參考某些你不知道的事實？法院是不是沒有考量到其他重要的事實知識？事實知識會不會不完整？法官採用的是不是正確的事實？事實有沒有影響判決結果？事實有沒有經過「調整」，迎合先入為主的判決？事實有沒有科學根據？是不是專家意見？如果有新的事實出現，未來的判決會不會與現在不同？

在閱讀故事之前，最好先了解一些背景知識。讀者最好先思考一下法律是什麼，行為事實與社會事實又是什麼，還有兩者的關連。

# 法律

美國的法律就是美國憲法、各州憲法、美國國會與州議會通過的法規、聯邦法院法官與州立法院法官的判決、州政府機關與聯邦政府機關的決策與規範（如州政府的心理衛生部門、獄政部門，或是美國聯邦貿易委員會）、郡政府與市政府的規範（如地方上的交通規則或建築法規）。法律是我們所有司法制度運作的基礎，對我們的生活影響相當廣泛。司法制度是依據法律設立的組織，按照法律的授權運作，履行政府的責任。司法制度包含州政府與聯邦政府的機關與部門（如法院、獄政部門、教育部門、環境保護部門、公園與休閒部門、交通部門、稅收部門等等）。

法律與司法制度都有人性的一面。人要受到法律節制，司法制度也是由人負責運作。所以要了解法律，必須先了解受法律節制的人，還有參與司法制度運作的人，這些人包括檢察官（刑事訴訟中代表政府的人）、原告（在民事訴訟中提起訴訟的個人與實體）、被告（在民事訴訟中被原告控告，或是在刑事訴訟中被檢察官控告的個人與實體）、法官、律師、普通證人、專家證人、立法委員等等與法律互動的人。這些人如何影響法律與司法制度，又如何受法律與司法制度影響，就是實際運作的司法程序。接下來，讀者如果發現實際運作的法律常因參與者的決策而與成文法律不一致，其實也不用太過驚訝。

## 憲法

不論法源為何，所有的法律都不得牴觸全國最高層級的法律，那就是美國憲法與二十七項修正案。第一至第十修正案又稱人權法案，保障人民的某些權利，其中前八項修正案明文禁止聯邦政府從事某些行為（如制訂限制個人自由的法律）。第九修正案保留了憲法條文沒有列舉，卻仍然受到憲法保護的人權。第十修正案保留了州政府沒有獲得聯邦政府授與的權力。美國憲法的「州權」原則就是來自第十修正案。第十四修正案限制了州政府受到第十修正案保障的權利，規定州政府沒有經過合法訴訟程序，不得限縮個人自由，同時也保障所有公民都能得到法律的平等保障。

美國憲法是一份簡明的法律文件，以簡單扼要聞名。如果對憲法條文的意義產生爭議，通常討論的重點會放在起草憲法的人的本意，同時也思考如何將兩百多年前的法律條文（至少前十項修正案已經有兩百多年的歷史）運用在現代社會。比較沒有爭議的是在憲法明文授權聯邦政府的部分（如管理州際貿易、聯邦稅收、國防與對外關係的權利），聯邦法律的地位高於互相牴觸的州法律。如果遇到：（一）聯邦政府沒有獲得授權作為的領域，或是（二）聯邦政府不作為的時候，且爭議的主題並不專屬聯邦政府管轄時，州政府法律與地方法律的地位就比較高。

除了美國憲法之外，各州也有自行制訂憲法。州政府必須依照州憲法行事，而且絕對不能違反憲法。

## 成文法

成文法來自聯邦政府與各州政府的立法機構，立法機關由選舉產生的代表組成，最主要的職責就是立法。美國國會與大部分的州議會包含兩個機構，也就是參議院與眾議院，兩者的職責略有不同，不過握有同等的立法權。法案必須經過參議院與眾議院同意，再由行政長官簽署（聯邦法案由美國總統簽署，州政府法案由州長簽署）之後，才能成為法律。如果一項法案經立法機關通過，卻遭到行政長官否決，立法機關依法有權駁回行政長官的否決。立法機關的權力並不僅限於提出法案、通過法案，還可以修訂、廢除現行法令。在地方層級，市議會與郡議會就是立法機關，因為這些機關有權制訂影響地方管轄權的法律。

聯邦成文法與憲法一樣，位階都高於與聯邦法律牴觸的州法。此外，州法與聯邦法必須遵守美國憲法，州成文法也必須遵守州憲法。

## 判例法

聯邦政府與州政府的司法部門要負責解釋、應用法規，審理法院的訴訟案件，做成的決策統稱判例法，又稱普通法。

美國有各自獨立的聯邦法院系統與州法院系統。聯邦法院負責審理牽涉聯邦事務與憲法的案件，還有各州之間的訴訟案件。聯邦司法系統共分三層，最低一層是美國地方法院（聯邦初審法院），對於受理的訴訟擁有原始管轄權。每一個州都至少有一個地方法院，哥倫比亞特區與波多黎各也各自設有地方法院。美國人口最多的幾個州有好幾間地方法院，負責監督地方法院的是十三個美國巡迴上訴法院。巡迴上訴法院屬於中級法院，受理轄區內地方法院的上訴案件，對於極少數案件擁有原始管轄權。至於上訴法院的原始管轄權，則不在本書的討論範圍。聯邦法院系統的最高層級是美國最高法院，對少數案件擁有原始管轄權（如兩州或兩州以上之間的爭議），並受理美國巡迴上訴法院的上訴案件。如果訴訟案件牽涉直接當事人以外的對象，並且聯邦上訴法院對該案件的意見互相牴觸（U.S. Supreme Court, 2003），最高法院就擁有原始管轄權。最高法院也受理牽涉憲法議題的各州最高法院上訴案件，最高法院握有聯邦法律與州法律是否符合美國憲法的最終解釋權。美國最高法院對於極少數案件握有原始管轄權，不過這也不是本書的討論範圍。

美國最高法院並不是每個上訴案件都會受理，事實上，最高法院每年接到七千件左右的上訴案件，大概只會審理其中一百件（U.S. Supreme Court, 2001）。最高法院有權決定要不要受理上訴案件。九位最高法院法官至少要有四位同意，才能受理一個上訴案件。如果最高法院拒絕受理，低一層級的法院判決就會成立。

美國各州的法院系統的架構與聯邦法院系統大致類似。案件首先由民事法庭或刑事法庭受理，這些法庭包括審理情節輕微案件的市鎮法庭與交通法庭，也包括審理比較重大的民事案件與刑事案件的高級法庭。上訴必須先由中級上訴法院受理，最後再由最高層級法院受理，一般都是稱為最高法院。當然「最高法院」的名稱也不是不能更改，比方說紐約州的最高上訴法院就叫做紐約州上訴法院。最後要特別注意的是依據法界慣例，法院（court）如果指涉的是美國最高法院，那 court 的 c

就要大寫（Court）。

## 行政法

美國政府的行政體系，在聯邦層級的最高行政首長是美國總統，在各州層級的最高行政首長則是州長。最高行政首長負責代表政府，向立法機關提出新法案，也要負責執行立法機關制訂的法律。為了幫助最高行政首長執行這些任務，立法機關設立了許多行政機關（如州政府的獄政部門、聯邦政府的國家環境保護局），這些單位有權發布行政規則、行政決策、行政命令、行政意見，以便執行最高行政首長與立法機關交付的職權。這些行政機關有權執行行政法、解決行政法相關的糾紛，並且說明、解釋與該行政機關業務相關的法規與政策。這種行政規則、行政決策、行政命令、行政意見都具有法律效力，但是不得牴觸憲法、成文法與判例法。

## 不同法源之間的互動

政府的各體系（行政、立法、司法）雖然職責不同，制訂法律的時候並不是各自獨立作業。舉例來說，美國國會或州議會制訂一條法律，行政單位可能必須發布新的規則，以配合這條法律。如果這條法律沒有牴觸憲法，法院審理案件就必須遵守這條法律。如果立法機關對於法院或行政機關解釋、執行某條法律的方式不滿意，就可以修訂、廢除這條法律，防止誤解、濫用。同樣的道理，在案件審理期間，法院可能需要檢討立法體系制訂的法規（如法律），或是行政體系制訂的法規（如行政命令），確定符合憲法。如果法院認定某條法律違反憲法，就會宣布該條法律無效，或者抵觸憲法的部分無效。市面上有許多書籍可以幫助讀者找到有興趣研究的法律（如 Morris, Sales, & Shuman, 1997; Sales & Shuman, 2005）。

## 行為事實與社會事實

所謂事實就是經過證明的事情，所以行為事實與社會事實，都是與人類的行為社交相關，經過證明的事實（而不是日後可能證明是錯誤的假設事實）。然而，如何得知這些事實則是個比較複雜的問題。一般人通常都覺得自己一眼就能認出事實，對自己的判斷頗有自信，把自信與正確混為一談。不過，這種自信往往都充滿了偏見。

所以該如何尋找事實呢？如果我們不知道事實，那答案其實很簡單。在下列這些情形下，我們毫不考慮就會向科學尋找答案：要了解太空與宇宙學的事實，我們會參考物理學與天體物理學；想要了解人類疾病的事實，就要參考生物醫學；想要了解人類行為的事實，就要參考行為科學與社會科學。雖然很多人都覺得自己是「人性的學生」，其實他們相信的事實，都是來自假設與自行推斷的結論，但並不一定正確，沒有證據能證明這些是事實。我們想知道正確的行為事實與社會事實，就必須研究行為科學與社會科學，要尋找其他的事實也要用同樣的方法研究。在法律決策過程中，如果遇到行為事實與社會事實，就會牽涉到心理學、社會學、犯罪學、家庭研究、溝通、經濟學、語言學、人類學與政治學。

大家一定會想，為何像行為科學與社會科學之類的科學就能找到事實呢？會有這個疑問也很正常。答案也很簡單，因為用科學的方法可以發掘正確的事實。這個方法的特色就是先提出一些假設，再進行實證測試，看看能不能淘汰錯誤的假設。一般來說，這種研究都會投稿到科學期刊，這樣一來，研究的結果就會經過同行評審。所謂同行評審，就是由其他也熟悉研究主題的科學家審閱研究報告，看看正不正確。研究報告的品質還要經過其他重要的測試，不過這些在研究方法與統計學的課程都會學到。想要更深入了解科學方法，可參考Popper（1965, 1992）與Ziman（1991）。

科學知識並不是靜態的，也不能一次全部了解。科學家運用科學方法，可以在研究背景的有限條件下發掘事實。舉例來說，新藥藥效的科學研究，能告訴我們關於新藥我們需要知道的事實，但是沒有辦法知道所有的事實。想要知道這些知識，一般需要做上好幾年的科學研究。舉例來說，我們知道新藥的藥效之後，就要研究新藥與其他藥品同時服用可能造成的影響，還有老年人長期服用會造成哪些影響。

## 在法律決策整合行為事實與社會事實

讀者在本書其他章節會發現：行為事實與社會事實和法律決策直接相關。為了要證明這一點，我們在本書的第一部分就示範了如何在法律決策過程中，應用行為事實知識與社會事實知識，也證明事實知識可能有許多來源（如認知心理學與社會學）。

本書的第二部分要探討為何要運用行為事實知識與社會事實知識。我們考量五個主要用途：辨識與衡量某條法律相關的行為事實假設與社會事實假設的正確性、協助設定新法律的目標（或是修法的目標）、協助釐清有爭議的事實、協助釐清有爭議的事實來判斷法律是否符合憲法，還有灌輸法律決策者行為知識與社會知識，以便更有效履行職責。

本書的第三部分會探討雖然行為事實知識與社會事實知識有許多用途，法律決策者使用起來可能還是會遇到許多問題。舉例來說，法律決策者可能因為政策或是其他法律因素，決定不採用某些資訊。即使法官、立法委員、行政機關決定要採用行為事實與社會事實，還是會遇到一些問題。他們需要的事實知識可能不存在，或者就算能找到相關的研究，也無法直接解答法律決策者的疑惑，或者是研究方法與統計有瑕疵。

非法律專業人士看這些故事也能學到重要的課程，可以更加了解行為知識與社會知識對於法律決策有多重要。原本不熟悉行為科學、社會科學與法律的關係的實證研究人員看了這些故事之後，也可以發現許多新的研究機會，如果好好研究，在全國的法院、立法機關、行政機關都會產生實質影響。行為科學與社會科學專家看了這些故事，就會了解法律為何需要資訊，專家也有責任要提供法律決策者最正確的行為事實與社會事實，幫助決策者衡量法律議題。

## 本書架構

為了要達到這些目的，本書後面的章節都會研究原始法律案例（一章一個）。每一章的開頭是緒論，介紹本章的課題還有法律案例的主題，緒論之後就是法律案例摘錄（如美國最高法院訴訟案件）與討論（標題是「分析與影響」），帶領讀者檢視並探討與章節中法律議題相關的行為事實與社會事實。書中的討論不是只有證明章節的重點而已，我們在每一章都會分析，突顯行為事實、社會事實與法律之間深厚的關係。

這本書裡面的十一個主題（一章一個）超越了法律案例討論的範圍。之所以選擇這些法律案例，是因為這些案子可以讓讀者在趣味中學習，當然每個主題都能找到其他類似的法律議題與資料。

為了增加可讀性，我們將各章的法律案例予以改寫節錄，以往案例與法條的引述內容一律刪除，行為科學與社會科學文獻的原始引述內容也全部省略（文獻的內容則有保留），另外也刪去了不必要的註腳，重要的註腳直接放在內文當中。擔任專家的行為科學家與社會科學家姓名一律予以刪除。有些引號的功能只是突顯某句話是誰先說的，這種引號也通通刪除。有些法律用語也經過改寫，將意思表達得更清楚，不具備法律專業的讀者也能輕易了解案件內容。所有與本書目的無關的法律討論也一律刪除，所以書裡不會出現撰寫評論的法官姓名，也不會透露幾位法官認同這些意見、幾位法官不認同。不過在第十章的確摘錄了一段「認同意見」，第十二章也摘錄了一段「反對意見」，這是因為要把這幾章的主題說得更清楚。如果讀者需要未經改寫的完整內容，可以參考各章結尾的「參考文獻」，裡面都有列出所有引用的法律文件，可以找到完整的法律條文、大學圖書館資料或者網路資料。

各章的「分析與影響」部分並不是要討論案件牽涉的所有法律議題，也不是要探討與案件相關的所有行為科學與社會科學研究資料，因為這樣一來，每一章都會變成一本書的篇幅。就算這樣做只會把書的篇幅變大，還是有可能失去許多讀者，因為不是每個讀者都想成為某個領域的專家。這本書的目的是要傳達各章的主題，還有突顯行為事實、社會事實與法律的關係。

最後讀者可能要問，為何不乾脆寫一本「非小說類」的法律書就好了呢？殊不知，如果只是直接閱讀法律文件，裡面的資訊可能就沒有那麼強烈，教育意義也少了一些。法律是一個動態的過程，涵蓋了真實發生的爭議，律師拚命想為客戶打贏官司，法官必須公正不偏頗，才能履行職責，再加上法官需要正確的行為事實知識與社會事實知識，結果就是一連串引人入勝的故事，教導讀者好玩又重要的觀念。

## 參考文獻


Morris, R., Sales, B.D., & Shuman, D.W. (1997). *Doing Legal Research: A guide for social scientists and mental health professionals*. Thousand Oaks, CA: Sage.

Popper, K.R. (1965). *Conjectures and refutations: The growth of scientific knowledge*. New York: Basic Books.

Popper, K.R. (1992). *Logic of scientific discovery*. New York: Basic Books.

Sales, B.D., & Shuman, D.W. (2005). *Experts in court: Reconciling law, science, and professional knowledge*. Washington DC: American Psychological Association.

U.S. Supreme Court. (August 20, 2003). *A brief review of the Supreme Court*. Retrieved June 14, 2004, from http://www.supremecourt.gov/about/briefoverview.pdf

U.S. Supreme Court. (2001). *The justices' caseload*. Retrieved June 1, 2004, from http://www.supremecourt.gov/about/justicecaseload.pdf

Ziman, J.M. (1991). *Reliable knowledge: An exploration of the grounds for belief in science*. New York: Cambridge University Press.

# Part 1

# 法律決策過程的確會用到行為事實與社會事實

# 第二章　事實知識在法律決策過程中相當重要

## 案例：運動校隊強制禁藥篩檢

藥物濫用是美國目前最嚴重的問題。聯邦政府、各州政府還有地方政府花費數十億美元掃蕩毒品，執法單位也在邊境查緝毒品，特別毒品法庭每年負責審理數千件毒品案件。政府也規劃多項教育課程防止兒童接觸毒品。越來越多校區採用的作法是：要求某些學生必須接受藥檢才能參加學校校隊。

可想而知，某些家長、兒童與公民自由團體反對這種作法，也挑戰這種政策。其中有一個案例牽涉到十二歲的詹姆斯·阿克頓，他來自奧勒岡州，想參加足球校隊，條件是他必須同意不定時接受藥檢，其他想加入校隊的人也要接受這個條件。詹姆斯和他的父母因此控告校區，案件最後由美國最高法院審理。

我們先探討最高法院的意見，因為從這裡可以看出，行為事實與社會事實在法律決策過程中有多重要。法院如果要判決學校勝訴，就必須證明政府有責任保護校隊隊員、其他學生還有學校人員不受毒品危害。法院發現有行為事實與社會事實可以證明毒品的確非常氾濫，校隊隊員是社區的行為典範，卻也是領導毒品風潮的人。另外，還要證明運動員使用毒品可能會導致傷病，也要證明運動員比較沒有隱私，所以，強制藥檢對運動員來說比較算不上是侵擾（如法律考量到搜查人身）。如果沒有證明這些，最高法院就不可能判決校區的藥檢政策符合美國憲法第四與第十四修正案。

## 維洛尼亞校區控告阿克頓

### 美國最高法院

維洛尼亞校區（以下簡稱校區）在奧勒岡州維洛尼亞市這個伐木小鎮，設有一所高中與三所小學。就像美國的其他小鎮一樣，學校的運動競賽也是鎮民生活的重心，校隊隊員在學校、社區都是眾人欽佩的對象。

毒品問題在這個校區原本不嚴重，直到一九八〇年代中期至晚期，學校老師與行政人員發現使用毒品的學生人數遽增，學生開始大談他們有多喜歡吸毒文化，還吹噓學校拿他們一點辦法都沒有。毒品開始越來越氾濫，紀律問題也越來越嚴重。一九八八年和一九八九年，維洛尼亞校區的懲戒案，與一九八〇年代初期相比，攀升了兩倍多。幾位學生遭到強制休學。學生在課堂上越來越不守規矩，經常口出穢言。

校隊隊員不但會使用毒品，還是毒品文化的領導者。校區主管對此格外擔心，因為使用毒品會增加運動傷害的風險。專家在法庭上也作證指出毒品會減弱運動員的積極性、記憶力、判斷力、反應能力、協調能力還有場上的表現。高中校隊教練曾經看到一位摔跤選手胸骨嚴重受傷，又有多位足球選手忽略安全程序，用錯誤的方式運動。他們會受傷，都是因為相信毒品的效用。

校區一開始的解決方式是安排特殊課程與演講，宣導學生不要使用毒品，甚至引進一隻經過特殊訓練的狗查緝毒品，但是毒品問題還是沒解決。根據審理法院的紀錄：

校區主管已經無計可施，許多學生不服從管教，特別是校隊成員。太多學生不守紀律。教室失序事件與學生懲戒案件數目成長三倍，同時教職人員也親眼看到學生使用毒品，甚至還讚揚吸毒與喝酒的好處。校區主管因此認為學生的脫序行為是由酒精與藥物濫用所引起，還有學生對毒品文化的錯誤觀念。

## 校區的藥檢政策

為了解決這個問題，校區主管考慮實施藥檢。他們召開一場家長會，討論可能實施的校隊藥檢政策（以下簡稱政策或校區政策），與會的家長一致同意。校委會決議從一九八九年秋季開始實施藥檢政策，目的在於防止校隊成員使用毒品，保護他們的健康與安全，沒通過藥檢的學生也能參加戒毒計畫。

這項政策適用於所有參加校際運動賽事的學生，想要加入校隊的學生都必須簽署藥檢同意書，還要取得家長同意書。校隊成員必須在賽季初接受藥檢，此外，賽季中的每個禮拜，所有校隊成員的姓名都會集中起來，由一名學生在兩名成年人的見證之下，隨機抽出百分之十的校隊成員進行藥檢。抽中的校隊成員會接獲通知，如果可能的話，就在當天進行藥檢。

抽到的學生填寫一份檢體資料表，拿到一個號碼。學生如果正在服用處方藥，必須提出處方箋或者醫師授權書。學生接著在一名成年監督人的陪同之下，進入空無一人的更衣室，監督人的性別必須與該名學生相同。抽中的男學生要提供尿液檢體，過程當中衣著完整，背對著監督人。監督人站在學生身後，距離十二至十五呎。監督人可以在學生小便的時候看著學生（不過不是每個監督人都會這樣），也仔細聽著小便的聲音。女學生則是在封閉的洗手間小便，這樣監督人可以聽到小便的聲音，卻看不到女學生。檢體完成後交給監督人，監督人確認尿液的溫度正常，沒有作假，再倒入小玻璃瓶內。

檢體送往獨立實驗室，再由實驗室進行例行的篩檢，檢查尿液中是否含有安非他命、古柯鹼、大麻等。如果校區特別要求，亦可進行LSD等毒品篩檢，不過實驗室並不會依據學生的身分決定篩檢項目。實驗室篩檢程序的準確度高達百分之九十九點九四。實驗室並不知道檢體屬於哪一位學生，而且只能將書面篩檢報告寄給監督人。實驗室也會將篩檢結果用電話告知校區主管，但是該名校區主管必須先說出密碼確認身分。只有監督人、校長、副校長、校隊主管能拿到篩檢結果，而且篩檢結果不會保存超過一年。

如果檢驗出毒品陽性反應，實驗室就會盡快安排第二次檢驗確認結果。如果第二次檢驗呈現陰性反應，就不會有任何行動；如果第二次檢驗仍然呈現陽性反應，就會通知校隊隊員的父母，校長也會與該名學生與父母會面，而學生有兩個選擇：（一）參加六個禮拜的戒毒課程，每個禮拜接受尿液篩檢；（二）不准參加本賽季與下個賽季的所有競賽。該名學生在下個賽季開始前還要接受篩檢。如果再犯，就要強制接受第二個選項。如果第三度檢出毒品反應，就不得參加本賽季與接下來兩個賽季的所有競賽。

## 違憲爭議

一九九一年秋季，七年級生詹姆斯．阿克頓報名參加該校區一所小學的足球隊，不過他和爸媽都拒絕簽署藥檢同意書，因此被足球隊拒於門外。阿克頓一家認為校區的藥檢政策違反美國憲法第四與第十四修正案，向法院提出告訴。

美國憲法第四修正案規定聯邦政府「不得無理搜查和查封任何公民的人身、住宅、文件和財產」，第十四修正案又規定任何州如未經適當法律程序，均不得剝奪任何人的生命、自由或財產。阿克頓一家認為公立學校教職人員也算是州政府官員，而且校區強制採集、檢驗學生的尿液，算是觸犯第十四修正案。

正如第四修正案正文所示，要判斷政府的搜查行動是否違憲，最終還是要看搜查行動合不合理。要判斷搜查合不合理，就要看搜查本身是侵擾他人的行為，還是符合合法又強烈的政府利益。

## 校隊隊員的隱私權

要判斷校區政策是否合理，首先就要判斷校隊隊員的隱私權，以及搜查是否構成侵犯隱私權。第四修正案並沒有保障所有個人主觀的隱私權要求，只保障社會認定合理的隱私權。至於哪些隱私權要求算是合理，當然並沒有一定的標準，要視情況而定，比方說要求隱私權的人是在家裡、在工作場合、在車子裡，還是在公園裡。此外，一個人能向州政府要求多少隱私權，也要看此人與州政府的法律關係。校區政策的實施對象是兒童，學校教師擁有兒童的暫時監護權。

未解放的未成年人沒有最基本的自主權，也沒有狹義的自由權（比方說隨意來去的自由），他們必須受到父母或監護人的控制，即使是人身自由也一樣。父母送未成年兒童到學校受教育，學校的老師與行政人員就要代理父母親的責任，照顧學生。

教職人員對於學生的控制主要是監護性質，可以對學生採取某種程度的監督與控制，自由的成年人是不會受到這種拘束的。要營造一個理想的教育環境，教職人員必須密切監督學生，還要禁止學生從事某些行為，如果是成年人從事這些行為，那是完全可以接受的。當然學生並不是進了學校的大門就要放棄憲法保障的權利，只是學生在學校享有的權利的性質不太一樣。

學生在公立學校享有的第四修正案人權跟在其他地方不太一樣，要衡量學校搜查學生的舉動是否合理，必須考慮到學校對兒童有監護責任。為了學生自己好，也為了同學好，學校必須要求學生參加各種健康檢查，施打各類疫苗，因此學生在學校接受健康檢查，對隱私權的要求比一般人低。

校隊隊員的合法隱私權要求。運動校隊不是給害羞的人加入的。每次訓練或比賽之前，隊員都要一起「著裝」，結束之後又要一起淋浴、換裝。在公立學校，這些事情都在更衣室進行，這種地方當然沒有太多隱私可言。維洛尼亞校區的更衣室尤其沒隱私，校區裡沒有個人更衣室，淋浴用的蓮蓬頭就在一面牆上排成一列，完全沒有任何隔板與簾幕，就連每一間廁所都沒有門，參加校隊的人都要習慣在隊友面前打赤膊。

除此之外，校隊隊員代表學校出賽，就表示願意接受比一般學生還嚴格的規範。在維洛尼亞校區的公立學校，校隊隊員在賽季開始之前必須參加健康檢查，要提供尿液檢體，購買足夠的保險或簽署保險豁免，學業平均成績也要達到最低標準，還要遵守行為、服裝、訓練時間等相關規定。這些規定都是每個校隊的教練與運動主管制訂，經由校長同意實施。

法院先前認為採集尿液檢體構成侵犯他人的排泄功能，這一向是受到個人隱私權的保護。不過要判斷侵犯的嚴重程度，要看學校如何監督採集尿液的過程。按照校區政策，男學生在靠牆的小便斗小便，提供檢體，這段期間他們的衣著都很完整，就算有人看，也只能看到背後。女學生則在封閉的洗手間小便，一位女性監督人站在洗手間外面，聽聽看有沒有作假的聲音，這種情形就跟一般的男女、學生使用公共廁所差不多。在這種情況下，為了採集尿液檢體，稍微影響到個人隱私是沒有關係的。

尿液分析另一個侵犯隱私的地方，就是會透露學生的身體狀況，還有身體吸收的物質。在這個方面，必須要確定驗尿只能檢驗學生有沒有使用毒品，不能檢驗學生是否患有癲癇症、糖尿病或懷孕。另外，也要確定所有學生的受測項目都是一樣的，不會因人而異。檢驗結果也只能向少數需要知道的學校人員透露，不會透露給執法單位。

要求學生透露服藥狀況本身並不會不合理，也不算是嚴重侵犯隱私。此外，雖然校區的學校人員會在檢驗期間了解學生的服藥情形，但是校區政策並沒有明文規定必須這樣做。如果詹姆斯被抽中驗尿的時候正好在服藥期間，校區可以允許以祕密方式提供服藥資料，比方說將服藥資料放在密封的信封內，交給藥檢實驗室。校區政策的內容完全沒有違反這一點，所以阿克頓一家對政策的書面內容提出異議，我們不會做最壞的認定，因此我們判斷校區政策並沒有嚴重侵犯隱私。

## 校區利益的重大程度

政府要發動搜查，必須出於重大國家利益。要判斷有沒有重大國家利益，就要看侵犯他人隱私的搜查行動，是不是出於真正重要的國家利益。

政府的行動是基於重要考量，可以說是重大利益，這點應該無庸置疑。防止國內的學童使用毒品，至少跟執法單位禁止毒品進口一樣重要。一個人在學校的時間是身心受到毒品影響最嚴重的時候，也是最容易對毒品上癮的時候，成長中的兒童的神經系統比成年人更容易受到毒品的危害。在童年失去的學習能力會影響一個人一輩子，兒童對毒品上癮的速度也比成年人快；而且根據統計資料，一旦上癮就很不容易戒除。毒品一旦入侵校園，當然不是只有使用毒品的學生受影響，所有學生與教職員都會受到影響，因為正常的學校教育被打亂。在這個案子中，政府要維護的國家利益更重要，因為毒品危害的不只是一般人，而是政府有責任保護、教育的兒童。

最後，校區政策只是針對校隊隊員使用毒品，校隊隊員要是使用毒品，對他們自己還有競爭對手來說風險都特別高。使用毒品除了會導致判斷力降低、反應變慢，疼痛的感覺也會變得遲鈍，校區的政策所要檢測的毒品，已經證實會對運動員的身體造成嚴重影響。安非他命會導致心跳加快、周圍血管收縮、血壓升高，也會隱藏身體的正常疲勞反應，不管從事什麼運動，服用安非他命都會非常危險；服用大麻會導致運動期間血壓異常，血液含氧量降低，還會抑制身體正常排汗，導致體溫升高；古柯鹼會導致血管收縮、血壓升高，還有可能導致冠狀動脈痙攣與心肌梗塞。

至於校區顧慮的迫切性，審理法院認為校區大部分的學生不守規矩，校隊隊員尤其嚴重，太多學生不守紀律，學生濫用酒精與毒品，對毒品文化觀念錯誤，脫序行為才會越演越烈，這一點最高法院不打算質疑審理法院的意見。校隊選手如果使用毒品，顯然最危險的就是選手本人，對其他選手與一般學生也會形成不良示範。只要確保校隊選手不使用毒品，就能有效解決這些問題。

阿克頓提出一種比較不侵犯隱私的方式，就是讓有吸毒嫌疑的學生接受藥檢。我們一再強調，並不是最不侵犯隱私的搜查方式，才是憲法第四修正案許可的合理方式。阿克頓的提議並不可行，因為家長能接受校隊選手隨機抽檢，不見得就會接受所有學生因為「有吸毒嫌疑」接受藥檢，因為這樣一來藥檢就變成一種恥辱。阿克頓的提議還有一個問題，就是老師可能會故意要求不聽話的學生接受藥檢，哪怕這名學生根本沒有吸毒嫌疑。這樣一來，學生在接受藥檢之前可能會提出告訴，反駁老師的武斷決策，或者要求更多合法訴訟程序保護（如被指控的學生要求辯護律師），成本又會增加。同樣重要的是，學校老師的責任已經夠多了，阿克頓的提議只會增加老師的負擔（因為老師還要抓出、質問吸毒的學生），老師不見得知道該怎麼做，也不見得適合做這些事情。外行人很難從外表判斷學生有沒有吸毒，很多時候就算是醫生也看不出來。師生關係需要長期經營，老師要扮演多重角色，要當學生的教育者、顧問、朋友，有的時候還要充當代理父母。師生關係很少是敵對的，所以要求「有吸毒嫌疑」的學生接受藥檢，在很多方面都不會解決問題，只會讓問題更嚴重。

## 結論

考量上述的因素，也就是校隊選手對隱私權的要求必須降低，搜查行動本身來說並不算侵犯隱私，而且校區的毒品問題非常嚴重，必須採取搜查手段，法院認為維洛尼亞校區的政策合理，不構成違憲。

這並不代表隨機抽樣的藥檢在其他情況也不違憲，這個案子最重要的關鍵在於校區是為了履行政府的責任才推動這項政策。公立學校系統就是學生的監護人，有責任教導學生。既然政府具備監護人與老師的身分，接著就要研究政府採取的行動，是不是正常監護人與老師會有的行為。基於審理法庭認定的確有行動的必要，我們也認為政府的作為合理。

維洛尼亞校區學童的主要監護人也同意這種看法，紀錄顯示除了阿克頓夫婦之外，沒有一位家長反對校區政策。雖然校區舉辦過公聽會徵詢家長的意見，阿克頓夫婦還是不同意。最高法院找不到足夠的根據推翻維洛尼亞校區家長、校委會，還有審理法院的決定，所以在這種情況下，維洛尼亞校區的政策乃是符合學生的利益。

## 分析與影響

政府要求的藥檢構成「搜查」，美國憲法第四修正案只允許合理的搜查。美國最高法院認為要判斷搜查是否合理，就要衡量詹姆斯．阿克頓的隱私與政府的合法利益孰輕孰重，還有政府的利益有多重要，重要到必須執行藥檢。法院在衡量的時候考慮三個一般因素：一個學生應該享有多大的隱私權、搜查（藥檢）的本質，還有學校是基於何種利益進行搜查。

### 隱私的要求

法院一開始認定憲法並沒有保障個人所有主觀的隱私要求，換句話說，我們在生活裡的哪些層面擁有隱私，並不是我們自己說了算，我們主觀認定的隱私權必須要社會覺得正當才算數。要判斷我們對隱私權的要求正不正當，有一部分取決於個人和國家的關係。這個案子裡面，兒童被要求參加藥檢，他們參與校隊期間受到學校的暫時監護。如同法院所言，兒童在校期間，學區身為兒童的監護人與老師，必須代理父母的責任。這一點非常重要，因為法院必須判斷情況是不是真的需要一個合理的監護人讓小孩接受搜查（如藥檢）。

法院也發現在學校的某些經驗，會讓兒童對隱私的要求比成年人低。舉例來說，兒童定期要做健康檢查，也要接種疫苗，法院認為加入校隊的兒童對隱私的要求更低，畢竟校隊選手出賽前的準備工作很多都是一起做的，要一起換裝，一起淋浴，這些都是在封閉的更衣室進行。而且校隊選手必須依照學校要求，在賽季前接受健康檢查、購買保險，學業平均成績也要維持最低標準，還要遵守學校的行為與衣著規範，這樣一來他們對隱私的要求就更低了。

法院認為自己可以判斷校隊選手對隱私的要求，但是科學文獻沒有實證資料探討相關的問題，比方說校隊選手對隱私的要求是不是比較低？採集尿液的時候如果有官方人員在場，算不算侵犯選手的隱私？是不是所有的校隊選手對隱私的看法都一樣，對隱私的要求也一樣高？我們知道隱私分成很多種（如拒絕透露個人資料、避開他人、不願意被他人看到等等；Westin, 1967）。我們也知道個性不同的人偏好的隱私也不同（Pedersen, 1982, 1987）。校隊選手會一起參加某一項運動，他們的個性當然會有一些類似的地方，但是他們還是會有不同的意見，對隱私的要求也不同。法院把所有校隊選手一視同仁，從科學的角度看可能並不適當。

關於這些議題，其實可以提供法院實證資料。有幾種方法可以衡量隱私，也可以用來衡量運動員的隱私。史都華與柯爾（2001）請一群背包旅遊客外出露營的時候，每天寫日記，等到旅程結束，再把日記交給研究人員，接著，研究人員再根據日記的內容分析背包客對擁擠與隱私的看法。類似的方式也可用來衡量校隊選手對隱私的要求。從同時期的研究報告可以看出校隊選手對藥檢的真實感受，以及他們覺得隱私受到侵犯的嚴重程度（如果有受到侵犯的話）。庫姆斯與庫姆斯

（1991）針對五百名大學生進行一項研究，發現有些學生對藥檢感到害羞、羞辱、生氣與焦慮。幾位研究人員也開發了一些工具衡量隱私偏好（如Marshall, 1974; Pedersen, 1979），也可以用來研究學生，與其他學生比較，看看校隊選手對隱私的要求是不是比較低。

觀察其他團體對隱私的要求，也可以看出研究校隊選手的必要。舉例來說，聯邦法院規定住在收容機構的精神病患生活的環境應符合某些標準，保障他們的隱私。只可惜沒人想到要問病人他們對隱私有哪些要求，直到奧萊利與沙爾斯（1987）研究，發現法院要求的改變（如在床鋪、洗手間、淋浴間的四周加裝簾幕）並不能完全保障病人所要的隱私。如果研究校隊選手的情形，會不會得到類似的答案？

不過就算是這樣，還是有其他研究顯示，人在某些情況會降低對隱私的要求。舉例來說，找工作的人可能比較不願意到要求藥檢、保密政策不足的公司應徵，不過找工作的人要是對公司有好感，覺得公司的藥檢程序很公平，就會比較願意應徵（Sujak, Villanova, & Daly, 1995）。也許校隊選手的情形也差不多，也就是說他們本來對隱私的要求比較高，後來發現他們可以享有加入校隊的好處，而且藥檢程序也很公平，就降低了對隱私的要求。此外，庫姆斯與萊恩（1990）發現運動員會因為忠於團體拒絕毒品（也許因為被抓到吸毒會傷害整個團體），也會覺得藥檢能提升他們的表現，所以拒絕毒品。藥檢也給運動員一個合理的藉口，可以拒絕朋友的吸毒邀約（Coombs & Coombs, 1991; Coombs & Ryan, 1990）。這幾項研究都證明校隊選手只要了解到藥檢的好處，就會願意降低對隱私的要求（願意接受藥檢），或者犧牲某些隱私。

雖然某些校隊選手降低對隱私的要求，至少願意為了加入校隊放棄隱私（見Hamilton & Stone, 1990; Issari & Coombs, 1998），不過這些研究都是針對大學學生，年紀比較小的學生狀況可能不同。大學校隊選手比較支持藥檢，因為這個層級的競爭非常激烈，也需要較為高超的技巧才能加入校隊，而且校隊選手也會認為藥檢有其必要，因為可以保護大學運動的操守與財物利益。有了這種想法，就會願意降低對隱私的要求。

最後，法院要考量的是，社會是否覺得校隊選手對隱私的要求合理正當。這個主題並沒有相關研究，不過這個問題也可以用實證研究解決。實證研究也可用來分析校區的一項政策，就是如果藥檢結果為陽性，只有學校人員會接到通知（必須要等到第二次藥檢結果為陽性，父母才會接到通知），完全不會通知執法人員展開刑事起訴程序。法院覺得這種作法比較不會侵犯選手的隱私，所以藥檢也不構成嚴重侵犯隱私。不過法院的意見並沒有提到如果執法單位搜查、傳喚，藥檢結果會不會外露。如果一個剛吸毒的選手在午餐時間出了車禍，受害者向法院要求調閱藥檢報告，學校還能不能保護選手的隱私？調查車禍案件的警察如果持有搜索票，學校能不能阻止警察搜索、查扣藥檢報告？如果能知道這些事情對校隊選手的隱私權，還有他們對隱私的要求會產生哪些影響，應該很有幫助。

## 搜查的本質

法院接下來要考慮的是搜查（藥檢）會不會太侵犯隱私。法院仔細研究學校蒐集男學生、女學生尿液檢體的程序，認定校區藥檢的情境，就和一般運動員在更衣室裡面的情境差不多。因此，學校採集尿液檢體的方式並不構成嚴重侵犯隱私。

法院似乎從「運動員在更衣室對隱私的要求比較低」，一下子跳到「運動員小便在瓶子裡，再把瓶子交給學校人員，這時候對隱私的要求比較低」。這兩種情況非常不同，校隊選手在更衣室可能很自在，但是要他們小便在瓶子裡再交給別人就會非常不自在。法院認定採集尿液檢體的方式可以接受，是因為學校採取了一些防範措施保護選手的尊嚴。選手從頭到尾都衣著完整，男選手背對著監督人，女選手都要在密閉的洗手間裡面，這些情景就跟在公共洗手間裡沒什麼兩樣，還是應該說很不一樣？一般人上洗手間並不會拿出尿液檢體，也不需要把尿液交給站在幾呎之外的監督人。法院認定校區採集尿液檢體的方式，就隱私來說跟一般人上洗手間差不多，這也許有道理，但是目前沒有行為科學與社會科學研究結果能證明這個假設正確。

阿克頓夫婦還有一個顧慮，他們擔心藥檢的程序與結果可能會侵犯兒子的隱私，特別是兒子在接受藥檢的時候必須說出自己在服用哪些合法藥物，等於必須透露自己的身體狀況。要進行藥檢，當事人必須告知實驗室自己正在服用哪些藥物，以免出現錯誤結果（也就是當事人沒有服用非法藥物，檢查結果卻顯示有）。女選手如果正在服用避孕藥或者與懷孕相關的藥，就等於透露自己的性生活。不過法院覺得不需要顧慮這些，因為藥檢只是要篩檢最常見的毒品，而且只有極少數的學校人員知道藥檢結果，選手告訴實驗室自己在服用哪些藥物，並不構成嚴重侵犯隱私。法院也覺得選手與家長可以選擇用比較隱密的方式，把服藥狀況告訴實驗室，不必讓學校知道。

## 維洛尼亞校區進行搜查背後的利益

法院認定校隊選手對隱私的要求比其他學生低，又認定藥檢並不構成嚴重侵犯隱私，這樣還是不足以證明藥檢沒有違憲。法院還需要判斷校區有沒有合法且重大的理由執行藥檢，這個理由是不是比選手的隱私更重要。

法院首先發現校隊選手在學校、社區都是他人景仰的對象，接著重申校區的説法，就是毒品與紀律問題在一九八〇年代中期突然激增，而且校隊選手就是毒品文化的領袖。法院認定的因果關係正不正確？校隊選手真的是一般學生吸毒的原因嗎？很多社會科學研究顯示運動員是兒童的行為榜樣，非裔美籍兒童尤其崇拜運動員（見Assibey-Mensah, 1997; Drummond, Senterfitt, & Fountain, 1999）。然而，社會科學文獻並沒有證據顯示學生會把校隊選手視為榜樣，模仿他們的行為。至於吸毒，兒童受到同儕的影響最深（National Institute on Drug Abuse, 1991; U.S. Department of Education, 1990）。一項針對兩千一百名國中學生的研究顯示，學生的毒品來源多半是親朋好友，比方説同性朋友、男友或女友、兄弟或表親（Trost, Langan, & Kellar-Guenther, 1999）。其他研究也發現要研判青少年的吸毒情形，最好觀察他的朋友的吸毒情形（Pruitt, Kingery, Mirzaee, Heuberger, & Hurley, 1991）。不過也不是所有研究人員都認同同儕是青少年吸毒的最大原因。舉例來説，鮑曼與艾奈特（1994）認為研究人員忽略了「擇友」以及「心理投射現象」對吸毒者的影響。所謂「擇友」並不是説不吸毒的青少年受到吸毒同儕的影響，而是吸毒的青少年會和同樣吸毒的青少年做朋友。所謂「投射」，就是把自己的行為怪罪到別人頭上，所以一個吸毒的人可能會説是因為朋友吸毒他才吸毒，哪怕他的朋友根本沒有吸毒。這樣會導致很多人認為青少年吸毒是因為朋友吸毒，其實並非如此。鮑曼與艾奈特（1994）建議研究人員採用比較精密的社會網路分析方法（用比較詳盡的調查程序，證明青少年吸毒的確是受同儕團體影響），而不是只用簡單的調查判斷青少年吸毒的罪魁禍首。儘管如此，大部分的研究仍然主張非運動員不會接受吸毒運動員給的毒品，除非那個運動員是他的近親或朋友。

校區也擔心校隊選手吸毒會導致受傷。根據校區的說法，校隊選手吸毒特別危險。選手吸了毒又上場比賽，自己很容易受傷，也會害其他人受傷。法院不需要去猜想年輕人吸毒的危險，尤其不需要猜想校隊選手吸毒的危險，因為法院已經參考過科學研究，也認定毒品會減弱運動員的動力、記憶力、判斷力、反應能力、身體協調，也會影響運動員在場上的表現。

舉例來說，研究人員發現吸食大麻會導致一般人對複雜情形的推理能力下降（Bourassa, 1977），還會嚴重影響知覺、反應速度與記憶（Pihl & Sigal, 1978）。很多其他的藥品，包括非處方藥與處方藥，也會影響心血管功能與判斷力（Schwenk, 1997）。另外，還有其他研究人員正在研究濫用藥物與學習障礙的關連（Brook, Cohen, & Brook, 1998）。雖然目前還無法確定兩者有關，研究人員還是相信吸毒會影響大腦的新陳代謝，心理與情緒也都會受影響，導致學習障礙（Brook et al., 1998; Brown, Tapert, Granholm, & Delis, 2000）。就算毒品不是直接造成學習障礙的元兇，還是可能會影響吸毒者的擇友狀況，也就是說吸毒的學生比較喜歡跟同樣吸毒的學生來往，而且經常出現反社會行為（Brook et al., 1998）。吸毒的學生通常學業表現都會下滑，所以就被認定有學習障礙

（Hawkins, Catalano, & Miller, 1992）。

每一種運動或多或少都要求心理與生理運作正常，如果心理與生理受到藥物不良影響，就可能導致嚴重運動傷害。審判法庭也考量維洛尼亞校區的高中校隊教練、老師、行政人員、家長與學生的證詞，判斷使用藥物是否會影響生理與心理機能，導致運動傷害。問題在於儘管這些證詞內容可能正確無誤，卻沒有客觀證據可以呼應。這些都是傳聞證據（anecdotal evidence），就是一位老師、一位教練根據自己看到一位學生或一群學生在學校的言論與行為，所發表的言論，法院沒有直接證據可以證明校區遭遇的行為問題，就是由學生使用藥物所引起。

除非親眼看到有人使用藥物，否則外行人怎麼看得出來一個人有沒有使用藥物？最高法院寫道學校教師有「發現並舉報藥物使用」的「牽制責任」（diversionary duty），又說學校教師「在這方面能力不足」，顯然也不確定學校教師要如何判斷學生有沒有使用藥物。更糟糕的是，醫師也不見得能診斷出病人是否有濫用藥物。美國藥癮與藥物濫用中心（NCASA）曾經進行一項研究，探討醫師如何診斷病人濫用藥物，這也是目前為止針對該主題最詳盡的研究，結果發現九成四的基層醫師在接觸一名出現初期酒癮症狀的成年病患時，無法診斷出該名病患酗酒。研究也發現把十幾歲少年藥物濫用的典型症狀告知小兒科醫師，還是有四成一無法診斷出該名少年濫用藥物（NCASA Report, 2000）。這項研究還有一個重大發現，那就是醫師對自己診斷酒癮與濫用藥物的能力缺乏信心，僅兩成認為自己「很有能力」診斷酒癮，另外僅一成七認為自己「很有能力」診斷非法藥物濫用。另一項研究訪問了大約一千四百名藥癮病患，其中四成五表示他們的醫師並不知道他們濫用藥物（Saitz, Mulvey, Plough, & Samet, 1997）。顯然診斷濫用藥物是一項專業技術，即使受過訓練的專業醫療人士也未必能做到。要求學校教師與行政人員做到是強人所難，因此他們的證詞也未必可靠。

校區為藥檢制度辯護，表示被送交懲戒的學生數量，在短短幾年間成長一倍。這是精算證據（actuarial evidence，又稱統計證據），可以參考學校的紀錄，判斷證據正不正確，不過，仍無法確定送交懲戒的學生人數增加是因為濫用藥物的人數增加。教師將更多的學生送交懲戒，也許只是因為學校要求老師掃蕩不良行為。再說，也沒有人說這些送交懲戒的學生是不是藥檢制度的對象（也就是校隊成員）。要記得法院認為要證明藥檢制度合理，一定要先證明校隊成員就是維洛尼亞校區學校毒品文化的領導者。如果情況真如校區所說，懲戒人數增加就是因為校隊成員使用藥物，那按照邏輯推斷，被送交懲戒的校隊成員人數也有所增加。但是法院認為並沒有證據證明懲戒人數增加與校隊成員有關。

這個意思並不是說證據不存在，也不是說拿不到證據。舉例來說，兩位心理學家（Eccles & Barber, 1999）花了六年時間追蹤一千兩百多名高中學生，發現高中校隊成員的確比參與其他課外活動的學生更容易濫用藥物與酒精，不過，參與體育運動與曠課、逃學等行為問題沒有關係。如果法院在判決的時候就能拿到這幾種行為事實與社會事實，判斷就會更正確，可惜正義不會每次都等相關研究結果出來（參見本書第十章）。

這樣一來，就談到最基本的問題了：藥檢政策到底能不能減少學生濫用藥物，保護學校？藥檢政策真的才剛實施不久，所以社會科學家目前還無法下定論。從好處看，科學家發現要求吸毒犯完全戒毒，並且告知如果再犯被抓到就要面臨處罰，可以防範吸毒犯將來接觸吸毒者（Torres, 1997），但是針對被判有罪的吸毒犯的監督政策是一回事，針對學生的藥檢政策完全是另外一回事。社會科學家還是需要蒐集相關資料，看看學校實施藥檢制度的影響與效果。

另外一個有趣的重點是，高中行政人員作證指出維洛尼亞校區的毒品問題的確很嚴重，並且提到高中學生的行為。問題是對藥檢制度提出異議的詹姆斯．阿克頓並不是高中生，而是小學生。唯一能證明小學有毒品問題的只有校長說的話。校長說他看到的高中毒品問題並不是從高中開始，他作證指出毒品問題其實從小學就已經開始。一位最高法院法官也同意小學可能有毒品問題，但是「從這份紀錄看不出來」。儘管如此，多數最高法院法官都認為詹姆斯．阿克頓是因為高中學生的不良行為才被要求藥檢。在這個案例中，有關小學與初中的吸毒的行為事實與社會事實都只有假設，沒有經過證實，實在非常可惜。

法院要考慮藥檢制度是不是關係到學校的重大利益，法院也認定一個事實，就是藥檢政策並不是校區打擊毒品問題的首選策略。校區還舉辦過反毒課程，安排專家演講，表演幽默短劇，連緝毒犬都用上了，結果通通無效，學生的行為問題越來越嚴重。教師看到越來越多學生吸食毒品，把吸毒形象美化，審判法庭認為維洛尼亞校區的學校面臨「學生群起叛逆」的狀況。

校區正式決定採用藥檢政策之後，召開特別會議討論藥檢政策，給家長表達意見的機會。結果與會家長一致同意實施藥檢，法院發現只有阿克頓一家反對藥檢政策。法院以家長一致通過為由，主張家長普遍同意實施藥檢制度。這裡有個問題：家長與行政人員開會，發表的意見真能代表家長的態度嗎？會議中沒有家長提出異議，並不代表家長就沒有異議。舉例來說，學校可能故意只邀請強烈支持藥檢制度的家長參加。再說出席的家長之所以沒有提出異議，可能是因為不敢在這麼多支持藥檢的人面前公開反對。有些家長可能覺得如果公開反對一個打擊毒品的計畫，可能會被其他家長看成不願意打擊毒品，或不在乎學生吸毒。

家長在這種情況下不願意發表意見，或是不願意公開反對，其實符合行為研究與社會研究所謂的自我揭露理論（self-disclosure）（Jourard, 1964），也就是說一般人透露自己的想法就和其他人透露的一樣多，或是一樣少，這種現象叫做互惠揭露（disclosure reciprocity）（Berg, 1987; Reis & Shaver, 1988）。支持藥檢制度的家長聽到其他家長表示認同，也會跟著表示支持對校隊成員實施藥檢。反過來說，反對藥檢政策的家長發現他們只是極少數，可能就不願意透露他們的立場，也不願意透露反對的理由。

另外一個問題是，會議中並沒有進行符合科學的意見調查或是投票判斷校區家長的態度。沒人知道出席會議的那一群家長到底能不能代表全體家長，除非針對全體家長做意見調查，或是針對全體家長的隨機取樣做意見調查，才能代表家長對於藥檢政策的意見。所以，這場會議並不是徵求家長意見的正確方法，與會家長的意見也不能代表全體家長的意見。

最後，就算與會家長的意見能代表全體家長的意見，也不能反映校隊選手的意見。麥金尼（1998）曾經問一群小孩的家長，隱私對於小孩來說有多重要？結果發現家長認為一點都不重要。

家長比較知道小孩需要空間隱私，但是不覺得小孩需要身體隱私，也不太重視心理隱私（mental privacy）（McKinney, 1998）。小孩要求隱私的時候，家長多半也會以負面思考看待小孩的動機（McKinney, 1998）。雖然這項研究的對象是年紀非常小的孩子，不過就算小孩長大，家長對小孩隱私的看法可能還是不會改變。在校區召開的會議當中，與會家長沒有一位表示反對藥檢制度，可能就是因為不重視孩子的隱私。

法院討論完維洛尼亞校區的毒品問題之後，接著討論全美國面臨的更大的毒品問題。這裡法院考量的依據是關於毒品的危險，以及吸毒對社會負面影響的行為知識與社會知識。法院留意到國家對抗毒品輸入的重要性，也參考探討兒童特別容易受吸毒影響的科學研究，也考量毒品對不吸毒的教師與學生的影響。他們就算不吸毒，在充滿毒品的校園教書、學習也會受到負面影響。因此，法院認定校區有合理且強烈的理由實施藥檢制度。

## 法律問題的解決之道

法院認定維洛尼亞校區有嚴重紀律問題，問題的起源就是校隊選手，毒品也推波助瀾。行為科學與社會科學的證據都證實毒品對兒童的身心都有傷害，尤其對校隊選手有不良影響。校區已經向法院充分證明校區具有合理且強烈的理由對校隊選手實施藥檢。再考慮到校區有暫時監護學生的責任，加上法院認定校隊選手會降低對隱私的要求，法院判決藥檢合理。

## 其他物質檢測

這個案子的判決可能表示法院打開大門，允許學生接受其他物質的檢測（如過量脂肪與糖分攝取）。也許是這樣沒錯，不過別忘了，法院煞費苦心找到適當的行為知識與社會知識為判決背書。假使有人要檢測學生是否攝取過量糖分，法院也得蒐集類似的證據才能做出判決。攝取太多糖分也許對牙齒不好，但是有沒有行為科學證據可以證明攝取太多糖分的負面影響，嚴重到需要國家介入呢？考慮到現有的科學證據，我們認為法院可能不會覺得強制檢測過量糖分會符合國家重大利益。

如果校區決定檢測其他被科學研究認定有害的物質或疾病（如愛滋病之類的性病或美國的頭號殺手——香菸），不曉得法院會如何判決？政府對抗香菸引發的許多疾病、控制這些疾病造成的巨大經濟損失，背後的動機當然很強烈沒錯，菸草對成長中的兒童有害，這也是無庸置疑。事實上，有些校區會在藥檢當中同時檢測學生是否抽菸（如 Joy v. Penn-Harris-Madison, 2000），也有學生因為被檢測出抽菸而被要求休學。這些檢測制度和維洛尼亞校區的藥檢政策一樣，都得到法院的支持（如 Todd v. Rush, 1998）。

## 其他團體檢測

維洛尼亞校區只要求校隊選手接受藥檢，是因為校區認為校隊選手格外容易受到毒品的負面影響，而且校隊選手顯然也是在地毒品文化的領導者。如果後來發現其他團體（如成績優良的學生）

是某些學校毒品文化的領導者，那能不能也要求他們接受藥檢？政府可能有強大的動機要保護全國最優秀、最聰明的學生不受毒品荼毒。也許有人認為優良學生對隱私的要求比較低，因為他們當中有許多人之前已經被挑選出來做特別測試。他們在化學實驗室做實驗，或是做科學研究計畫，受傷的機率可能跟吸了毒的校隊選手在運動場上受傷的機率一樣大。按照法院的邏輯，上木工課、汽車修理課的學生也應該接受檢測。真的，先前提到的有關吸毒的研究，的確提供了禁止所有學生吸毒的強烈理由。

這在印第安那州的拉什郡已經發生。那裡的學校人員實施隨機藥檢制度，所有想要參加任何一種課外活動的學生，以及所有開車上學的學生都要接受藥檢。這個校區參考維洛尼亞校區的制度，設計了一個制度讓更多學生接受藥檢。先前法院判決藥檢制度合理，有人提出上訴，最高法院拒絕受理，所以藥檢在法律上已經生效（Todd v. Rush, 1998）。在Joy v. Penn-Harris-Madison（2000）一案，上訴法院也支持類似的藥檢政策。這個案子有趣的地方在於學校人員坦承，他們的目的是要要求所有的學生都接受藥檢。學校人員在庭上表示，他們願意在近期內再次出庭為政策辯護。

最後，反對藥檢的學生在奧克拉荷馬州的Earls v. Tecumseh（2001）一案中，暫時得到勝利。上訴法院判決特庫姆塞校區的藥檢政策違憲，主要是因為校區無法證明校區的毒品問題和維洛尼亞校區遇到的一樣嚴重。這個案子的承審法院批評校區提供的證據「太薄弱，而且都是傳聞證據，不足以證明有毒品問題」，認定校區缺乏要求學生接受藥檢的強烈理由。案子上訴到最高法院，最高法院推翻了上訴法院的判決，最高法院判決學校有權要求想要參與課外活動的學生接受藥檢。最高法院認為美國毒品問題的嚴重程度以及學校維護學生的紀律、健康、安全的責任（以學校扮演準家長的角色來看），比學生對隱私的要求重要（Pottawatomie v. Earls, 2002）。學生看到這裡，千萬不要以為學校行政人員只鎖定他們。田納西州諾克斯郡教育委員會（Knox County Board of Education）要求教師、校長、祕書等人都要接受強制藥檢。他們認為這些職位「攸關安全」，也就是說萬一這些人吸毒，也會影響到學生與其他人（Knox v. Knox, 1998）。

## 本章重點

這一章的重點就是法律判決一定要參考行為事實與社會事實。我們的法院、議會以及行政機關（見本書第五章）每天都印證這個道理。畢竟如果說法律就是管理人類的行為，那負責判決的法官，也應該掌握人類行為的正確資訊才合理。

## 參考文獻

Assibey-Mensah, G. O. (1997). Role models and youth development: Evidence and lessons from the perceptions of African-American male youth. *Western Journal of Black Studies*, 21, 242-252.

Bauman, K. E. & Ennett, S. T. (1994). Peer influence on adolescent drug use. *American Psychologist*, 49, 820-822.

Berg, J. H. (1987). Responsiveness and self-disclosure. In V. J. Derlega & J. H. Berg (Eds.), *Self-disclosure: Theory, research, and therapy*. New York: Plenum Press.

Bourassa, M. (1977). The effect of marijuana on judgment and analogical reasoning. *International Review of Applied Psychology*, 26, 21-29.

Brook, J. S., Cohen, P., & Brook, D. W. (1998). Longitudinal study of co-occurring psychiatric disorders and substance use. *Journal of the Academy of Child and Adolescent Psychiatry*, 37, 322-330.

Brown, S. A., Tapert, S. F., Granholm, E,. & Delis, D. C. (2000). Neurocognitive functioning of adolescents: Effects of protracted alcohol use. *Alcoholism, Clinical and Experimental Research*, 24, 164-171.

Coombs, R. H., & Coombs, C. J. (1991). The impact of drug testing on the morale and well-being of mandatory participants. *International Journal of the Addictions*, 26, 981-992.

Coombs, R. H., & Ryan, F. J. (1990). Drug testing effectiveness in identifying and preventing drug use. *American Journal of Drug & Alcohol Abuse*, 16, 173-184.

Drummond, R. J., Senterfitt, H., & Fountain, C. (1999). Role models of urban minority students. *Psychological Reports*, 84, 181-182.

Earls v. Tecumseh, 242 F. 3d. 1264 (2001).

Eccles, J. S., & Barber, B. L. (1999). Student council, volunteering, basketball, or marching band: What kind of extracurricular activity involvement matters? *Journal of Adolescent Research*, 14, 10-43.

Hamilton, L. S., & Stone, R. W. (1990). Student attitudes toward drug testing of college athletes. *The Physical Educator*, 47, 33-37.

Hawkins, J. D., Catalano, R. F., & Miller, J. Y. (1992). Risk and protective factors for alcohol and other drug problems in adolescence and early adulthood: Implications for substance abuse prevention. *Psychological Bulletin*, 112, 64-105.

Issari, P., & Coombs, R. H. (1998). Women, drug use, and drug testing: The case of the intercollegiate athlete. *Journal of Sports and Social Issues*, 22, 153-169.

Jourard, S. M. (1964). *The transparent self*. Princeton, NJ: Van Norstrand.

Joy v. Penn-Harris-Madison, 212 F. 3d. 1052 (2000).

Knox v. Knox, 528 U.S. 812 (1998).

Marshall, N. J. (1974). Dimensions of privacy references. *Multivariate Behavioral Research*, 9, 255-271.

McKinney, K. D. (1998). Space, body, and mind: Parental perceptions of children's privacy needs. Journal of Family Issues, 19, 75-100.

National Center on Addiction and Substance Abuse Report. (2000). Missed opportunity: *The CASA national survey of primary care physicians and patients*. New York: Author.

National Institute on Drug Abuse. (1991). *Drug abuse and drug abuse research: The third triennial report to Congress from the Secretary, Department of Health and Human Services*. Rockville, MD: U.S. Department of Health and Human Services.

O'Reilly, J., & Sales, B. (1987). Privacy for the institutionalized mentally ill: Are court-ordered standards effective? *Law and Human Behavior*, 11, 41-53.

Pedersen, D. M. (1979). Dimensions of privacy. *Perceptual and Motor Skills*, 48, 1291-1297.

Pedersen, D. M. (1982). Personality correlates of privacy. *The Journal of Psychology*, 112, 11-14.

Pedersen, D. M. (1987). Relationship of personality to privacy preferences. *Journal of Social Behavior and Personality*, 2, 267-274.

Pihl, R. O., & Sigal, H. (1978). Motivation levels and marijuana high. *Journal of Abnormal Psychology*, 87, 280-285.

Pottawatomie v. Earls, 536 U.S. 822 (2002).

Pruitt, B. E., Kingery, P. M., Mirzaee, E., Heuberger, G., & Hurley, R. S. (1991). Peer influence and drug use among adolescents in rural areas. *Journal of Drug Education*, 21, 1-11.

Reis, H. T., & Shaver, P. (1988). Intimacy as an interpersonal process. In S. Duck (Ed.), *Handbook of personal relationships: Theory, relationships, and interventions*. Chichester, England: Wiley.

Saitz, R., Mulvey, K. P., Plough, A., & Samet, J. H. (1997). Physician unawareness of serious substance abuse. *American Journal of Alcohol Abuse*, 23, 343-354.

Schwenk, T. L. (1997). Psychoactive drugs and athletic performance. *Physician & Sports Medicine*, 25, 32-44.

Stewart, W. P., & Cole, D. N. (2001). Number of encounters and experience quality in Grand Canyon backcountry: Consistently negative and weak relationships. *Journal of Leisure Research*, 33, 106-120.

Sujak, D. A., Villanova, P., & Daly, J. P. (1995). The effects of drug-testing program characteristics on applicants' attitudes toward potential employment. *Journal of Psychology*, 129, 401-416.

Todd v. Rush, 133 F. 3d. 984 (1998).

Torres, S. (1997). An effective supervision strategy for substance-abusing offenders. *Federal Probation*, 61, 38-44.

Trost, M. R., Langan, E. J., & Kellar-Guenther, Y. (1999). Not everyone listens when you "just say no": Drug resistance in relational context. *Journal of Applied Communication Research*, 27, 120-138.

U.S. Department of Education. (1990). *A parent's guide to prevention*. Washington, DC: U.S. Government Printing Office.

Vernonia School District v. Acton, 515 U.S. 646 (1995).

Westin, A. (1967). *Privacy and freedom*. New York: Atheneum.

# 第三章　事實知識的多重來源

## 案例：墮胎

一九七三年，美國最高法院在「羅伊對韋德」（Roe v. Wade）一案，賦予女性在特定情況下墮胎的權利，當時法院的判決牽涉到美國目前最具爭議的議題。有些美國人認為絕對應該保護尚未出生的胎兒，所以積極反對墮胎權，他們認為至少應該限制女性墮胎權，他們在美國的幾個州贏得勝利。舉例來說，有些州要求想墮胎的女性必須在懷孕的第四到第六個月，在合格醫療院所進行墮胎手術，而且政府不負擔任何費用。在「美國賓州東南部計畫生育組織對凱西」（Planned Parenthood of Southeastern Pennsylvania v. Casey）一案（1992），隸屬賓州計畫生育組織的幾間診所與幾位醫師反對該州一條限制墮胎條件的法律。這些診所與醫師主張該法律限制了女性墮胎權，因此違憲。為了審理此案，美國最高法院必須參考幾種差異非常大的事實。為了探討事實，法院參考了許多行為事實與社會事實，這些事實來自行為科學與社會科學的不同領域（比方說學科或學科之內的次領域）。舉例來說，法官考量「羅伊對韋德」一案中，羅伊的妊娠三月期與胎兒的生存能力（fetal viability），就要用到生物醫學事實。法官還用到心理學（認知心理學、發展心理學與臨床心理學）、社會學與犯罪學當中的行為事實與社會事實研究另外四個議題：（一）醫療院所在進行墮胎手術之前必須要求對方簽署同意書，告知可能的風險，其中透露的資訊對成年與未成年懷孕女性會有怎樣的影響？（二）二十四小時的等待期，對女性的決策能力與心理狀態會有怎樣的影響？（三）「墮胎必須告知配偶」的規定對懷孕女性的決策與心理狀態會有怎樣的影響？（四）家長的意見對於未成年懷孕女性的墮胎決定會有怎樣的影響？

這一章的重點提到的是：法律判決所需的行為知識與社會知識，必須來自行為科學與社會科學的廣泛領域。至於判決需要用到哪些行為知識與社會知識，要看案件牽涉的議題而定。

## 美國賓州東南部計畫生育組織對凱西一案

### 美國最高法院

如果法理出現了疑問，自由就得不到保障。十九年前我們發現在「羅伊對韋德」一案中，美國憲法保障女性在懷孕初期墮胎的自由，直到現在我們還在爭論何謂女性的自由權。遇到這類訴訟案件，要考慮到賓州墮胎防治法的幾項條文：

- 想要墮胎的女性在進行墮胎手術之前，必須簽署知情同意書。
- 想要墮胎的女性在簽署知情同意書之後，必須等待至少二十四小時才能進行墮胎手術。
- 已婚婦女如果要墮胎，必須簽署一份聲明書，表示已經告知配偶自己打算墮胎。
- 未成年女性在進行墮胎手術之前，必須取得父母其中一人的知情同意書或法官同意書。

根據賓州墮胎防治法，女性如果必須進行緊急墮胎手術，可以不必遵守以上規定。

在這些法令生效之前，五間墮胎診所與一位醫師（代表自己與一群進行墮胎手術的醫師發言）提出訴訟，主張賓州墮胎防治法違反「羅伊對韋德」判例。

## 墮胎權

一開始必須說明「羅伊對韋德」判例有三個重點：第一，女性有權在胎兒具備生存能力之前選擇墮胎，政府不得不當干預女性墮胎。「羅伊對韋德」一案提到的生存能力，就是胎兒可以脫離母體子宮生存成長，並且受到政府的合理保障，其生存權凌駕於女性的權利之上。在胎兒具備生存能力之前，政府還沒有正當利益足以禁止墮胎，也不得妨礙女性的墮胎權。第二，女性如因懷孕而有生命危險，就算法律允許墮胎，政府也有權限制女性在胎兒具備生存能力之後墮胎。第三，從女性懷孕開始，政府就有正當利益保障懷孕婦女的健康以及胎兒的生命。

政府保障女性墮胎的權利，是依據美國憲法第十四條修正案適當法律程序條款：「任何州，如未經適當法律程序，均不得剝奪任何人的生命、自由或財產。」在這個案子裡，重點是放在自由。所謂自由，就是政府即使經過正當程序，也不能採取某些行動。我們現在知道美國憲法不允許州政府干預人民對於家庭與親權最基本的決策，當時審理「羅伊對韋德」一案的法院也知道這一點。美國憲法不允許州政府禁止已婚夫妻使用避孕藥，後來美國憲法的平等保護條款也給予未婚伴侶相同保障。憲法的保障也擴及避孕藥的銷售與分配。

有良知的男性與女性對於墮胎可能產生的道德與心靈上的問題，也許看法不一，即使是懷孕初期就墮胎也一樣，有些人對墮胎的立場很難動搖。有些人覺得墮胎違反他們心中最基本的道德原則，但光是這樣，並不足以控制法院的判決。根本的憲法議題在於州政府應不應該完全裁決這些哲學問題，而女性卻完全沒有選擇的餘地，除非在少數情況中，女性是因為亂倫、強暴而懷孕，危及生命與健康，才有資格自行決定墮胎。

最高法院先前的判決完全尊重家庭生活的私領域，因為政府無法干預。家庭生活的私事牽涉到一個人一生中最私密的決定，這些決定關係到尊嚴與自主，關係到美國憲法第十四條修正案保障的自由。自由的核心就是一個人定義自己對於生存，對於意義，對於宇宙，以及對於人類生命之謎的概念的權利。一個人要怎麼定義這些議題，是個人自己的決定，與政府無關。

我們在分析女性墮胎的利益時，就要考慮這些事情，不過不是光考慮這些事就夠了，因為墮胎的決定雖然是來自良知與信仰，墮胎這件事牽涉的卻不只是哲學。墮胎是一種特別的行為，是一種會影響他人的行為。決定墮胎的女性會受到影響，進行墮胎手術、從旁協助的人也會受到影響，墮胎女性的配偶、家人也會受到影響，社會也必須面對墮胎手術存在的事實，有些人認為墮胎手術是對無辜生命的暴力行為，也有人認為墮胎是對被打掉的生命或可能的生命的暴力行為。

雖然墮胎是一種行為，政府並沒有權力一律禁止墮胎，這是因為墮胎牽涉到女性的自由，是人類生活的特殊情況，所以也是法律的特殊情況。懷孕足月的母親會有焦慮情緒，必須忍受身體不適，而且必須獨自承受生產的痛苦。女性的這些犧牲造就了人類的起源，這是身為女性的榮耀，女性因生產而偉大，與嬰兒之間形成一種牢不可破的愛，但是政府不能以此為理由強迫女性犧牲。女性懷孕生產的痛苦實在太私密，政府不能只憑對女性角色的期待，就要求女性承受這種痛苦，不管女性的角色在我們的歷史與文化當中有多鮮明都一樣。女性決定自己的命運，多半需要考量自己的心靈需求與社會地位。

## 「羅伊對韋德」一案中羅伊的妊娠三月期架構

我們發覺時間影響到「羅伊對韋德」一案的事實前提。婦產科醫療越來越發達，比起一九七三年，現在的婦女可以在懷孕更久之後墮胎，不必擔心安全的問題。現在的新生兒護理也比以前進步，現在的胎兒比以前的胎兒更早具備生存能力。但是這些事實只牽涉到墮胎的時間限制爭議，現在的情況和一九七三年的事實前提不同，並不表示「羅伊對韋德」一案的核心主張無效。一旦胎兒有了生存能力，政府基於合法利益，就要保護胎兒的生命，可以依據憲法立法禁止非治療性墮胎（就是與醫療無關的墮胎）。在「羅伊對韋德」一案發生時，胎兒大約是在二十八週大時具備生存能力，現在則多半是二十三至二十四週大，未來如果胎兒提早具有呼吸能力，這個時間也許還會提早一些，但是不管在什麼時候，都與憲法規定是否合理無關。

不過懷孕女性的自由並非毫無限制，並不是說州政府從女性懷孕一開始就無權關心胎兒的生命，在懷孕後期也無權關心胎兒成長。應該以胎兒具有生存能力為界線，在胎兒具有生存能力之前，懷孕女性有權選擇墮胎。

## 不當負擔分析

各州可制訂法律，讓女性在懷孕初期，就知道生下孩子是符合哲學與社會學觀點的，而且就算不想要孩子，也可以透過程序將孩子交給機構收養。如果決定自行撫養孩子，政府也會提供一些協助。美國憲法並未禁止各州按照民主程序鼓勵女性自然生產，各州可制訂法律，提供一個合理的架構，讓女性做出影響深遠的決策。

各州各式各樣的法令難免會提高醫療成本、降低醫療的普及程度，對墮胎與其他醫療都有影響。法令只要立意良善，就算在無意間導致墮胎成本增加，或者墮胎更為困難，也並不表示法令無效。在羅伊對韋德一案，我們發現維護懷孕女性的健康，還有保護胎兒的生命是符合國家的重大利益。整個懷孕期間，胎兒的生命都關係到國家的重大利益。依據這個想法，我們知道並不是所有的法令都是沒有必要。女性擁有墮胎選擇權，也有一些負擔，並非所有負擔都是不當負擔。法令如果嚴重妨礙女性在胎兒能獨立生存之前墮胎，就構成不當負擔，也構成違憲。

重點是女性墮胎的權利，而不是妨礙女性行使墮胎的權利。法令如果只是設置一個結構機制，讓州政府或者未成年人的家長或監護人表達對胎兒生命的尊重，這樣的法令是可以允許的，只要不會嚴重妨礙女性行使選擇權就好。州政府鼓勵女性生產而非墮胎的法令只要不偏離原意，不會妨礙女性的選擇權，都不算是違憲。

法院採納這段不當負擔（undue burden）分析，並沒有與「羅伊對韋德」一案的核心主張互相衝突。不管遇到特殊情況是否破例，州政府都不能禁止女性在胎兒能獨立生存之前墮胎。州政府為了國家利益，保護胎兒生命，可以限制甚至禁止女性在胎兒能獨立生存之後墮胎，除非懷孕女性為了生命健康不得不墮胎。

## 賓州法律受到質疑的條款

### 知情同意

根據賓州法律，除非是緊急醫療，否則醫師在進行墮胎手術前必須告知懷孕女性墮胎手術內容、墮胎與生產的健康風險，還有胎兒大致的胎齡。醫師或者合格的醫療人員必須告訴孕婦，州政府發行了一些書面資料，提供關於胎兒、生產醫療、父親需負擔的子女扶養費，以及提供收養與其他服務的機構名單，給孕婦墮胎之外的其他選項。孕婦必須簽署書面聲明，表示自己知道州政府提供這些書面資料，自己如果想看資料也能拿到，否則不得進行墮胎手術。

州政府可以要求孕婦簽署墮胎知情同意書，就像進行其他手術也要簽署知情同意書一樣。在這個方面，賓州法律並無例外。但是醫院與醫師對於賓州法律「知情同意」的定義有異議，因為法律還規定醫師必須提供書面資料。我們認為政府是基於重大利益，才要求醫師必須告知懷孕女性墮胎與生產的健康風險，包括女性的心理健康。考慮墮胎的女性多半也會考量墮胎對胎兒的影響，這點無庸置疑。州政府要讓女性了解自己的決定會造成的後果，可以用合法的方式降低女性選擇墮胎的機率。如果沒有告訴女性墮胎的後果，萬一女性事後發現當初沒有考慮周全就貿然墮胎，勢必受到嚴重心理創傷。州政府要求醫師提供的資訊只要正確，不會造成誤導，那州政府的要求是合理的。

州政府沒有理由不要求醫師告訴打算墮胎的孕婦，州政府發行許多說明墮胎對於胚胎影響的書面資料，就算胚胎受影響不會直接關係到孕婦的健康，醫師也還是有必要告知。州政府要求醫師告訴孕婦有胎兒成長的書面資料可以參考，還要告訴孕婦如果打算生下小孩，有哪些管道可以尋求協助，州政府這樣要求，是確保孕婦考慮周全再做決定的合理作法，可能會讓孕婦選擇生產而非墮胎。這項要求並不能算是嚴重妨礙女性墮胎，所以不構成不當負擔。

根據賓州法律，如果醫師能拿出充分證據，證實提供資訊會對孕婦的生理與心理健康帶來嚴重負面影響，就可以不用遵守知情同意條款，因此，這個條款是確保孕婦知情同意的合理手段。

## 二十四小時等待期

根據賓州法律，打算墮胎的孕婦在簽署知情同意書之後，需等待二十四小時才能進行墮胎手術。州政府認為孕婦做重大決定如果有一些時間考慮，做出的決策會更周詳，這個想法相當合理，尤其是賓州法律還規定醫師必須提供重要資訊，才能進行墮胎手術。根據賓州法律，如果孕婦是因為緊急醫療需要墮胎，就不必等上二十四小時。證據也顯示在絕大多數的案例中，二十四小時等待期並不會造成顯著健康風險。

至少在理論上，等待期不會構成不當負擔，也可以保護胎兒的生命，以合理方式保障州政府的利益。重點在於二十四小時等待期會不會嚴重妨礙孕婦的墮胎權？如果會，那這項規則是否無效？根據不當負擔標準，州政府可以透過任何方式說服孕婦生產而非墮胎，就算說服的方式不會提升孕婦與胎兒的健康也無所謂。等待期的確會限制醫師的自行決定權，但是光憑這個原因並不足以認定這項規則無效。等待期並不會導致實質健康風險，也不構成不當負擔。就算從最廣義的角度看「羅伊對韋德」一案，也不能認定該案是用憲法保障墮胎權。應該說「羅伊對韋德」一案是保障女性不受州政府不當干預，自由選擇墮胎的權利。

## 告知配偶

賓州墮胎防治法明文規定除非有緊急醫療需求，醫師不得為已婚婦女進行墮胎手術，除非該名婦女簽署聲明書，表示已經告知配偶自己即將接受墮胎手術。婦女亦可出具簽署的書面聲明，表示其配偶並非胎兒的父親、配偶不知去向、自己是遭受配偶性侵害而懷孕，或者自己認為配偶如果得知自己打算墮胎，可能會暴力相向。醫師如果沒有拿到書面聲明就為已婚婦女進行墮胎手術，執照將被撤銷，而且依法必須賠償墮胎婦女的配偶。承審法院聆聽多位專家證人的證詞，並參考與這項法令有關的家庭暴力研究，深入研究事實。

- 大多數的女性在決定墮胎之前都會與配偶商量。
- 已婚女性就算有合理根據認為配偶一旦得知自己打算墮胎，可能會導致：（一）將自己要墮胎的打算告知家人、朋友與認識的人；（二）透過未來的監護權與離婚訴訟加以報復；（三）對自己、孩子或其他人心理恐嚇或精神傷害；（四）對孩子、家人或其他自己關心的第三人暴力相向；（五）藉由控制家庭財務剝奪自己或孩子所需的金錢，也不能以此為由不出具配偶同意書。
- 美國有兩百萬個家庭面臨家暴問題，不過這個數字只是保守估計，實際受家暴影響的家庭數目要高的多，因為一般來說，家庭成員之間的毆打除非危及性命，否則通常不會舉報。事實上，研究人員估計每兩名女性就有一人在人生中會遭到毆打。
- 已婚婦女基於各種原因，可能不願意告知配偶自己打算墮胎，這些原因包括配偶生病、擔心自己的健康、擔心婚姻會立即瓦解，以及配偶堅決反對墮胎。
- 曾經遭受毆打的女人橫跨各階級、學歷、種族與宗教。
- 毆妻、虐妻可以是身體虐待，也可以是心理虐待。虐妻的定義與範圍可以涵蓋多種殘酷、折磨的行為。

- 在賓州以及在美國各地，都有女性被配偶毆打並殺害。
- 虐待常常會牽涉到大量性虐待，如婚姻性侵害、性殘害。
- 在家暴事件中，施虐的丈夫為了脅迫妻子，通常也會虐待孩子。
- 懷孕經常是家暴案件的導火線。懷孕婦女遭受家暴的案件非常多，通常婦女在懷孕期間受到的虐待最嚴重。丈夫可能會否認是胎兒的父親，拿妻子懷孕作為施虐的藉口。
- 有家暴問題的家庭通常都三緘其口，家庭成員被要求不能說出去，尤其不能跟警察、醫師說。施虐的丈夫經常會威脅妻兒，如果告訴外人就會再度受虐。丈夫也會告訴妻子，就算說出去也沒人會相信。受虐女性害怕遭到配偶報復，就不會說出去。
- 受虐婦女就算面對醫療人員或其他提出協助的專業人員直接詢問，通常也不會承認自己受虐，因為連自己都還不能接受受虐的事實。
- 受虐婦女到了收容所，就不會受到丈夫施虐，但是萬一婦女與丈夫聯絡，可能會不慎透露自己的藏身之地。在這種情況下，婦女會擔心受到傷害也是合情合理。
- 受到配偶性侵的婦女很少會告訴別人，也很少會通報執法單位，就算通報也只有極少數會正式提出告訴。
- 受虐婦女為了避免再度受虐，通常會與丈夫發生性行為。雖然依據賓州墮胎防治法，這種強制性行為構成配偶性侵害，很多女性可能並不覺得是性侵害，有些女性會擔心就算說出去也沒人相信。

- 女性如受到插入之外的強制性行為，並不構成賓州墮胎防治法婚姻性侵害的例外。
- 賓州法律規定配偶性侵害，必須在事情發生九十天內舉報才能受理，這樣一來，就更少有受暴婦女能要求不告訴配偶自己打算墮胎，因為許多受到配偶性侵害的婦女，可能在事情發生幾年之後，都還沒有心理準備向他人傾訴。

以上這些都有家暴相關研究佐證，其他研究也發現女性的處境並不樂觀。肢體暴力是唯一一種看得見的虐待，另外像是強迫切斷社交、切斷經濟的心理虐待也很常見。很多受到家暴的婦女還是會和施虐者生活在一起，因為看不到比較好的選擇。很多受暴婦女在庇護所短暫停留後，又回到施虐丈夫身邊，這多半是因為丈夫是她們唯一的經濟來源。回到施虐者身邊是很危險的。根據美國聯邦調查局最近統計，美國的凶殺案件受害者當中，百分之八點八是被配偶殺害。遭到凶殺的女性當中，有三成是被男性伴侶所殺。

少數學者專家研究過「妻子告知丈夫自己打算墮胎」的主題，雖然研究取樣太小，並不足以代表多數女性，不過研究結果還是呼應承審法院的發現。絕大多數的女性會告知男性伴侶自己打算墮胎。已婚婦女如果刻意隱瞞丈夫，大部分是因為自己是因婚外情而懷孕。如果丈夫就是孩子的父親，而妻子還是選擇隱瞞，多半是因為婚姻出現裂痕，很有可能是因為家庭暴力。

這一點與承審法院的發現都和常識互相吻合。在良好的婚姻關係中，夫妻會一起商量要不要生小孩之類的重大私密決定，但是在美國，幾百萬名女性經常受到丈夫身體與心理虐待。這些女性一且懷孕，當然最好還是不要告訴丈夫自己打算墮胎。她們當中很多人會擔心受到丈夫暴力相向，這也是情有可原，不過她們也同樣擔心向政府透露自己受暴可能會面臨的後果。

所以法律要求婦女告知配偶自己打算墮胎，會導致許多女性無法墮胎，不僅是讓墮胎稍微困難一些、昂貴一些，對許多女性來說，這樣一來，要墮胎簡直就比登天還難。要知道如此一來，許多擔心自己與小孩安全的婦女就無法墮胎，就等於賓州一律禁止墮胎一樣。這是不合理的要求，所以不具法律效力。

我們知道對一個丈夫來說，妻子懷孕以及妻子腹中胎兒的成長是一件大事，也牽涉到他的利益。如果說政府要求妻子在對兩人共同的孩子採取行動之前，必須告知丈夫，那就表示胎兒對父親與母親來說一樣重要。不過在胎兒出生之前，看待這個議題的角度就很不一樣。政府要干涉婦女腹中的胎兒，對婦女自由的影響絕對比對丈夫自由的影響要大的多，這是無可避免的事實。女性的自由受到法律保障，現在政府要干涉女性墮胎的自由，更是應該審慎考量，因為政府干涉到的不只是家庭的私生活，還有懷孕婦女的身體。萬一丈夫與妻子對於墮胎與否意見不一，最後也只有一方勝利。考慮到身懷胎兒的是妻子不是丈夫，妻子明顯居於優勢，這也符合婚姻的本質與憲法的本質，也就是說一對男女結婚，並不表示思想與內心就會合而為一，夫妻仍然是兩個智力不同，情緒也不同的個體。隱私權的意義在於一個人不管已婚未婚，在「要不要生孩子」之類切身相關的基本決策都有權不受政府不當干預。憲法保障任何人，不分男女，不受政府干預，就算政府為了個人配偶的利益著想，把干預行為制訂成法律也一樣。

對於許多受到丈夫虐待的婦女來說，還有孩子受到丈夫虐待的婦女來說，如果在墮胎之前一定要告知丈夫，那丈夫就有機會強勢否決墮胎。不管是妻子會因為必須告知丈夫而決定不墮胎，還是丈夫透過暴力脅迫、心理施壓或經濟壓迫阻止妻子墮胎導致錯過墮胎時機，要妻子告知丈夫墮胎的決定，常常就等於否決妻子墮胎的權利，這就構成違憲。受這項法令影響最深的女性，也就是有合理根據擔心如果告知丈夫自己懷孕可能會遭到不測的女性，面臨的危險也最大。因此賓州墮胎防治法對婚姻的看法並不符合我們現在對婚姻的看法，也違背美國憲法保障的權利，女性不能因為結婚就喪失憲法保障的自由。

## 家長同意

十八歲以下的女性除非有緊急醫療需求，否則必須經過父母（或監護人）其中一方同意，才能進行墮胎手術。如果父母與監護人沒有提供同意書，只要法院判斷當事人心理成熟，能夠表示知情同意，並且已經表示知情同意，且墮胎符合當事人的最佳利益，就可以准許當事人墮胎。

最高法院之前已經討論過這個理由。州政府要求想墮胎的未成年女性取得父母其中一人或監護人的同意書，不過未成年女性也可透過司法管道（如聲請法院許可）要求墮胎。賓州墮胎防治法要求未成年女性取得一名家長同意，也允許未成年女性透過司法途徑尋求許可並沒有違憲。的確，賓州墮胎防治法中關於知情同意的幾項條文，對未成年女性特別有利，例如二十四小時的等待期，父母親可利用這段時間和懷孕少女根據家庭的價值觀、道德原則和宗教信仰，私下商量墮胎的後果。

## 分析與影響

最高法院明確重申「羅伊對韋德」（1973）一案的「重要立場」，亦即懷孕女性有權在胎兒具備生存能力之前終止懷孕，州政府不得妨礙女性墮胎。不過一旦胎兒具備生存能力，州政府就有權保護胎兒生命，可以限制墮胎，甚至禁止墮胎，除非女性因為懷孕面臨生命危險。此外，打從女性懷孕開始，州政府就有權保護懷孕女性的健康與胎兒的生命，可以採取行動提倡生育，勸阻墮胎，但是不能妨礙懷孕女性在胎兒具備生存能力之前墮胎的權利。

### 憲法保障的墮胎權

最高法院會重申之前在「羅伊對韋德」一案的判決，背後有幾個原因，第一個原因是「遵循先例」（stare decisis）的法律概念，也就是在司法實務上遵從先前的法院判例，這樣比較容易預測判決結果，人民對司法制度也比較有信心。如果法院不遵循先例，那每個判決都有可能出現新法規，即使是同樣的法律問題也會出現不同的法規，不過也不是一定要死守先例。法院有時候也會做出錯誤判決，有時候則是行為事實、社會事實或是法律改變，所以先前的判例或多或少不適用在現在的情形。德雷德·史考特一案（Scott v. Sandford, 1857）的判決就是最明顯的例子。當時最高法院主張非裔美國人是雇主的私人財產，不能算是美國公民，因此不得向聯邦法院提出訴訟，主張他們的自由。這個判決後來被南北戰爭給推翻了（Fehrenbacher, 1978）。

第二，雖然很多人認為「羅伊對韋德」一案的判決錯誤，賓州的這個案子是推翻錯誤判例的好機會，最高法院卻明確表示，很多美國人在做人生最私密的決定時，都很清楚如果有一天他們需要墮胎，他們就有權利選擇墮胎。最高法院也指出事實上「羅伊對韋德」一案所宣示的墮胎權，並不是不假思索就隨意提出，而是「一個經過深思熟慮、謹慎思考之後的聲明」，而且之前曾經兩度重新檢視並重申過。現在要推翻就等於向政治壓力低頭，也等於質疑最高法院的誠信。

第三，最高法院認同「羅伊對韋德」一案中，對於美國憲法第十四條修正案適當法律程序條款的適用性的分析。該條款規定「任何州，如未經適當法律程序，均不得剝奪任何人的生命、自由或財產。」憲法保障女性的墮胎權，而墮胎權的基礎就是個人的自由利益。自由利益也包括美國人權法案沒有詳細列出的基本權利。根據最高法院的定義，這些基本人權也包括隱私權。舉凡婚姻、生育、避孕、家庭關係、養育子女、教育與墮胎都是個人隱私，州政府不得干預，除非遇到極少數不可抗力情形。

從上述觀點可以看出，我們的社會都希望政府不要干預我們的私事。美國人一向重視隱私，懷孕的女性要墮胎是非常私密的一件事情。這個時候應該以女性本身的意見為優先，州政府的意見次之，因為「女性承受的痛苦太私密」，而且「懷孕足月的女性心情會焦慮，要忍受身體上的不便，還要獨自一人承受疼痛」。有些法學家認為不能把墮胎與女性的隱私與自由混為一談。他們認為美國人享有的自由就只有人權法案列舉的自由。要想享有其他的自由，那也應該依據民意增修美國憲法，不能只憑幾位法官或是一群法官的意見決定。

第四，主審法官並沒有拿到有關胎兒生存能力的新醫療證據，所以也不能推翻「羅伊對韋德」一案的判決。就算因為醫療科技進步，胎兒在母體中比以前更早具備生存能力，還是要等到胎兒具備生存能力之後，州政府才有權保護胎兒與母親的健康。州政府的意見才能凌駕在女性墮胎權之上。因此，一旦胎兒能脫離母體獨自生存，那除非母親的生命健康有危險，否則州政府保護生命的權力應該凌駕於女性墮胎權之上。

最高法院以「胎兒生存能力」當作門檻，捨棄了「羅伊對韋德」一案的妊娠三月期標準。醫學在胎兒生存能力方面進步比較有限，不過還是有所進步。現在胎兒具備生存能力的時間，的確比最高法院採用妊娠三月期的那個時候「早了一點」。在「羅伊對韋德」一案中，法院認為胎兒大概是在懷孕第二十八週的時候具備生存能力。最高法院認為現在醫學科技比較進步，胎兒會比較早具備生存能力，不過大概也只早個幾星期而已。最高法院認為既然胎兒具備生存能力的時間已經提前，就不適合再以妊娠三月期為標準，因此改以生物醫學事實為今後的判決標準，也就是說以胎兒能脫離母體生存的時間為判定能不能墮胎的標準。在未來的五十年、一百年，也許女性一受孕，胎兒就具備生存能力，到時候墮胎就完全違法了。

## 州政府限制墮胎的權利

最高法院認為州政府有權制訂墮胎相關法令，但是法令不得不當妨礙女性墮胎權。如果州政府法令不當妨礙女性墮胎權（根據最高法院的定義，就是嚴重阻礙女性尋求墮胎手術），那該項法令就屬違憲。一項法令如果只是讓墮胎變得更困難、更昂貴，並不足以讓該法令無效。但是怎樣才算「嚴重阻礙」呢？最高法院認為賓州的法令除了要求打算墮胎的女性告知配偶之外，並不構成對女性墮胎的嚴重阻礙。為什麼呢？我們接著就來研究這個問題。

## 賓州的要求

要了解妊娠三月期與胎兒的生存能力的概念，必須了解生物醫學事實。而要了解賓州墮胎防治法，則需要了解行為事實與社會事實。從這個案子可以看出，法官有時候必須參考不同來源的社會資訊與行為資訊，才能得到判決所需的事實（如心理學家、社會學家、犯罪學家等）。賓州對墮胎的每一項限制都牽涉到不同的行為事實與社會事實，以及不同的行為事實與社會事實的假設，所以法官需要仔細評估，才能判斷這些限制算不算是嚴重阻礙女性墮胎權，進而判斷構不構成「不當妨礙」。

## 知情同意

最高法院認為確保女性知道墮胎的風險、墮胎之外的其他選擇，還有與懷孕個案相關的一些事實（如胎兒的年齡），是「政府的重大利益」。為了要確保這項利益，州政府可能會要求女性在進行墮胎手術之前簽署知情同意書。知情同意書的目的在於確保女性在行使墮胎權的時候，已經完全了解墮胎的相關事實。州政府可能也會告知女性「至關重要的哲學與社會論點」，勸說女性不要墮胎。最高法院認為在州政府提供女性有關墮胎決策的正確、無誤導資訊，又告知女性墮胎之外的其他選擇之後，女性就可以做出理性決策。

最高法院認為除非女性在決定墮胎之前完全了解相關資訊（比方說得知墮胎對胎兒的影響，胎兒的大約年齡以及墮胎之外的其他選擇），否則在墮胎之後可能會「承受重大心理創傷」。而覺得最高法院的想法對不對？女性有沒有承受心理創傷，會不會承受心理創傷，則是一個實證問題。

雖然目前缺乏直接探討這個問題的研究，不過倒是有研究探討墮胎對未成年女性與成年女性心理層面的影響。研究發現墮胎對未成年女性的負面影響較成年女性嚴重，而且未成年女性如果缺乏社會支援，負面影響會嚴重的多，這倒也不令人意外。舉例來說，研究發現十幾歲的少女如果墮胎又沒有接受諮商，以後在性行為與親子關係方面會有問題（Zackus & Wilday, 1987）。Zabin、Hirsch與Emerson（1989）將一群有墮胎經驗的青少女，與另外一群決定生下孩子的青少女比較，分別追蹤了兩年，每六個月進行多項心理測試，結果發現在研究期間，兩群受試者的負面心理變化極少。不過，墮胎的未成年少女後來在經濟與教育的表現，都比生下孩子的未成年少女優秀。最後，最近有一項研究直接比較未成年女性與成年女性對於墮胎的心理調適（Quinton, Major, & Richards, 2001），發現在墮胎一個月之後，未成年女性比起成年女性，對墮胎的決定比較不開心，比較感覺不到墮胎的好處，這多半是因為未成年女性的因應策略較差，還有就是與家長起衝突。同樣一批女性在兩年後又接受一次意見調查，這次兩組受試者調適的情況差不多（Quinton et al., 2001），未成年女性並沒有比成年女性憂鬱。

美國心理學協會聚集了一群專家研究墮胎對女性的影響，發現墮胎並不會對女性造成心理上的不良影響（Adler, David, Major, Roth, Russo, & Wyatt, 1992）。不過並不是每個學者與從業人員都這樣認為。舉例來說，有些研究顯示得到伴侶、家長支持的墮胎女性適應情況，比得不到支持或得不到良性支持的女性好（如Adler, David, Major, Roth, Russo, & Wyatt, 1990; Adler et al., 1992; Bracken, Hachamovitch, & Grossman, 1974; Major, Cozzarelli, Sciacchitano, Cooper, Testa, & Mueller, 1990）。此外，Speckhard與Sue（1992）也提出有些女人會出現後墮胎症候群（postabortion syndrome），出現做惡夢、悲傷、罪惡感等症狀。

美國醫事總署提供了第三種觀點。一九八七年，美國總統請醫事總署發表一份報告，探討墮胎對女性生理與心理的影響，遭到醫事總署拒絕，因為醫事總署認為從現有的研究中，看不出墮胎到底會不會造成女性心理的傷害（Wilmoth, 1992）。後來報告的非正式初稿還是發表了（Koop, 1989），結論是目前無法確定墮胎到底對女性有沒有負面心理影響，不過墮胎手術本身倒是安全的。

另外，也要評估知情同意程序對女性墮胎決策的影響，藉此判斷知情同意程序是否妥適。最高法院認為州政府提供給女性的資訊必須完全真實，絕對不能誤導。不過有時候就算是真實的資訊也會誤導，要看是怎樣的資訊，還有傳達資訊的方式。舉例來說，雖然最高法院沒有翻遍所有的行為科學與社會科學文獻，研究真實的資訊如何誤導他人，不過最高法院還是參考了探討說服的本質的厚重心理學文獻（評論請見Wood, 2000）。此外，心理學文獻的確提到閱讀反墮胎資料對女性的影響「輕微且短暫」（Clare & Tyrell, 1994），不過閱讀反墮胎文獻是引發女性對墮胎經驗的負面觀感的三個原因之一（另外兩個原因是墮胎決策與因應策略）（**Armsworth, 1996**）。希望將來能有更深入的研究，我們才能了解女性的負面反應如何降低決策的合理程度，構成「不當負擔」。

州政府表達反墮胎的哲學與社會學論點的方式（也就是「說服女性放棄墮胎，把小孩生下來」），可能會對女性的決策程序形成不當負擔。不同的表達方式（如書面資料、口頭報告、演講、幻燈片、影片）會不會對女性的決策形成不同影響？表達方式的長度與明晰程度（也就是呈現拿掉的胚胎的照片）會不會影響女性的決策過程？如果能用行為科學與社會科學回答這些問題，最高法院就更能評估這項法令構不構成不當負擔，如果的確構成不當負擔，那就是違憲。

## 二十四小時等待期

最高法院知道決定墮胎對女性來說有多不容易，因為州政府有強烈的利益要保護尚未成形的胎兒，最高法院主張州政府應制訂法規，確保女性審慎思考墮胎決定。但是最高法院怎麼能確定等待二十四小時就會比較深思熟慮，而不是造成女性不當恐懼？舉例來說，如果等上一段時間真的這麼有效，那我們是不是應該要求陪審團做成裁決之後等上二十四小時，重新考慮之後再把裁決交給法官？心理學的文獻很少直接探討這一點。寇漢、鄧克爾施特與萊頓（**1993**）訪問一群女性，問她們如果懷孕，是打算墮胎還是生下孩子？研究人員分別在這些女性驗孕前、驗出懷孕一天後、驗出懷孕四週後提問，發現女性都會堅守原先的決定，不會改變心意。當然這項研究的等待期與賓州規定的等待期不一樣，因為研究的等待期並不是州政府規定的。不過由此可見，二十四小時的等待期對墮胎決策的影響可能微乎其微，甚至完全沒有。

不過，心理學文獻倒是顯示等待的時間越久，女性承受的壓力就越大（Osuna, 1985）。要求女性在墮胎之前必須等待二十四小時，可能也會對女性形成壓力。最高法院並沒有探討等待時間導致更大壓力構不構成「不當負擔」。如果州政府要求女性在墮胎之前必須等待二十四小時並不違憲，那立法機關是不是也可以把等待時間延長到四十八小時、七十二小時甚至更長？延長等待期對女性的墮胎決策過程有何影響？要多長才算對女性的「不當負擔」，才算違憲？這些都是需要研究才能回答的問題。

等待期可能還有另外一個問題，就是住家離醫療院所較遠的女性必須花更多時間通勤，如此一來將造成女性的負擔，因為她們很難跟家人、雇主解釋自己為何要出多次遠門，為何要經常請假，所以也很難在等待二十四小時（或更久）之後回到醫療院所。漢肖（1998）提到墮胎場所調查資料顯示，到非醫療院所機構墮胎的女性當中，有兩成四必須走至少五十英里的路才能到達，還有百分之八必須走上超過一百英里的路。而且多次前往墮胎場所，也會增加被反墮胎示威人士騷擾的機會。舉個例子，前往紐約一間墮胎診所的女性有九成六遇到反墮胎示威人士，五成四表示示威人士會阻止她們進入診所（Cozzarelli & Major, 1998）。需要做研究才能了解在上述情況中，等待期的負擔會不會影響女性的決策過程。

最後要探討的是，最高法院應不應該把賓州的法令造成的經濟影響當作一種「不當負擔」？最高法院認為一項讓墮胎更昂貴的法令，並不構成「不當負擔」，那萬一一項法令把墮胎弄到沒人負擔得起，是不是也不構成「不當負擔」？額外的開銷要到多少才算太高？對貧窮的女人來說，一天沒去上班（因為要等上二十四小時才能墮胎）就算重大損失，這項規定等於嚴重妨礙她墮胎。最高法院的判決會不會把女性分成兩個階級，一個負擔得起墮胎，一個負擔不起？絕大多數的女性必須自費支付墮胎費用，因為很多人都沒有健保，就算有，墮胎也不是給付項目（Henshaw, 1998）。一九九三年，墮胎診所收取的平均墮胎費用為兩百九十六美元，醫師辦公室收取的費用為四百一十美元，醫院更是收取一千七百多美元（Henshaw, 1998）。這個地方還是需要行為科學與社會科學研究，最高法院才能做出判決。

## 告知配偶

最高法院認定要求女性告知配偶墮胎決定，構成「不當負擔」，最高法院知道女性如果和伴侶擁有穩定且相互了解的關係，那就算告知也沒關係。問題是懼怕丈夫、可能遭到家暴的女性怎麼辦？要這些女性告知配偶，等於讓丈夫控制妻子的自由與隱私，而最高法院先前已經認定只有妻子享有墮胎的自由。丈夫只有在孩子出生之後，才與妻子共同行使平等的養育責任，在孩子出生之前並沒有控制權。

法院掌握了足夠的行為研究與社會研究，可以斷定要求女性告知配偶墮胎決定構成「不當負擔」。最高法院引述實證研究，證明有些女性因為丈夫不滿她懷孕，或者不滿她要墮胎，受到丈夫肢體暴力或心理虐待的機率很高。學者研究對懷孕伴侶施暴的男性，發現令人非常擔憂的數據：

海爾頓（1986）與麥考利（1995）各自進行研究，發現大約一成五的懷孕女性受到伴侶肢體暴力，到了懷孕的最後四個月，數字更是上升到一成七（McCauley, 1995）。在懷孕女性當中，原本就計畫懷孕的有百分之七可能遭遇暴力，不過意外懷孕的女性受到肢體暴力的機率竟高達百分之二十（Gazmararian, Lazorick, Spitz, Ballard, Saltzman, & Marks, 1996）。此外，懷孕女性受暴的機率比罹患孕婦常見的高血壓、糖尿病等疾病大（Gazmaraian et al, 1996）。

不少研究探討男性為何對女性施暴，還有男性為何想對女性施暴。康頓（1987）的研究指出百分之四的男性會想要「傷害或懲罰」胎兒（不過這裡要特別指出百分之八的女性有相同感覺）。有些男人認為一旦有了新生兒，他們對女性的控制就會減弱，這種感覺遇到女性意外懷孕尤其強烈（McCauley, 1995）。在互相信任、互相關懷的男女之間，墮胎的決策並不會引發危機，不過會形成伴侶之間「持續進行的關係過程」（Cotroneo & Krasner, 1997）。

最高法院為了要打倒「告知配偶」的規定，必須參考大量以家暴為主題的行為研究與社會研究，才能得到行為事實與社會事實，不過法官也說他們的決定有一部分來自「常識」。法官除了考慮常識之外，也參考了大量科學文獻的研究結果。

## 家長同意

按照法律，未成年人享有的權利不如成年人多。法律認定未成年人的判斷能力不夠成熟，所以需要家長同意才能決策。因此未成年少女如果無法取得父母其中一人（或監護人）的同意，可能就沒有辦法墮胎。不過最高法院明確表示，如果未成年少女不能或是不願意取得家長同意，或是認為家長不會同意，州政府一定要給予未成年少女要求「司法繞道」的機會。未成年少女可以到法官面前，請求不用家長同意也能墮胎。如果州政府提供這個機會，那要求家長同意就不算是「不當負擔」。

最高法院應不應該同等看待「家長同意對未成年少女墮胎權的影響」和「告知配偶對成年女性墮胎決策的影響」？生活在暴力家庭的未成年少女承受的風險，難道會比丈夫會施暴的成年女性低？未成年女性對肢體暴力的恐懼與成年女性害怕被施暴有什麼兩樣？貝倫森、聖米格爾與威爾金森（1992）發現：十三至十八歲的懷孕女性當中，兩成五曾經遭受性虐待或肢體虐待。柏耶爾與范恩（1992）提出的數據更糟，他們發現四成四的未成年懷孕女性曾經遭到強暴，六成六曾經遭到性虐待。相較之下，成年懷孕女性受暴的比例較低，最高法院認為這項規定並不構成「不當負擔」，現在看來應該重新考慮。

「司法繞道」對未成年少女來說，是不是理想的解決之道？立法機關與法官可能會覺得很有道理，但是有幾個未成年少女知道除了尋求家長同意，還可以尋求法官同意？又有幾個未成年少女懂得透過法律途徑取得法官同意？舉個例子，美國有些州要求必須知會家長（也就是說未成年懷孕少女必須告知家長自己打算墮胎），還要徵求家長同意，研究發些這幾個州未成年少女的生育率有所增加。湯摩（1999）研究「知會家長」與「家長同意」法規對於十幾歲的未成年少女（十五到十七歲）與成年少女（十八到十九歲）生育率的影響，她發現「知會家長」與「家長同意」的規定直接導致兩群少女生育率上升。這些數據顯示「司法繞道」程序對十幾歲的少女來說恐怕不切實際。

最高法院同意州政府要求未成年少女必須徵求家長同意，是考慮至少三個行為事實與社會事實。第一，這項法律與最高法院都假設所有的未成年少女的認知與情緒都不夠成熟，無法做出重大決策，所以需要與父母親至少一方商量，不過社會科學研究並不認同這個觀點。美國所有的州都有所謂的「醫療自決」（medical emancipation）法規（Crosby & English, 1991）。這種法規允許未成年人尋求並同意性病治療之類的醫療，不需要告知父母親的一方，也不需要徵求同意。這種法規的目的是要鼓勵未成年人尋求醫療，不要因為必須告訴家長就隱瞞病情。各州政府一定認為未成年人有能力做這些重大決策，不然就不會制訂這些法規。社會科學研究也呼應各州政府的想法。吉特勒、奎格利里克與沙克斯（1990）評論以「未成年人做這些決定的能力」為主題的實證研究，發現認為「未成年人沒有能力做關於自己的醫療的相關決策」是沒有科學根據的。安姆布爾與拉帕波特（1992）比較成年人與未成年人（十五歲以下與二十一歲以上）墮胎決策的能力，發現不管在哪個年齡層，未成年人決策能力就跟成年人一樣好。路易斯（1987）評論研究未成年人墮胎決策的能力的文獻，也得到相同的結論，發現不能僅以「決策能力不足」為由禁止未成年人自行決定墮胎。

法律要求未成年人徵求家長同意的第二個假設是：家長會依據未成年人的最大利益做出決策。十幾歲的懷孕少女絕大多數都會與父母商量。沙賓、赫希、艾默森與雷蒙（1992）的研究發現，九成一的未成年懷孕少女會與父母或監護人商量。漢肖與寇斯特（1992）的研究也發現，七成五的未成年懷孕少女會與父母或監護人商量。更重要的是，一項研究發現九成四的家長贊成女兒墮胎

（Henshaw & Kost, 1992）。針對「家長參與墮胎決策」的研究發現，六成六到八成的家長在接受女兒懷孕的事實後，都很願意幫助女兒（Worthington, Larson, Lyons, Brubaker, Colecchi, Berry, & Morrow, 1991）。未成年少女如果願意跟家長商量，可以提升決策品質，家長也可以提供重要的支援，幫助未成年少女因應懷孕，不過這項研究並沒有探討得不到家長支持的未成年懷孕少女後來的情形。

第三與第四個假設是法官能判斷：（一）未成年少女的決定明不明智，以及未成年少女是否具備做出理性墮胎決策所需的決策能力，也了解墮胎的後果，至少具備和成年女性相當的能力；或者（二）墮胎是否符合未成年少女的最大利益。第一項標準牽涉到行為事實與社會事實。可惜的是，最高法院法官並沒有引述相關研究為他們的論點提供依據。如果法官參考心理學文獻，就可以找到大量的資訊，做出的決策也會更明智。舉例來說，學者研究了許多「知會家長」相關的法令，發現法官很少會拒絕請求墮胎許可的未成年少女（Crosby & English, 1991; Pliner & Yates, 1992）。法官覺得自己像橡皮圖章，無力給站在面前的未成年少女提出建議（舉個例子，明尼蘇達州開庭只開了十分鐘左右，麻州也只開了十二分鐘左右）。雖然只接觸這麼短的時間，法官還是發覺懷孕的未成年少女焦慮不安，整個「司法繞道」程序對未成年少女來說是一種負擔，很難堪又壓力很大（Crosby & English, 1991）。所以法官到底有沒有判斷未成年少女能否自行決定墮胎的能力？要蒐集研究「法官判斷未成年少女的能力」的資料並不容易，因為「司法繞道」程序並不對外公開，而且相關紀錄都要保密。普萊納與葉慈（1992）認為幾乎所有未成年懷孕少女都得到法官許可墮胎，而且開庭的時間都很短，顯然法官無法正確判斷未成年少女的能力。

## 本章重點

為了解決這個案子中的各種議題，美國最高法院必須參考不同來源的專家知識，從中得到事實。這是合理的做法，因為如同第一章所示，行為科學與社會科學代表許多不同的學門以及學門當中的專業。雖然學門與專業之間的差異對科學的發展來說很重要，對法律決策來說並不重要。唯一的問題就是法官必須評估相關的行為科學與社會科學，也就是說法官得參考許多科學文獻。

## 參考文獻

Adler, N. E., David, H. P., Major, B. N., Roth, S. H., Russo, N. F., & Wyatt, G. E. (1990). Psychological responses after abortion. *Science*, 248, 41-44.

Adler, N. E., David, H. P., Major, B. N., Roth, S. H., Russo, N. F., & Wyatt, G. E. (1992). Psychological factors in abortion: A review. *American Psychologist*, 47, 1194-1204.

Ambuel, B., & Rappaport, J. (1992). Developmental trends in adolescents' psychological and legal competence to consent to abortion. *Law and Human Behavior*, 16, 129-153.

Armsworth, M. W. (1996). Psychological responses to abortion. *Journal of Counseling and Development*, 69, 377-379.

Berenson, A. B., San Miguel, V. V., & Wilkinson, G. S. (1992). Prevalence of physical and sexual assault in pregnant adolescents. *Journal of Adolescent Health, 13*, 466-469.

Boyer, D., & Fine, D. (1992). Sexual abuse as a factor in adolescent pregnancy and child maltreatment. *Family Planning*

*Perspectives, 24*, 4-11, 19.

Bracken, M. B., Hachamovitch, M., & Grossman, G. (1974). The decision to abort and psychological sequelae. *Journal of Nervous and Mental Disease*. *158*, 154-162.

Clare, A. W., & Tyrell, J. (1994). Psychiatric aspects of abortion. *Irish Journal of Psychological Medicine, 11*, 92-98.

Cohan, C. L., Dunkel-Schetter, C., & Lydon, J. (1993). Pregnancy decision making: Predictors of early stress and adjustment. *Psychology of Women Quarterly, 17*, 223-239.

Condon, J. T. (1987). "The battered fetus syndrome": Preliminary data on the incidence of the urge to physically abuse the unborn child. *Journal of Nervous and Mental Disease, 175*, 722-725.

Cotroneo, M., & Krasner, B. R. (1997). A study pf abortion and problems in decision making. *Journal of Marriage and Family Counseling, 3*, 69-76.

Cozzarelli, C., & Major, B. (1998). The impact of antiabortion activities on women seeking abortions. In L. J. Beckman & S. M. Harvey (Eds.), *The new civil war: The psychology, culture, and politics of abortion*. Washington, DC: American Psychological Association.

Crosby, M. C., & English, A. (1991). Mandatory parental involvement/judicial bypass laws: Do they promote adolescents' health? *Journal of Adolescent Health, 12*, 143-147.

Fehrenbacher, D. E. (1978). *The Dred Scott case: Its significance in American law and politics*. New York: Oxford University Press.

Gazmararian, J. A., Lazorick, S., Spitz, A. M., Ballard, T. J., Saltzman, L. E., & Marks, J. S. (1996). Prevalence of violence against pregnant women. *Journal of the American Medical Association, 275*, 1915-1920.

Gittler, J., Quigley-Rick, M., & Saks, M. J. (1990). *Adolescent health care decision making: The law and public policy*. Washington, DC: Carnegie Council on Adolescent Development.

Helton, A. M. (1986). The pregnant battered women. *Response to the Victimization of Women and Children, 9*, 22-23.

Henshaw, S. K. (1998). Barriers to abortion services. In L. J Beckman & S. M. Harvey (Eds.), *The new civil war: The psychology, culture, and politics of abortion*. Washington, DC: American Psychological Association.

Henshaw, S. K., & Kost, K. (1992). Parental involvement in minors' abortion decisions. *Family Planning Perspectives, 24*, 196-207, 213.

Koop, C. E. (1989). Surgeon General's report: The public health effects of abortion. *Congressional Record*, pp. E906-E909.

Lewis, C. C. (1987). Minors' competence to consent to abortion. *American Psychologist*, 42, 84-88.

Major, B., Cozzarelli, C. Sciacchitano, A. M., Cooper, M. L., Testa, M., & Mueller, P. M. (1990). Perceived social support, self-efficacy, and adjustment to abortion. *Journal of Personality and Social Psychology, 59*, 452-463.

McCauley, J. (1995). The battering syndrome: Prevalence and clinical characteristics of domestic violence. *Annals of Internal Medicine, 123*, 737-746.

Osuna, E. E. (1985). The psychological cost of waiting. *Journal of Mathematical Psychology, 29*, 82-105.

Pliner, A. J., & Yates, S. (1992). Psychological and legal issues in minor's rights to abortion. *Journal of Social Issues, 48*, 203-216.

Planned Parenthood of Southeastern Pennsylvania v. Casey, 505 U.S. 833 (1992).

Quinton, W. J., Major, B., & Richards, C. (2001). Adolescents and adjustment to abortion: Are minors at greater risk?

*Psychology, Public Policy, and Law, 7*, 491-514.

Roe v. Wade, 410 U.S. 113 (1973).

Scott v. Sandford, 60 U.S. 393 (1857).

Speckhard, A. C., & Rue, V. M. (1992). Postabortion syndrome: An emerging public health concern, *Journal of Social Issues, 48*, 95-119.

Tomal, A. (1999). Parental involvement laws and minor and non-minor teen abortion and birth rates. *Journal of Family and Economic Issues*, 20, 149-162.

Wilmoth, G. H. (1992). Abortion, public policy, and informed consent legislation. *Journal of Social Issues, 48*, 1-17.

Wood, W. (2000). Attitude change: Persuasion and social influence. *Annual Review of Psychology, 51*, 539-570.

Worthington, E. L., Larson, D. B., Lyons, J. S., Brubaker, M. W., Colecchi, C. A., Berry, J. T., & Morrow, D. (1991). Mandatory parental involvement prior to adolescent abortion. *Journal of Adolescent Health, 12*, 138-142.

Zabin, L. S., Hirsch, M. B., Emerson, M. R. (1989). When urban adolescents choose abortion: Effects on education, psychological status and subsequent pregnancy. *Family Planning Perspectives, 21*, 248-255.

Zabin, L. S., Hirsch, M. B., Emerson, M. R., & Raymond, E. (1992). To whom do inner-city minors talk about their pregnancies? Adolescents' communication with parents and parent surrogates. *Family Planning Perspectives, 24*, 148-154, 173.

Zackus, G., & Wilday, S. (1987). Adolescent abortion option. *Social work in Health Care, 12*, 77-91.

# Part 2

# 為何要使用行為事實知識與社會事實知識？

# 第四章　尋找並評估法律的基本事實假設

## 案例：兒童證人的可受引發聯想

對未成年人性侵害是令人髮指的罪行，不過這種事情卻經常登上全國的媒體。有些被指控的人，我們一看就覺得像性侵犯，不過有時候神職人員與幼稚園老師也被指控性侵兒童。這一章要討論的是紐澤西一位托兒所老師被指控性侵之後的調查與起訴。

這個案子在法律上很有意思，被指控性侵的老師瑪格莉特・凱莉・麥克爾斯，所面臨的最不利證據就是托兒所兒童的證詞。法律假設兒童有作證能力，可以提供不具有偏見的證詞，但是這個假設是可以反駁的（也就是可駁倒的）。紐澤西最高法院處理兒童對麥克爾斯不利的證詞的時候，給被告一個機會，如果被告能證實「有些證據」可證明兒童的證詞乃是以引發聯想或脅迫性的偵訊方式而取得，那麼兒童的證詞就不可靠。被告如果能達到這個相對來說不高的標準，那麼檢方就必須要拿出明確且具說服力的證據，來證明兒童證人證詞的可靠度大於不當偵訊方式造成的負面影響。

以行為來說，這個案子也很有意思。法院之所以會假設兒童證人有作證能力，是依據兒童的

「認知能力與對審訊的回應」的假設。法官怎麼知道這些假設正不正確？我們要參考行為研究與社會研究，發掘行為事實，才能證明假設是否成立（Sales, 1983）。

這個案子就是遇到這種情形。五十位社會科學家提交了法庭之友意見書（amicus brief），列舉執法單位與檢方在提告與起訴當中的錯誤假設。法院看了這項研究，認為兒童證人的證詞極有可能是錯誤的。這一章的重點是法律一定要採用行為科學與社會科學，還有行為事實與社會事實，採用的重要方式就是找出行為事實與社會事實的假設，再用實證研究驗證假設是否正確。

## 紐澤西州控告麥克爾斯

### 紐澤西最高法院

一位托兒所老師被控對許多她負責照顧的學童，做出怪異的性侵害行為，因而被判處長期的有期徒刑，而且有很長一段時間不得假釋。上訴法院推翻了原判決，並且表示州政府如果要重審此案，必須召開開庭前聽證會（pretrial hearing），以釐清州政府的調查單位是否採取不當偵訊方式，破壞了所謂的受害者的證詞的可信度，導致法院不得採用受害者的證詞。

## 麥克爾斯被捕、受審的相關事實

一九八四年九月，瑪格莉特．凱莉．麥克爾斯獲聘成為「關心托兒所」的助教，負責照顧小朋友。「關心托兒所」位於紐澤西州楓林鎮聖喬治聖公會教會裡頭，為五十個家庭服務，照顧大約六十個三到五歲的兒童。

來自賓州匹茲堡的大學四年級生麥克爾斯來到紐澤西州，想要開展演藝事業。她看到關心托兒所的徵才廣告，前往應徵之後順利錄取，一開始的時候是擔任助教，接著在十月初又升任老師。然而，她之前完全沒有教學經驗。

「關心托兒所」共有八位老師、多位助教，還有兩位行政人員。三歲兒童的托兒班都在地下室，其他的幼兒班在三樓。每到午睡時間，麥克爾斯就會在校長與主任的監督之下，在地下室的其中一間教室照顧大約十二個兒童。麥克爾斯的教室與隔壁的教室是以塑膠簾子隔開。

麥克爾斯在「關心托兒所」工作了七個月，表現不錯。托兒所方面從來沒有聽到員工、兒童、家長說她一句壞話。不過，根據州政府的說法，從一九八四年十月八日到一九八五年四月二十六日麥克爾斯離職的這段時間，家長與老師都發現學童的行為出現變化。

麥克爾斯負責的午休時間，班上有位四歲學生叫做M．P．，一九八五年四月二十六日，M．P．母親叫他起床上學，發現他身上都是斑點。她帶孩子去讓小兒科醫生檢查，在檢查時，小兒科護士測量M．P．的肛溫，結果M．P．在護士與媽媽面前開口說：「我在學校睡午覺的時候，老師就是這樣弄我。」M．P．告訴媽媽和護士，在學校都是「凱莉」（學生都叫麥克爾斯「凱莉」）

負責量體溫，還說「凱莉」每天都會幫他脫衣服量體溫。在母親的追問下，M．P．說「凱莉」也對S．R．做過相同的事情。

小兒科醫師為M．P．做檢查，告訴媽媽說M．P．身上的斑點是疹子，但是媽媽並沒有把M．P．說的話告訴小兒科醫師，所以醫師並沒有檢查M．P．的肛門。M．P．和媽媽回家後，媽媽再次追問，M．P．一邊揉搓生殖器，一邊還說「『凱莉』用白色的東西」。M．P．沒有說清楚什麼是「白色的東西」，不過後來調查人員在「關心托兒所」的洗手間發現凡士林，又在急救藥箱發現白色藥膏。M．P．還告訴媽媽，「凱莉」也「弄痛」過S．R．與E．N．兩位同學。

M．P．的母親把兒子的話告訴紐澤西州青少年與家庭服務部門，以及「關心托兒所」的主任。一九八五年五月一日，艾塞克斯郡檢察署接獲紐澤西州青少年與家庭服務部門通報，「關心托兒所」疑似發生性侵事件，因此展開調查。

檢察署偵訊了幾位「關心托兒所」的學童與學童家長，在一九八五年五月八日完成初步調查。在調查期間，麥克爾斯接受了九個小時左右的偵訊，她也願意接受測謊，也通過測謊。檢察署與青少年與家庭服務部門又偵訊了多位「關心托兒所」的兒童，也安排檢查。

麥克爾斯在一九八五年六月六日，因涉嫌性侵三位「關心托兒所」的學童遭到起訴。經過深入調查之後，她又在一九八五年七月三十日再度遭到起訴，檢方列舉一百七十四項罪狀，涉及二十位「關心托兒所」的男女學童。

經過幾次庭前聽證會之後，法院於一九八七年六月二十二日正式開庭，檢方提出的證據多半都是學童的證詞，證詞當中含有大量學童在庭前聽證會的說法，都是州政府調查得到的結果。檢方拿出的實物證據（physical evidence）有限，不足以證明「關心托兒所」的學童的確遭到性侵。

一九八八年四月十五日，陪審團在經過十二天的審議之後，裁定麥克爾斯加重性侵害、性侵害、虐待兒童與恐怖威脅罪名成立。承審法庭判處麥克爾斯合計四十七年的有期徒刑，十四年不得假釋。

## 兒童證人的可信度

這個案子的重點是州檢察署偵訊兒童的方式，法院尤其要考量州檢察署的偵訊方式，是否破壞了學童的證詞的可信度，到達必須開庭討論重審時，是否應採納的地步。

要判斷檢方偵訊兒童的方式是否具有不當暗示與不當脅迫，必須非常仔細研究整個偵訊環境。上訴法院仔細研究偵訊紀錄，認為調查人員採用不當的偵訊方式，可能會扭曲兒童的印象。法院認為調查人員採用的某些偵訊方式，確屬不當暗示與不當脅迫，足以完全扭曲兒童的印象。上訴法院也認為兒童的指控，是來自「不當調查程序導致的不可靠的印象與記憶」，因此，兒童作證提出的指控可能導致不公平審判。上訴法院認為如果要舉行重審，必須召開庭前聽證會，評估兒童的證詞的可信程度，決定法院應否接受。州政府對此提出上訴。

## 兒童證人的可受引發聯想

光是年齡並不會影響一個人的作證能力，而疑似遭到性侵的兒童，除非行為嚴重異常，否則法院不需要甚至不得要求兒童做心理測驗，以判斷兒童證詞的可信度。不過在某些情況下，兒童對自己受到性侵害的證詞都是很可靠的。常識告訴我們，兒童比較不成熟，容易受到傷害，又很容易受到影響，所以需要特別照顧。我們的法律也很清楚這一點，所以特別照顧兒童，尤其關注兒童性侵害這個領域。

至於兒童是不是比成年人更容易受到暗示，這是個大哉問，要探討這個案子的核心議題，並不需要研究這個問題。重點是州政府在這個案子裡用的偵訊方式，是否帶有不當暗示與不當脅迫，足以嚴重扭曲兒童對真實事件的記憶，影響兒童證詞的可信度。

在兒童性侵害案件當中，偵訊是重要關鍵，可以說足以影響判決結果。對於疑似受害兒童的初步偵訊，通常是由警方調查人員或社工人員負責，偵訊的內容就成為是否起訴的關鍵。社會普遍認為，偵訊兒童的方式，的確有可能帶有不當暗示與不當脅迫，影響兒童回答。如果兒童對某件事情的記憶，是被偵訊過程塑造出來的，那兒童的證詞內容可能並不是真實事件經過。

許多與偵訊相關的因素，都會影響兒童對性侵事件說法的可信度。對於不當偵訊方式，專家、學者與從業人員都有共識，他們認為舉凡調查不獨立、偵訊人員對於兒童性侵害事件有先入為主的觀念、偵訊人員使用誘導性問題，以及外力影響兒童的說法（比方說兒童可能在接受偵訊之間與家長、同儕說過話，因而改變說法），都會影響偵訊的中立程度，導致不當暗示。

調查人員如果一再重複同樣一個問題，也等於是在操縱偵訊。調查人員問了一個問題，兒童回答之後，調查人員如果馬上又再問一次，兒童正常反應就是「我剛剛回答錯了」或者「這個叔叔（阿姨）不喜歡我剛剛的答案」。有時候如果一個問題重複多問幾次，兒童就會得到暗示，這樣一來，重複提問的負面影響就更明顯。

聽到被指控性侵的人受到的誹謗與批評，兒童可能就會認為自己的確遭到性侵。同樣的道理，負責偵訊的調查人員如果對性侵嫌疑犯有罪與否早有定見，也會影響兒童的說法的正確性。調查人員透過說話的語氣、語帶溫和的威脅、讚美、勸誘、賄賂與獎賞，或者訴諸同儕壓力，都會把自己的意見以微妙的方式轉移給兒童。

上訴法庭知道許多學者專家都認為，不當偵訊會削弱兒童的記憶，其他法庭也發現兒童的記憶一旦被破壞扭曲，就不可能恢復。幼童的記憶特別容易被不當偵訊削弱。

從探討兒童記憶可信度的文獻，也可看出偵訊方式會產生重大影響。這些研究強調一定要使用適當的偵訊方式，才能得到正確且連貫的說法。

結論是政府與執法單位一致認為不當的偵訊方式，極有可能扭曲幼童的記憶。政府與執法單位也制訂了偵訊兒童的標準，避免兒童受到不當偵訊。美國國家兒童虐待起訴中心與全國區域檢察官協會、美國檢察官研究院合作制訂了偵訊疑似遭到性侵兒童的標準作業程序。根據偵訊原則，偵訊人員應該保持「開放、中立、客觀」，避免問誘導性問題，不得威脅兒童或強迫兒童開口說話，也不得告訴兒童其他人（尤其是其他兒童）的談話內容。紐澤西州長的虐待兒童與忽視兒童應變小組也頒布了偵訊兒童的指導原則，其中規定偵訊人員應該鼓勵兒童說出自己對於性侵嫌疑犯的感覺，但是不得批評性侵嫌疑犯，而且應該避免多位偵訊人員多次偵訊兒童。

從不同法院的發現，我們可以看出學界、業界與執法界一致認為，使用帶有脅迫或高度暗示的偵訊方式，極有可能扭曲兒童對事件的記憶，破壞兒童證詞的可信度。

## 本案當中的偵訊

這個案子裡的偵訊是不是引發聯想與脅迫，導致偵訊對象提供的說法與證詞極有可能不可靠，無法充當呈堂證供？專家、執法單位與政府機關對於這個案子採用的偵訊方式幾乎完全不能苟同。

被告之所以會被起訴，導火線就是一位兒童主動表示「凱莉」老師替他量肛溫，也替其他同學量肛溫。一般來說，最可靠的就是自然回憶的內容，但是絕大多數接受偵訊的兒童，都沒有主動想起自己曾遭性侵。接受偵訊的兒童幾乎沒有一個主動提供能直接指控被告的資訊。此外，接受偵訊的兒童沒有一個是在自由回憶（free recall，記憶研究常用的一種方法，就是要求研究對象隨意回憶，不必按照事件發生的順序）當中，提到自己的確遭受性侵害。調查人員一再要求這些兒童提供性侵的具體細節，但是只有少數幾位做到。

調查人員並沒有受過偵訊幼童的訓練，他們與「關心托兒所」的學童最早的偵訊並沒有錄音，有些偵訊內容的原始紀錄甚至都銷毀了。幾乎所有專家都認為，原始偵訊內容應該全程錄影，才算是理想的偵訊方法。在這個案子裡，最早的偵訊當中有一半沒有錄音，也沒有錄影。紀錄顯示紐澤西州青少年與家庭服務部門的調查人員一直到一九八五年六月十九日才開始錄音。青少年與家庭服務部門只留下了三十四位接受偵訊的兒童、三十九次偵訊的紀錄，占全部接受偵訊人數的一半。

很多偵訊人員無力解決偵訊幼童遇到的問題，也會在幼童面前表現出挫折感，調查期間幾乎所有的偵訊人員都明顯缺乏公平。一位負責偵訊大部分幼童的調查人員說，他採用的偵訊方式是以「偵訊過程就是療癒過程的開始」為基礎。他認為他有「專業上與道德上的責任，要減輕這些兒童被性侵的痛苦」。這位調查人員完全沒想過被告可能無罪，聽到兒童某些奇怪的說法也沒有追問，立場顯然不客觀。

從偵訊紀錄看來，調查人員經常提出明顯具有誘導性的問題，而且問題的內容都是兒童沒有提到的。三十四位接受偵訊的兒童當中，只有五位沒有被問到強烈引發聯想侵害的確發生的問題。三十七位兒童（也就是半數的兒童）被問到排尿、排便、吃人類排泄物以及口交的問題。三十四位兒童當中有二十三位被問到裸露的問題，而且很多兒童在開庭之前將近兩年的時間，必須接受連續、甚至不斷的偵訊，有些兒童是在家長的要求下再次接受偵訊。

從偵訊紀錄可以看出調查人員對兒童採取溫和的威脅、誘騙與賄賂，兒童只要指控被告，就會得到讚美；兒童要是否認遭到性侵，或是為被告辯解，就會遭到責難。

偵訊紀錄從頭到尾都有誹謗的痕跡，調查人員跟三十四位兒童的其中十五位都說過，「凱莉」現在在坐牢，是因為她對小朋友做壞事，所以小朋友應該讓「凱莉」繼續坐牢。舉例來說，調查人員曾說「我們需要小朋友幫忙」，「小朋友要當小偵探」。調查人員也讓小朋友與逮捕被告的警察見面，還拿出逮捕用的手銬給小朋友看，小朋友只要願意和調查人員合作，就可以拿到仿製的警徽。

調查人員也沒有避免兒童接觸可能會影響他們回憶的外部資訊，因而小朋友彼此間都有接觸，所以很有可能會説起彼此疑似遭到性侵的經歷。三十四位兒童中，有十七位從調查人員口中得知：「其他的小朋友已經講了『凱莉』對他們做了不好的事情」。總而言之，從偵訊紀錄可以發現許多嚴重違反偵訊原則的例子。

所以，我們同意上訴法院的看法，認為這些兒童受到的偵訊嚴重不當，調查人員採用了不當暗示與脅迫的偵訊方法，因此，兒童對過往事件的回憶，極有可能受到偵訊的引導與嚴重影響。所以，最高法院認為應該召開聽證會，討論不當偵訊對兒童回憶的影響是不是太大，導致兒童在開庭前的説法以及在法庭上的證詞，不能做為證據。

這個庭前聽證會要探討的基本議題是：開庭前的偵訊是不是帶有不當暗示，導致兒童對與被告有關的重要事實記憶錯誤。考量到一般都認為受害兒童和其他證人一樣可靠，被告必須拿出足夠的證據，才能召開開庭前污點聽證會（pretrial taint hearing）。被告必須拿出證據證明是因為調查人員採用了具有不當暗示、脅迫的偵訊方式，兒童才會有那些説法。

關於本案的偵訊方式，被告的確達到了最低標準，拿出了證據。偵訊出現了一些問題，比方説接受偵訊的兒童並沒有自然想起被性侵的事情；偵訊人員又有偏見；偵訊人員重複提出誘導性問題；同一位兒童多次接受偵訊；偵訊人員不斷提問；偵訊人員誹謗被告；偵訊人員持續讓兒童與同儕接觸，也向兒童透露同儕的偵訊內容；偵訊人員威脅、賄賂、哄騙兒童；偵訊人員沒有把最早的偵訊錄影或留下紀錄，這些證據足以證明偵訊方式極有可能造成兒童的說法不可靠，將來在法庭上的證詞也不可靠，所以必須召開污點聽證會。

被告一旦證明兒童的說詞極有可能不可信，檢方就必須拿出清楚且具說服力的證據，證明兒童的說法是可信的。所以最後要判斷的是，雖然調查人員採用了一些具有不當暗示與脅迫的偵訊技巧，但是考量到整體偵訊環境，兒童的說法的可靠度是不是高於不當偵訊方式的影響？檢方如果要證明這一點，就必須傳喚專家出庭作證，證明調查程序的引發聯想並不會太嚴重。被告也可以傳喚專家，證明偵訊的引發聯想的確很嚴重，以反駁檢方的證據。

最後，如果承審法院認定兒童的說法（或是證詞）至少某些部分足算可信，可作為法庭上的證據，那就要由陪審團評估兒童的說法作為證據的價值，考量內容的可信度，並且決定要採信多少說詞。陪審團可以要求專家出庭，解釋調查人員所用的偵訊方式的脅迫性與引發聯想的程度，但是，專家不得針對兒童證人的可信度發表意見，那必須由陪審團決定。我們也認為陪審團必須考慮整體偵訊環境做出判斷，不要理會承審法院對於兒童的證詞，是否能充當證據的判斷與判決。

## 分析與影響

這個案子的主審法官做了幾個重要決定，後來成為麥克爾斯上訴的理由。我們要討論的是承審法院認為只要兒童的證詞可靠，沒有受到偵訊方式的破壞，就應該採納為證據。承審法院的這個決定帶出了兩個問題：這些兒童受到的偵訊是否具有引發聯想與脅迫性？如果是的話，那偵訊是否破壞了兒童的證詞？

紐澤西最高法院為了回答這兩個問題，考慮了幾項因素，如小朋友作為證人的角色、初期偵訊的重要性、影響小朋友的可受引發聯想的因素，以及本案採用的偵訊方法。雖然法院強調偵訊方法的缺失，也明確譴責這些缺失，最後的判決對麥克爾斯仍然稱不上有利。雖然法庭曾經想過用這種偵訊方法得到的證詞，不應該成為重審的證據，卻還是把最後的決定交給主審法官。法庭只是要求法官召開污點聽證會，討論用這種偵訊方法得到的小朋友的證詞是否可信。如果主審法官認為小朋友的證詞可以當成證據，那就要由陪審團決定每一位小朋友的證詞有多可信。

## 小朋友作證

檢方認為在法律上，所有人都有能力出庭作證。既然法律認為小朋友有能力出庭作證，小朋友的證詞只要與案件相關，就應該成為證據，再由陪審團決定小朋友證詞的可信程度。紐澤西最高法院考量這個問題時，表示這不只是有沒有能力的問題，而是小朋友如果獲准作證，證詞有多可靠？換句話說，雖然法律假設小朋友有能力作證，被告還是可以反駁這個假設。

法庭認為兒童證人在某些情況下，極易受到他人的暗示的影響，因此，偵訊小朋友如果不夠謹慎，小朋友的記憶就會被弄亂，無法還原。這種情況之下，小朋友的證詞就不可靠，不應該當成法庭上的證據。

## 影響小朋友的證詞的因素

法庭了解小朋友的證詞可能不見得可靠，也考慮到一些因素，如偵訊人員的獨立性與偏見、偵訊人員的誘導性問題與重複的問題、偵訊人員重複傳達錯誤資訊、偵訊人員說話語調帶有情緒、同儕壓力、偵訊人員的身分、誹謗被告、在偵訊的時候拿出具有性器官的娃娃，最後還有賄賂、威脅、獎賞等等。法庭也聽取了社會學家的建議，知道如何偵訊才能引出小朋友完整、正確的記憶。

起訴麥克爾斯的基本原因是一個行為與社會事實的假設，也就是說檢方假設小朋友的說法是正確的，沒有受到偵訊方式的影響。檢方另外還有幾個相關的假設。第一，小朋友只要知道事情的嚴重性，就會說出真相。小朋友不像成年人有許多複雜的動機要說謊。第二，訪談人員沒有偏見，不只是警方調查人員與家長沒有偏見，治療師、社工人員、檢察官與律師也都沒有偏見。這些法律人士與社會人士面對小朋友的時候，都是想發掘真相，維護小朋友的權益。他們沒有隱含的動機，也不會把自己的想法灌輸給小朋友。第三，就算家長問話不可靠，警方調查人員也能從小朋友那裡問出可靠的資訊。警察不像家長對性侵事件有強烈的情緒，警察能夠保持專業、中立的態度，不會影響調查，也不會破壞從證人那裡得到的證據。最重要的是，警察受過專業訓練，非常熟悉調查、偵訊技巧，所以一定可以問到可靠的資訊。這是所有假設背後的重點，也就是調查人員在調查疑似性侵案時，向小朋友問話的方法可以得到可靠的證據與證詞。最後，要談到第四點，就是重複同樣的問題可以確認小朋友的答案。不只是小朋友，任何人遇到同樣的問題，如果每次答案都一樣，那答案應該就沒錯。

麥克爾斯遇到的問題是：在調查期間，其他人對她的假設都沒有遭到質疑。其實關於這起疑似性侵事件，小朋友說的某些話一聽，就知道有問題，可是調查人員卻沒有質疑之前的假設有沒有問題。這麼說來，檢方與被告應該拿出怎樣的證據，證明之前的假設有沒有問題呢？檢方應該拿出紀錄（如錄音、錄影資料），說明偵訊進行的方式，這樣法庭就可以判斷偵訊的方式是否公平妥適。檢方與被告，都可以提出執法單位對於這類偵訊該如何進行的指導原則，再把指導原則與實際偵訊情況拿來比較。檢方與被告也可以各自引用行為科學與社會科學，探討調查人員用這種方式蒐集的證據，具不具有法律效力。最後，法庭可以允許行為科學家與社會科學家遞交法庭之友意見書，探討與調查人員採用的方法相關的行為科學與社會科學議題。

在本案中，專家遞交了法庭之友意見書。以下是意見書的摘錄內容（Bruck & Ceci, 1995）。

### 問話人員的偏見對小朋友的說法的影響

從疑似遭到性侵的小朋友的問話內容看來，有些訪談人員盲目認定小朋友的確遭到性侵。在這種情況下，訪談人員通常不能證明小朋友的行為是由其他原因引起，並不是因為遭到性侵，結果在問話結束之後就認定小朋友遭到性侵。

有些負責問話的調查人員與治療師聲稱，這種方法有其必要，因為遭到性侵的小朋友受到嚴重驚嚇，覺得很難堪，不管任何人問起，都不肯主動透露自己遭到性侵，就算是爸媽問起也不說。所以，他們認為必須用盡一切策略，讓小朋友透露自己被性侵。他們用的策略包括重複提出誘導性問題、重複問話、威脅利誘、灌輸刻板印象與偏見（Ceci & Bruck, 1993b）。如果小朋友真的遭到性侵，這樣的問話策略就會奏效，也就是說訪談人員就能從小朋友口中問出被性侵的經過。但是訪談人員如果有先入為主的偏見，認為小朋友的確遭到性侵，那很有可能問到錯誤的說詞。

### 重複問題的影響

許多研究發現，把同樣的問題拿來問小朋友好幾次，不管是一次見面問好幾次，還是不同的時間問好幾次，小朋友後來的答案會跟原先的不一樣，這種情況遇到是非題的問題尤其明顯（Poole & White, 1991）。學齡前兒童特別容易受到重複問題的影響。小朋友之所以會這樣，是因為他們會想：我第一次一定是回答得不對，所以人家才會再問我一次，我得換個答案才好。有時候小朋友為了討好問話的大人，也會更改之前的回答。他們會覺得大人一定是不喜歡之前的答案，所以就換一個答案好了。有時候訪談人員先前的暗示和小朋友的記憶混在一起，所以小朋友也會更改之前的回答。

### 多次提供錯誤資訊的影響

許多研究顯示，在不同的時間重複告訴小朋友錯誤的資訊，會嚴重影響小朋友後來的說法的正確性（Poole & White, 1995）。小朋友聽了錯誤的資訊，之後就會直接背出來（他們直接把問話人的錯誤資訊，原原本本照背出來）。小朋友聽了誤導的資訊與問題，也有可能憑空杜撰完全無關的事情，或是錯誤的說法。

舉例來說，布魯克、塞西、法蘭庫爾與巴爾，發現小朋友在去過小兒科診所之後，如果有人在不同時間多次給小朋友暗示，那小朋友說起這段經過時，就會和事實出入很大。在這項研究中，一群小朋友在五歲的時候去小兒科診所，一位男性小兒科醫師安排每一位小朋友做身體檢查、口服小兒麻痺疫苗，又接種疫苗。同時一位女性研究助理跟小朋友說起牆上的一張海報，唸了一個故事給小朋友聽，又拿點心給小朋友吃。

大概一年之後，這群小朋友在一個月之內接受四次問話。研究人員故意在前三次告訴其中幾位小朋友，是小兒科醫師給他們看海報、吃點心、講故事，又說是研究助理給他們接種疫苗、口服疫苗。其他的小朋友則是完全沒有聽到是誰帶他們做了什麼。在第四次問話的時候，研究人員要小朋友回憶那次到小兒科診所的經過，沒有受到誤導的小朋友回憶內容都非常正確。他們清楚記得哪些事情是小兒科醫師做的，哪些事情是研究助理做的。相較之下，遭到誤導的小朋友的回憶就錯的離譜，他們把研究人員的誤導資訊和事實混淆在一起，而且超過半數的小朋友被誤導影響（比方說他們會說是女性研究助理幫他們接種疫苗，不是小兒科醫師）。四成五的小朋友還自行杜撰，說研究助理檢查了他們的耳朵與鼻子。沒受到誤導的小朋友沒有一個犯這種錯誤。所以，小朋友如果被灌輸錯誤的觀念，融入自己的思想，就會大肆重組、扭曲現實。

## 問話人的情緒語氣的影響

小朋友對訪談人員語氣裡的情緒很敏感，會照著情緒行動。帶有情緒的語氣可以透露很多訊息，包括隱含或直截了當的威脅、利誘與獎賞。舉例來說，如果訪談人員採用譴責的語氣（比方說「我們知道你碰到了不好的事情」、「不可以讓別人在浴缸裡親你」、「你說出來心裡會比較好受」、「把事情講出來，不要怕」），小朋友就算什麼也不記得，也會杜撰一些答案出來。有些時候小朋友杜撰出的事情還牽涉到性（見Ceci & Bruck, 1993a）。

許多社會科學文獻都能證明強化小朋友的某些行為，小朋友就會更頻繁出現這種行為。例如跟小孩說「你真乖」，小孩就會一直都很乖。在某些情況下，正向鼓勵只要運用得當，小朋友就會覺得很自在。比起完全沒有得到回應與鼓勵的小朋友，受到鼓勵的小朋友比較願意回答問題，回答也比較正確（如Goodman, Rudy, Bottoms, & Aman, 1990）。但是正向鼓勵如果運用不當，小朋友就可能給出錯誤的資訊，因此研究人員也發現，訪談人員如果過度鼓勵小朋友，那小朋友會給出很多正確的資訊，也會給出很多錯誤的資訊（如Geiselman, Saywitz, & Bornstein, 1990）。顯然，訪談人員對小朋友採取適度鼓勵還是過度鼓勵，也會影響小朋友的說詞正確性。

## 同儕壓力、同儕互動對小朋友說法的影響

同儕也有可能給小朋友暗示與誤導。早在一九〇〇年，科學家就發現小朋友會更改自己的答案，改到與同儕團體的答案一樣，就算知道同儕的答案錯誤還是要改（Binet, 1900）。重點是同儕

團體說起自己參與的事情，沒有參與的人聽了之後記憶也會受到影響，甚至會自行杜撰事情經過。舉個例子，皮努斯與納達爾（1989）研究一群人對於槍擊事件的回憶。一九八四年二月二十四日，一位狙擊手從一棟建築物二樓窗戶，對著對街小學操場上的一群學童連續射出好幾排的子彈，幾十位小朋友被子彈擊中，多位小朋友受傷，一位小朋友與路人身亡。事發之後六至十六週，研究人員訪談了該校一百一十三位學生（約占全體學生的一成），請每一位小朋友自由回憶這段經歷，再回答一些問題。有些接受訪談的小朋友事發當時並不在學校，有些當時已經在回家的路上，有些在度假。研究人員發現事發當時不在場的小朋友，竟然也「記得」槍擊事件。一位女學生本來說槍擊開始的時候，她人在校門口，距離狙擊手最近，但是其實她距離現場半條街，根本不在槍擊範圍內。另外，一位男學生事發當天明明在度假，卻說他事發當時他在上學的途中，看到有人倒在地上，又聽到槍聲，所以折返回家。其實那天警方在現場拉起封鎖線，任何人不得靠近學校所在的那條街。這些學生應該是從那天在場的同學口中聽到事發經過，就把同學的說法加入自己的記憶。

## 地位高的成年訪談人員的影響

小朋友對訪談人員的身分與權力很敏感，所以特別願意配合身分地位高的訪談人員的隱含與明顯的意圖。舉個例子，如果小朋友的說詞遭到質疑，小朋友就會聽從年紀比較大的訪談人員的意見。就某個程度而言，小朋友之所以越來越容易受到暗示的影響，就是因為小朋友會順從權力，也認為自己必須順從權力。小朋友比較會相信成年人，比較不會相信其他小朋友。小朋友比較願意按照成年人的意願行事，比較會把成年人的說法當成自己的說法講出來。早在二十一世紀初就有研究人員發現這一點，也在許多研究得到證明（Ceci & Bruck, 1993b）。

有些訪談的另一個特色是，通常有一位以上的成年訪談人員在場，有人可能認為這能確保小朋友說實話，尤其如果其中一位成年人是小朋友的父母，那小朋友就更會說實話。但是多來一位成年人，其實也是多增加一倍的問題，多增加一倍的引發聯想訪談策略而已。問題變多了，要是談到一件事情到底有沒有發生，小朋友就會以成年人的意見為意見，不會按照自己的記憶。

## 刻板印象導引與引發聯想問題的影響

所謂引發聯想訪談，就是訪談人員把自己的刻板印象傳達給小朋友，也就是訪談人員一再告訴小朋友某人「做了壞事」，小朋友就記在腦海裡，當成自己的話說出來。

以下的研究可以說明這個道理。一位名叫山姆・史東的男子到托兒所與學生（三到六歲的小朋友）相處了兩分鐘（Leichtman & Ceci, 1995），史東走了以後，研究人員在十個禮拜之間，四度詢問小朋友有關史東來訪的細節。研究人員四次發問都沒有使用引發聯想問題，只是請小朋友盡量說得詳細一點。第四次訪談過了一個月之後，換了一位研究人員第五度訪談小朋友，他和小朋友說起兩件沒發生過的事，一件是山姆拿了泰迪熊，一件是山姆拿了一本書。事實上，山姆沒拿泰迪熊，也沒拿書。研究人員在第五次訪談問小朋友：「山姆有沒有拿書，拿泰迪熊？」大部分的小朋友都給出正確答案：沒有。年紀最小（三到四歲）的小朋友當中，只有一成說山姆有拿書、拿泰迪熊。

研究人員問小朋友有沒有看到山姆拿了書、泰迪熊做什麼，而不是問「你們認為他拿書、拿泰迪熊幹什麼」或者「聽說他做了什麼」，只有百分之五的小朋友說出山姆做了什麼。最後，研究人員用溫和的語氣質疑這百分之五的小朋友（「你其實沒有看到山姆做了什麼，對不對？」），只有百分之二點五仍然堅稱他們看到山姆做了什麼。年紀比較大（五到六歲）的小朋友，則沒有一個說看到山姆拿書、拿泰迪熊。

山姆還沒到托兒所之前，研究人員就跟第二批小朋友灌輸關於山姆的刻板印象。在山姆到托兒所之前一個月，研究人員每個禮拜都跟小朋友說山姆的故事，把山姆形容成一個笨手笨腳的人，舉個例子：

你們一定想不到昨天晚上誰來看我（停頓一下），沒錯，就是山姆．史東！你們猜他這次又做了什麼好事？他借了我的芭比，拿著芭比走下樓梯，結果絆了一跤，把芭比的手摔斷了。這個山姆．史東老是出狀況，老是把東西摔壞！

山姆去過托兒所之後，這些小朋友在十個禮拜之內接受四次引發聯想的訪談。小朋友在每次訪談都會聽到兩個錯誤的說法，一個是「山姆撕書」，另一個是「山姆把泰迪熊弄髒」（比方說「記不記得那次山姆．史東到教室來，把熱巧克力灑在白色的泰迪熊身上了？他是故意的，還是不小心的？」，還有「山姆．史東撕書是因為生氣，還是只是胡鬧？」）

十個禮拜之後，研究人員再問起這些事情（「那本書有沒有怎麼樣？」、「泰迪熊怎麼了？」），年紀最小的小朋友當中有七成二說山姆撕書又弄髒泰迪熊，或是做了其中一件壞事。研究人員問小朋友是不是親眼看到山姆闖禍，四成四的小朋友回答是。重點是研究人員溫和提醒小朋友可能搞錯了，結果還是有二成一的小朋友堅稱的確看到山姆闖禍。年紀比較大的小朋友回答比較正確，不過還是有一成一堅稱看到山姆闖禍。

## 使用真人娃娃的影響

像兒童心理治療師、警察、兒童保護人員、律師之類的專業人員，在針對疑似性侵事件的訪談當中，經常使用真人娃娃。這是因為要讓小朋友操作能讓他們想起過往事件的娃娃，勾起他們的回憶，不要因為語言、記憶問題妨礙回憶。另外一個原因是，小朋友可以透過娃娃，表達原本因為害羞、尷尬而不好意思說的事情。娃娃也可以用來做投射測驗（projective test），有些專業人員指出如果小朋友拚命閃躲娃娃、看到娃娃衣服脫掉會有痛苦的神情，或是對娃娃的生殖器特別感興趣，那小朋友很有可能曾經遭到性侵（見Mason, 1991）。

不過，一些研究人員與專業人員對於使用真人娃娃有些疑慮。反對使用真人娃娃的人經常提到兩個論點：第一，娃娃容易引發聯想，小朋友就算沒有遭到性侵，也會跟娃娃玩起與性行為有關的遊戲（如Gardner, 1989; Terr, 1988）。比方說小朋友可能會用手指插入娃娃的生殖器，就因為新奇好玩，或者「想看看會怎樣」，就好像把手指插入甜甜圈的洞一樣。第二，光是觀察小朋友玩娃娃的狀況，不可能判斷小朋友是否遭到性侵，因為目前沒有關於未遭到性侵的小朋友玩娃娃的行為研究資料。一般來說，年紀非常小的小朋友的認知可能還沒發展成熟，不會用娃娃表達自己的過往經驗，所以使用娃娃不但不能引導小朋友提供正確的證詞，反而可能妨礙、扭曲小朋友說出真相的能力（法庭之友意見書摘錄到此結束）。

## 麥克爾斯案調查所用的方法

法庭在了解訪談中的哪些情況，會對小朋友的記憶造成負面影響之後，開始探討本案調查方法的相似之處，結果發現許多明顯且重疊的相似之處。真的，除了先前討論的問題之外，法庭還發現其他問題，比方說小朋友對疑似性侵事件的回憶並不是自然想起的，一般性侵受害者的對性侵事件的回憶都很清晰，小朋友卻想不起來什麼細節。另外，訪談人員缺乏良好訪談技巧的訓練，很多訪談內容都沒有錄音錄影（最早的訪談尤其沒有）。而且調查人員聽到小朋友某些比較離譜的說詞，也沒有提出質疑。最後，調查人員也沒有想過小朋友的話，也許可以有別種解讀。因為檢方的這些濫權行為，紐澤西州最高法院認為如果檢方決定重審麥克爾斯，下級法院就必須召開污點聽證會。最高法院特別強調聽證會有其必要，因為「檢方嚴重濫權」。

紐澤西州最高法院認為，如果深入追究檢方的偵訊，可能會發現偵訊內容不能當作法庭證據。法庭參考了行為科學家與社會科學家提供的行為事實與社會事實，發現調查人員與主審法官對於「小朋友作證有多可靠」的想法並不正確，也就是說，小朋友在經過麥克爾斯案的約談方式之後，大部分都變成不可靠的證人，雖然這並不是小朋友自己的問題。

## 科學對上檢察需求

法庭之友意見書提及的研究與結論也遭到外界批評，比方說意見書提到訪談疑似遭到性侵的小朋友的人員，使用了會引發聯想的訪談方式，就被里昂（1995, 1999）與米爾斯（1995）批評假設錯誤。事實上，只有極少數實證資料顯示，訪談人員的確有用會引發聯想的訪談方式（Myers, 1995），就算用了，對小朋友記憶的負面影響，也不像意見書形容的那麼嚴重（Lyon, 1995, 1999; Myers, 1995）。

另外，里昂（1995）也抨擊意見書並未平衡兩個都很重要卻有時會互相衝突的利益，一個是正確證詞的需求；另一個是查出罪犯，將罪犯定罪的需求。意見書明確指出第一個利益，提到錯誤的性侵指控是很危險的，一定要避免。根據紐澤西州高等法院，麥克爾斯很有可能是遭到誤判，因為小朋友錯誤指控她性侵。科學家將這種錯誤稱為錯誤肯定（false positive）或第一型錯誤（Type I error）（也就是說麥克爾斯明明無罪，卻說她有罪）。

第二個利益也很重要，沒有人希望性侵兒童的人逃過法律制裁。科學家將有罪的人逃過制裁的現象稱為錯誤否定（false negative）或第二型錯誤（Type II error）（也就是說麥克爾斯明明有罪，卻說她無罪）。里昂（1995）認為意見書沒有考量第二型錯誤。雖然我們的司法傳統認為第一型錯誤（將無罪之人定罪）遠比第二型錯誤（讓有罪之人無罪釋放）嚴重，但是里昂（1995）認為如果不問話，就不可能查出性侵事件的真相，他也認為很多社會科學家沒有考慮到這一點。

諷刺的是，研究發現如果沒有積極催促，小朋友就不願意透露自己曾經遭到性侵（Ceci & Friedman, 2000）。如果只是問小朋友「你們那時候怎麼了」（也就是要小朋友自由回憶），小朋友透露的恐怕不多。雖然小朋友透露的內容可能是事實，也可能漏掉了對調查來說至關重要的重要細節（Ceci & Friedman, 2000）。有時候一定要問一些具有引導性的問題、開門見山的問題，才能問出真相（Ceci & Friedman, 2000; Lyon, 1995, 1999），也因此，調查人員會有意無意使用比較不當的問話方式，導致意見書所說的「影響小朋友的記憶內容」。如同意見書所言，兩難之處在於這種問話方式可能會引發錯誤回憶，錯誤回憶就會變成錯誤指控，錯誤指控就會帶來嚴重後果。

小朋友會不願意透露自己遭到性侵，背後有幾個理由。里昂（1995）認為小朋友對性行為羞於啟齒，對自己必須談論性行為感到難堪。在一項研究中，研究人員要求一群五歲與七歲的女生自由回憶健康檢查的細節，結果大部分的小朋友都沒有提到健康檢查比較私密的部分，後來研究人員直接提問才提起（比方說「醫生有沒有碰妳那裡？」）。即便如此，很多女生還是堅稱醫生沒有觸碰她們的私處，但是其實醫生在做檢查的時候有碰到（Saywitz, Goodman, Nicholas, & Moan, 1991）。另外一項研究發現，即使有實物證據證明小朋友的確遭到性侵（例如小朋友染上性病，或是生殖器受傷），很多小朋友還是沒有透露自己遭到性侵。在研究人員詢問之後，只有五成左右的小朋友透露自己遭到性侵（Lawson & Chaffin, 1992; Muram, Speck, & Gold, 1991）。小朋友不願意透露自己遭到性侵，也有可能是想保護加害者。大部分的加害者不是他們的家人，就是認識的人，小朋友會不希望讓加害者惹上麻煩（Lyon, 1995）。研究人員也發現除非直接問，否則小朋友可能不會說出自己遭到性侵，因為小朋友的認知發展還沒成熟到可以說出來的地步。直接的問題（比方說「那個人有沒有碰妳那裡？」）會增添小朋友的再認記憶（recognition memory），而開放式的問題（如「告訴我發生了什麼事」）會引導小朋友的回憶記憶（recall memory），就不會有這種問題。研究發現年紀比較小的小朋友比較容易敍述再認記憶的內容，比較不容易敍述回憶記憶的內容（Lyon, 1995）。

不過，也不能把這個情況看得太過絕對。塞西與弗萊德曼（2000）主張除非萬不得已，否則不要在調查程序當中使用引導式問題。此外，他們也主張接受暗示性偵訊的小朋友不應該被自動排除在外，不能出庭作證。大部分自稱遭到性侵的小朋友通常都是說實話（Ceci & Friedman, 2000），不能光憑問話的方式就認定被告無罪。不過塞西與弗萊德曼（2000）在看過兒童易受暗示性的研究文獻之後，發現研究人員之間有個共識，認為小朋友「非常容易」受暗示影響，而且在某些情況下，受到暗示的小朋友說錯的機率超過一半。他們建議法庭跟紐澤西最高法院一樣，聽取研究兒童易受影響性的專家的建議，藉此判斷兒童的記憶是否受到影響。

## 本章重點

審判法庭在「紐澤西州對麥克爾斯」（1994）一案中，關於行為事實與社會事實的假設，也就是這個國家的法院、立法委員與行政政策制訂者，每天都要做的決策。這有一部分是因為立法委員沒有受過行為科學與社會科學的訓練，所以不是認為他們的假設是正確的，就是不知道他們假設的是人類的行為。另外一部分原因是，在審判過程當中缺乏相關的行為資訊與社會資訊（見本書第十章）。不過從本章可以看出，只要具備行為事實與社會事實資料，就可以大幅提升司法判決的正確與公平程度。

## 參考書目


Binet, A. (1990). La suggestibilitie. Paris: Schleicher Freres.

Bruck, M., Ceci, S. J., Francoeur, E., & Barr, R. J. (1995). “I hardly cried when I got my shot!”: Influençing children’s reports about a visit to their pediatrician. *Child Development, 66*, 193-208.

Bruck, M., Ceci, S. J. (1995). Amicus Brief for the case of State of New Jersey v. Margaret Kelly Michaels presented by the Committee of Concerned Social Scientists. *Psychology, Public Policy, and Law, 1*, 272-322.

Ceci, S. J., & Bruck, M. (1993a). Children’s recollections: Translating research into policy. *SRCD Social Policy Reports, 7*, No. 3.

Ceci, S. J., & Bruck, M. (1993b). The suggestibility of the child witness: A historical review and synthesis. *Psychological Bulletin, 113*, 403-439.

Ceci, S. J., & Friedman, R. D. (2000). The suggestibility of children: Scientific research and legal implications. *Cornell Law Review, 86*, 33-108.

Gardner, R. (1989). *Sex abuse hysteria: Salem witch trials revisited*. Longwood, NJ: Creative Therapeutic Press.

Geiselman, R., Saywitz, K., & Bornstein, G. (1990). *Effects of cognitive interviewing, practice, and interview style on children's recall performance*. Unpublished manuscript.

Goodman, G. S., Rudy, L., Bottoms, B., & Aman, C. (1990). Children's concerns and memory: Issues of ecological validity in the study of children's eyewitness testimony. In R. Fivush & J. Hudson (Eds.), *Knowing and remembering in young children* (pp. 249-284). New York: Cambridge University Press.

Lawson, L., & Chaffin, M. (1992). False negatives in sexual abuse disclosure interviews: Incidence and influence of caretaker's belief in abuse in cases of accidental abuse discovery by diagnosis of STD. *Journal of Interpersonal Violence, 7*, 532-542.

Leichtman, M. D., & Ceci, S. J. (1995). The effects of stereotypes and suggestions on preschool's reports. *Developmental Psychology, 31*, 568-578.

Lyon, T. D. (1995). False allegations and false denials in child sexual abuse. *Psychology, Public Policy, and Law, 1*, 429-437.

Lyon, T. D. (1999). The new wave in children's suggestibility research: A critique. *Cornell Law Review, 84*, 1004-1087.

Mason, M. A. (1991). A judicial dilemma: Expert witness testimony in child sex abuse cases. *Journal of Psychiatry and Law, 19*, 185-219.

Muram, D., Speck, P. M., & Gold, S. S. (1991). Genital abnormalities in female siblings and friends of child victims of sexual abuse. *Child Abuse and Neglect, 15*, 105-110.

Myers, J. E. B. (1995). New era of skepticism regarding children's credibility. *Psychology, Public Policy, and Law, 1*,

387-398.

New Jersey v. Michaels, 136 N.J. 299 (1994).

Poole, D., & White, L. (1991). Effects of question repetition on the eyewitness testimony of children and adults. *Developmental Psychology, 27*, 975-986.

Poole, D., & White, L. (1995). Tell me again and again: Stability and change in the repeated testimonies of children and adults. In M. S. Zaragoza, J. R. Graham, C. N. Gordon, R. Hirschman, & Y. Ben-Yorath (Eds.), *Memory and testimony in the child witness* (pp.24-43). Newbury Park, CA: Sage.

Pynoos, R. S., & Nader, K. (1989). Children's memory and proximity to violence. *Journal of American Academy of Child and Adolescent Psychiatry, 28*, 236-241.

Sales, B. D. (1983). The legal regulation of psychology: Professional and scientific interactions. In C. J. Scheirer & B. L. Hammonds (Eds.), *The master lecture series. Volume II: Psychology and the law*. (pp. 5-36). Washington, DC: American Psychological Association.

Saywitz, K. J., Goodman, G. S., Nicholas, E., & Moan, S. F. (1991). Children's memories of a physical examination involving genital touch: Implications for reports of child sexual abuse. *Journal of Consulting and Clinical Psychology, 59*, 682-691.

Terr, L. (1988). Anatomically correct dolls: Should they be used as a basis for expert testimony? *Journal of American Academy of Child and Adolescent Psychiatry, 27*, 254-257.

# 第五章　提供司法事實知識以制訂司法目標

## 案例：身心障礙人士之工作環境

美國國會為了對抗某些州歧視少數的法律，於一九六四年制訂民權法。舉例來說，有些州的法律規定，人民必須符合某些條件才能投票，比方說必須自有房屋，或者必須達到最低識字標準。很多少數族群達不到這些條件，常常不能投票。這些少數族群要是不顧規定，堅持投票，通常會遭到肢體恐嚇，甚至毆打，有時候就在投票所遭到威脅或是暴力相向。民權法授權美國聯邦法院與司法部長，要求各州遵守美國憲法保障的基本人權，杜絕這種不公不義的現象。民權法也規定公共設施、公共場所、公共教育與就業場所不得以種族、膚色、宗教信仰、性別與國籍為由歧視人民。

美國國會也立法規定不得以性別（一九六三年平等薪資法）、年齡、（一九六七年反就業年齡歧視法）、身心障礙（一九九〇年美國殘障人士法第一卷）為由，對人民就業歧視與就業補償歧視。美國平等就業機會委員會負責監督各州確實執行反就業歧視法規。除了執法之外，平等就業機會委員會也須布法令解釋現行的反就業歧視法。本章要討論的就是其中一項法令，也就是平等就業機會委員會指導原則：美國殘障人士法與精神障礙（1997）。美國社會一直到後來才發現，原來精神障礙者也具有工作能力。

本章的重點在於行為知識與社會知識，可以提供立法委員、法官與行政機關人員設定與執行司法目標所需的事實。在這個案例中，司法的目標就是要讓精神障礙者成為勞動人口，這樣他們就可以享有參與社會的權利、權益與好處。一旦設定了司法目標，行為科學家、社會科學家與從業人員可以幫助負責執法的人員。科學家與從業人員對於精障者的能力非常了解，知道精障者應該如何融入職場，又兼顧雇主的需求。可想而知，我們的立法委員在設定新法令的時候，就會徵詢、採納專家的意見。

## 平等就業機會委員會指導原則：美國殘障人士法與精神障礙

### 美國平等就業機會委員會

這份指導原則闡明了平等就業機會委員會，對美國殘障人士法第一卷適用投入勞動人口的精障者立場。勞動人口包含很多因為被污名化、遭到誤解而受到就業歧視的精障者。美國國會制訂美國殘障人士法第一卷，就是為了打擊這種歧視，消滅歧視背後的迷思、恐懼與刻板印象。

## 根據美國殘障人士法，何謂精神障礙？

根據美國殘障人士法，「殘障」必須符合下列三項定義其中之一：（一）具有嚴重影響個人重要生活活動的生理或精神障礙；（二）具有此種生理或精神障礙之過往紀錄；（三）被認定具有生理或精神障礙。

### 障礙

根據美國殘障人士法，精神障礙包括任何一種精神與心理異常，如情緒疾病與精神疾病。情緒疾病與精神疾病包括重度憂鬱症、躁鬱症、焦慮症（含恐慌症、強迫症、創傷後壓力症候群）、精神分裂症、人格障礙。美國精神醫學學會發行的《精神疾病診斷與統計手冊》的最新版本，可用來鑑定這些異常。法院將《精神疾病診斷與統計手冊》視為重要參考資料，美國精神疾病專家在診斷、判定保險給付時，也經常參考這本手冊。

不過並不是《精神疾病診斷與統計手冊》條列的所有疾病，都算是美國殘障人士法所謂的「殘障」，有些甚至不構成「障礙」。舉例來說，美國國會認定《精神疾病診斷與統計手冊》列舉的幾項疾病（如各種性行為異常、賭博成癮、偷竊癖、縱火狂，以及非法使用藥品引發的精神刺激物質使用異常），並不構成美國殘障人士法所謂的「殘障」。

特質、行為並不構成精神障礙。舉例來說，壓力本身並不構成精神障礙，不過，壓力可能與肢體障礙或精神障礙有關。同樣的道理，易怒、慣性遲到、判斷能力不佳之類的特質，並不構成精神障礙，不過可能與精神障礙有關。

## 重要生活活動

所謂的「障礙」要能構成美國殘障人士法定義的「殘障」，必須能嚴重妨礙個人從事一項或一項以上的重要生活活動的能力，每個精神障礙者無法從事的重要生活活動並不一樣，且所謂的「重要生活活動」並沒有明確的定義。對某些人來說，精神障礙會限制學習、思考、集中注意力、與他人互動、照顧自己、說話、做需要體力的事情、工作之類的重要生活活動，而睡眠是另一個可能受到精神障礙限制的重要生活活動。首先要研究的是，個人除了工作之外的其他重要生活活動（如睡眠、集中注意力、照顧自己）是否受到嚴重限制，必須要在確定其他重要生活活動都沒有受到精神障礙嚴重限制之後，才能回過頭來研究精神障礙對工作的限制。

## 嚴重限制

根據美國殘障人士法，一項障礙如果嚴重限制個人的重要生活活動，該項障礙就構成殘障。判斷「嚴重限制」，是依據限制的嚴重程度以及限制的持續時間。要判斷某人是不是具有會嚴重限制重要生活活動的障礙，必須了解這種障礙如何影響這個人，而不是看一般的狀況。平等就業機會委員會的調查人員，經常參考這個人在家裡、在工作場合還有在其他環境的正常活動，還有這個人的活動受到限制，是不是與這個肢體或精神障礙有關。不見得需要專家出庭作證，證明這個人的確受到嚴重限制，只要該名殘障人士與家人、朋友、同事提出可靠的證詞就可以了。

一種障礙如果導致個人無法從事重要生活活動，或是嚴重限制個人從事重要生活活動的環境、方式或持續時間，導致個人無法像一般人一樣進行重要生活活動，就構成嚴重限制重要生活活動。一種障礙如果只會導致輕微限制，就不構成嚴重限制。

一種障礙如果持續數月以上，又嚴重限制個人一種以上的重要生活活動，就構成嚴重限制。如果只維持了很短的時間，或者不會嚴重限制個人進行重要生活活動的能力，就不構成嚴重限制。

舉例：一名員工罹患重度憂鬱症已經一年，一直都很悲傷，除了上班之外，完全沒有任何社交，同時也嚴重失眠，也很難專注。這位員工有一種障礙（重度憂鬱症），嚴重限制他的睡眠、專注、和他人互動的能力。這種障礙對他的影響非常嚴重，而且持續時間相當久，已經構成嚴重限制。

此外，有些疾病會持續很久，或是有可能持續很久，無法確定到底會持續多久，或是至少會持續幾個月，這些疾病如果嚴重的話就會構成殘障。不過，疾病如果只是暫時，對個人的重要生活活動不會構成永久或長期影響，就不構成嚴重限制。

舉例：一位員工失戀之後心情沮喪，雖然他每天還是照樣過日子，他有時候在工作場合會情緒焦躁。他在失戀之後的一個月內，心情最為沮喪。他參加心理輔導之後，在幾個禮拜心情就好轉。他的輔導師認為他是「適應障礙」，認為失戀不會對他造成長期影響。雖然這位員工有障礙（適應障礙），不過只是短期，而且也不會嚴重限制他這段時間內的重要生活活動，也不會產生永久或長期的影響，所以這位員工並不構成美國殘障人士法所謂的殘障。

慢性或偶發的疾病如果在發作的時候會嚴重限制重要生活活動，或者有很大的機率復發，復發的時候又會嚴重限制重要生活活動，就構成嚴重限制。對某些人來說，躁鬱症、重度憂鬱症、精神分裂症之類的精神障礙，可能會在幾個月或幾年之內減輕或加重，有時候會重複發作。

一個人如果因為一種障礙，就受到嚴重的限制，無法像正常人一樣，那這種障礙就會嚴重限制此人與他人互動的能力。如果只是對同事、上司不友善，並不算是嚴重限制與他人互動的能力。不過如果這個人與他人的關係經常出現嚴重問題，比方說一直處於嚴重敵對狀態、社交退縮，或是需要溝通的時候無法溝通，那這個人就是受到嚴重的限制。這些限制必須是長期，才構成美國殘障人士法所謂的「殘障」，短期就不算。

一個人如果因為一種障礙，就受到嚴重的限制，無法像正常人一樣，那這種障礙就會嚴重限制此人專注的能力。舉例來說，一個人如果很容易分心、經常分心，就表示他的注意力很容易被引到不相關的景象、聲音，或是受到思緒煩擾，也有可能是他的腦袋經常是「一片空白」，這種情況就是他受到障礙的嚴重限制。這些限制必須是長期，或者有可能長時間持續才構成美國殘障人士法所謂的「殘障」，短期就不算。

舉例：一位患有焦慮症的員工表示，他的思緒經常會飄到別的地方，他也經常會因為一些與工作無關的思緒而分心。結果他在工作上遇到複雜、精細的事情就經常出錯，就算被罵過還是會出錯。醫生說他是因為焦慮症才會屢屢出錯，而且問題可能會一直持續下去。這個人算是殘障，因為他的焦慮症嚴重限制他專注工作的能力，導致他沒辦法像一般人一樣專心工作。

舉例：一名員工表示他只要覺得疲倦，或是開會開太久，注意力就會不集中，他認為這是因為他有慢性憂鬱症才會這樣。他的憂鬱症（一種精神障礙）可能會稍微限制他的專注力，但是並不會嚴重限制他的專注力，讓他無法像一般人一樣專注。很多人在很疲倦、開會開太久的時候都沒辦法專注。

一種障礙如果嚴重限制一個人，導致此人無法像正常人一樣睡眠，那這個障礙就嚴重限制此人睡眠的能力。這些限制必須是長期，或者有可能長時間持續才構成美國殘障人士法所謂的「殘障」，短期就不算。舉例來說，一個人因為創傷後壓力症候群，連續幾個月都睡的很少，這樣他跟一般人比起來，就是嚴重受到限制，也就是說他的睡眠受到嚴重限制。相較之下，一個人如果因為精神障礙很難入睡，或是有時候睡眠斷斷續續，並不算是受到嚴重限制。這個人的睡眠可能受到輕微限制，不過比起一般人，並不算是受到嚴重限制。

最後，一種障礙如果嚴重限制一個人從事基本活動（如早上起床、洗澡、穿衣、做菜、吃飯），導致他不能跟一般人一樣從事基本活動，那這個障礙就會嚴重限制這個人照顧自己的能力。這些限制必須是長期，或者有可能長時間持續才構成美國殘障人士法所謂的「殘障」，短期就不算。像重度憂鬱症之類的精神障礙，可能會導致一個人睡太多。在這種情況下，如果這個人因為精神障礙而睡太多，無法照顧自己，那這個人就是受到嚴重限制。

## 要求合理的協助

雇主必須提供肢體殘障或精神殘障的員工合理的協助，除非雇主能證明提供這樣的協助會造成過度負擔。員工在決定是否要求合理的協助之前，可能會考慮在工作場合透露自己的精神障礙可能會帶來的負面影響。

一個人如果決定要求合理的協助，那這個人或者這個人的代表，必須告知雇主這個人因為疾病的關係，必須調整工作。要求合理協助必須使用普通的英語，不需要提到美國殘障人士法，也不需提到「合理協助」四個字。

舉例：一名員工因為憂鬱症、壓力太大，要求休假一段時間。這名員工已經表達因為疾病的關係（憂鬱症與壓力太大都可以用普通的英語表達，而不是使用專業醫學術語），希望調整工作（休假）。雇主聽了之後，就能了解這名員工是在要求合理協助。

舉例：一名員工呈交一份醫療人員開具的聲明，表示這名員工壓力過大，需要休假一個禮拜。接著，這名員工的太太打電話給公司的人力資源部門，表示這名員工生活失去方向，精神崩潰，家人已經把他送到醫院去了。他的太太詢問如何延長請假時間，說她會盡快補齊所需的文件，只是她需要一點時間。太太說的話就等於要求合理協助。太太因為疾病的關係（她先生壓力過大，精神狀況出問題，已經進了醫院），要求調整工作（要求放寬請假手續、要求延長請假時間）。

舉例：一名員工在完成一個大案子之後，要求休假幾天。這位員工並不是因為生病才需要休假，所以雖然她要求調整工作（休假），她說的話並不足以讓雇主知道她需要合理協助。

家人、朋友、醫療人員或其他人可以代表殘障人士要求合理協助。當然員工也可以拒絕不需要的協助。

要求合理協助不一定要用書面，員工可以口頭要求合理協助，也可以用其他溝通方式提出要求。殘障人士也不需要一開始工作就要求合理協助，可以在工作的任何時間要求合理協助。實際來看，員工最好及早要求合理協助，免得工作表現受到影響，或是職場行為出現問題。

如果對合理協助的需求不明確，雇主可以要求員工提交合理的書面資料，列舉該名員工的殘障情形與行動不便。雇主有權知道員工是否有需要合理協助的殘障情形，很多醫療人員都能提供精神障礙相關的書面資料。

舉例：一名員工因為憂鬱症、壓力過大而要求休假。雖然他的話就足以讓雇主知道他在要求協助，但是光聽他的話並不能判斷他需要怎樣的協助。雇主可以要求員工提交書面文件，證明該名員工具有美國殘障人士法定義的「殘障」，而且因為殘障導致行動不便，所以需要休假。

舉例：這個情況跟剛才的例子大致相同，唯一的不同處在於雇主要求員工提交醫療人員出具的所有精神病史資料，連與美國殘障人士法定義的「殘障」與合理協助無關的資料也要繳交。這並不是要求合理的書面資料。要判斷員工符不符合美國殘障人士法定義的「殘障」、需不需要合理協助，並不需要所有的精神病史資料。雇主如果需要判斷，可以請員工簽署一份限量公開（limited release）的同意書，允許雇主向員工的醫療人員提問，詢問該名員工罹患何種疾病，需要哪些合理協助。

根據美國殘障人士法，如果員工提供的資料不足，無法證明他符合美國殘障人士法定義的「殘障」，需要合理協助，雇主可要求員工自行前往員工自己挑選的醫療人員進行檢查。當然任何檢查都必須與工作相關，也要符合業務需要。如果雇主要求員工找雇主挑選的醫療人員進行檢查，那雇主必須負擔所有費用。

## 幾種合理協助

殘障人士的工作環境不一樣，職位不一樣，殘障的情況也不一樣，所以需要的合理協助也不一樣，必須依照個案判斷。給予精神障礙人士協助，可能需要改變工作環境的政策、流程與作法。對某些殘障人士來說，調整工作環境或是增添新設備就是合理協助。

在某些情況，可能無法立刻判斷殘障人士需要怎樣的合理協助。精神病專家與精神治療諮詢師可以提供專業意見，也可以協助雇主與員工溝通，找出合理協助方式。美國就業適應網路（JAN, 1999）也提供需要協助的雇主與員工免費諮詢服務。就業適應網路是美國總統的殘障人士就業委員會所屬單位，經費由美國勞工部提供。

## 幾種可能的合理協助

### 休假或調整工作時間

採用累計支薪休假（accrued paid leave）制度或提供額外不支薪休假，讓殘障的員工可以治療或復原，就是一種合理協助，除非員工休假（或者休假太久）會對公司營運造成過度負擔。這種合理協助包括休假、偶爾離開（比方說一次離開辦公室幾個小時），或者由全職改為兼職。

另外一種合理協助是讓殘障員工變更工作時間，比方說本來是朝九晚五，後來改成朝十晚六，除非變動會造成公司營運的過度負擔。有些治療精神障礙的藥物會造成早上全身嚴重無力，無法專注。遇到某些工作，如果可以晚點上班，員工比較能夠完成重要工作任務。

## 調整工作環境與設備

對某些精神障礙的員工來說，簡單調整一下工作環境就能幫大忙。舉例來說，辦公室的隔間或是其他能隔絕聲音與視線的設備，對於某些無法專注的殘障員工來說可能有用。把員工調離吵鬧的機械設備，或是降低其他工作環境的聲音（如降低電話的音量或音高）也可以幫上忙。也可以允許員工工作的時候戴上耳機，把噪音隔絕在外。有些無法專注的殘障人士如果能有一台錄音機，把會議、訓練課程錄下來，應該會有幫助。

## 調整工作環境政策

殘障人士如果因為行動不便，那除非會造成過度負擔，否則應該調整工作環境政策，給予殘障者合理協助。舉例來說，殘障員工如果很難專注，就算公司政策不允許員工在跟客戶開會的時候做筆記，也可以允許這名員工做筆記，如此就是合理協助。

舉例：零售店的雇主不允許收銀員在結帳台喝飲料，也規定在八個小時的值班時間內，除了用餐之外，只能休息兩次，一次十五分鐘。一名精神障礙的員工服用精神疾病藥物容易口乾，所以大約一個小時要喝飲料一次。這名員工要求合理協助。在這個案例中，雇主應該考慮修改禁止員工在結帳台喝飲料的政策，或者修改除了用餐之外，只能休息兩次，一次十五分鐘的政策，除非調整政策會造成過度負擔。

允許員工休假，或是調整工作時間都是提供員工合理協助，只是可能需要調整公司請假與出勤政策。舉例來說，就算公司政策要求員工休假必須事先報備，可能也要允許殘障員工因為疾病的關係不定時請假，除非會造成公司過度負擔。此外，就算公司的政策是不准請假，雇主在適當情況下可能必須允許殘障員工請假，以提供合理協助，除非員工請假會造成公司過度負擔。

## 調整管理方法

公司主管在提供員工合理協助當中，扮演著重要角色，在某些情況，主管為了提供合理協助，可能需要調整方法，比方說用某位員工最適合的方式任務、指令或是訓練內容交代下去（比方說用書面通知、用口頭告知，或是用電子郵件）。主管也可以提供或是代為安排額外的訓練，或是調整訓練資料。

有時候調整管理層級或管理架構，就能讓殘障員工完成重要工作任務。舉例來說，一名殘障員工無法專注，可能會請主管在工作中給予更詳細的指導、意見或架構，以便順利完成工作。

舉例：一名員工因為精神殘障的關係，希望公司能提供合理協助，提供更多指導與意見。雇主接到要求之後，分別與該名員工、員工的醫療人員以及員工的主管商量，看看這名員工在工作場合行動有哪些不便之處（員工沒辦法集中精神注意大型計畫的各環節），還有如何做出有效又實際的調整，提供員工所需的架構。在商量過之後，主管與員工制訂了長期計畫，每個禮拜開會討論大型計畫的進度，決定下一步要怎麼走。

不過合理協助並不需要降低標準，也不需要放棄重要工作。舉例來說，患有慢性憂鬱症與嚴重人格問題的律師，並不適合當律師，因為他需要更多管理，需要比較不複雜的工作，也需要擺脫上訴的工作，而這些工作偏偏又是律師的工作。

**提供職場輔導員**

雇主可能必須提供一位職場輔導員，協助訓練殘障的合格員工，提供合格員工合理協助，除非這樣做會造成公司過度負擔。雇主也可能必須允許公營或私人社會服務機構聘請的職場輔導員，在工作場合陪伴員工，作為提供員工的合理協助。

**確保殘障員工服用處方藥物**

監督殘障員工服藥並不算是合理協助，雇主沒有義務監督員工服藥，因為這樣做並不能消除只存在於工作場合的障礙。生病的人不按照處方服藥，不管是在職場還是在私生活的表現都會受到影響。

### 分派到另一個職位

一般來說，如果就殘障員工現在的職位提供合理協助會造成公司過度負擔，把員工分派到另一個職位，也算是一種合理協助。舉例來說，如果一名員工的主管監督其他員工、直接服務社會大眾已經非常忙碌，再要求這位主管額外抽出時間管理殘障員工可能會造成過度負擔。此外，如果不可能就殘障員工現在的職位提供合理協助，就必須將這位員工分派到另一個職位，作為合理協助的方法。舉例來說，如果一名殘障員工現在的職位，是在一間大百貨公司人來人往的一樓負責銷售，他需要的合理協助是減少視覺干擾與周圍環境的噪音，那雇主就不太可能給這名員工合理的協助。最後，如果雇主與員工雙方都同意調整職位會比在現在的職位提供合理協助好，就應該調整職位。

要調整職位，應該分派給殘障員工空缺的同等職位，或是在合理時間內會出缺的同等職位。如果一時找不到同等職位，雇主可以找比較低階、適合這位員工的空缺職位。如果找不到比較低階的空缺職位，也可以不用調整職位。

## 分析與影響

根據美國人口普查局統計，一九九七年美國有五千三百萬人（占人口百分之十九點七）有不同程度的殘障（McNeil, 2001），其中三千三百萬人屬於重度殘障（McNeil, 2001）。

根據美國國家衛生研究院（National Institutes of Health, 1999）表示，美國最普遍的精神疾病為憂鬱症，每年有一千九百萬人罹患憂鬱症，其次是焦慮症（一千六百萬人）、社交恐懼症（五百三十萬人）、創傷後壓力症候群（五百二十萬人）、強迫症（三百三十萬人）、恐慌症（兩百四十萬人）、躁鬱症（兩百三十萬人）、精神分裂症（兩百萬人）。精神疾病位列就醫原因之首，全美國的醫院病床有二成一為精神病患所用（National Alliance for the Mentally Ill, 2004）。表面上看來數字很高，不過其實在過去四十年來，美國因精神疾病而就醫的人數已經大幅下降。如果把人口成長算進去，就能看出從一九五五年到一九九四年，美國因精神疾病而就醫的人數減少了九成二（Torrey, 1997）。不過整體而言，精神病患的數目還是相當驚人。

## 社會大眾對精神病患的態度與迷思

對殘障人士來說，也許最難克服的困難就是非殘障人士對他們的看法。殘障人士最大的難題在於很多人對他們有錯誤的觀念與恐懼，導致殘障人士很難完全融入社會。像美國平等就業機會委員會、美國總統殘障人士就業委員會、美國就業適應網路之類的政府機關，以及美國精神疾病聯盟、殘障就業人士協會之類的私營機構，都致力於教導社會大眾殘障人士能做的事，還有在工作場合協助殘障人士其實很容易。

在美國總統殘障人士就業委員會為雇主編寫的教育手冊中，明頓（1999）認為非殘障人士對殘障人士最普遍的負面態度就是太去注意殘障人士的殘障，而不是關注殘障人士的能力。關注的重點應該是殘障人士完成工作、把工作做好的能力，而不是在乎殘障人士必須用與非殘障人士稍微不一樣的方式完成工作（Minton, 1999）。明頓認為更糟糕的態度是，很多人認為不應該要求殘障人士做到與非殘障人士相同的標準，結果很多非殘障人士把殘障人士當成可憐人，說些或想些「她那個樣子還出來工作，真是勇敢」之類的話。這樣一來，殘障人士就只能做低階工作（也就是一般人認為殘障人士只能做的工作），工作表現的標準也比非殘障人士低，而且會受到同事疏遠（Minton, 1999）。明頓指出的其他負面態度，包括認為殘障人士低人一等、憐憫殘障人士、對殘障人士英雄崇拜（因為殘障人士克服了自己的殘障）、對殘障無知、擴散效應（spread effect）（也就是認為殘障會影響一個人的行為與個性）、對殘障人士的刻板印象、集體抵制（認為殘障人士擁有不公平的優勢）、否定（認為殘障並非真的「殘障」），對殘障人士感到恐懼等。

精神病患也必須對抗社會大眾對於精神病的迷思。舉例來說，很多人認為精神病患會使用暴力，或是有可能使用暴力（Mancuso, 2000），會有這種刻板印象，是因為媒體呈現出來的精神病患就是這種形象。舉例來說，海勒、葛拉巴德與施耐德（1991）發現電影裡面的精神病患經常都是殺人狂，雖然這與精神障礙的人士的實際行為差異很大（Monahan, 1992）。社會大眾對精神病患還有其他迷思，比方說認為精神疾病很罕見、認為精神病患也有智能障礙、認為所有的精神病都無法治癒、還有認為精神病患承受不了壓力（Mancuso, 2000）。

要克服這些負面態度與迷思，首先就要承認它們的存在。為殘障人士服務的機關想要告訴社會大眾，一開始和殘障人士相處感到緊張、不舒服是正常反應（Minton, 1999）。我們對不了解的事情感到最害怕，我們看待殘障人士，一定要著重在人，而不是著重殘障，如此才能開始接受殘障人士。

研究顯示要克服這些態度與迷思並不容易。瓦赫爾的研究發現，嚴重精神病患求職就算符合資格也不被錄用，其中三成三是因為社會大眾對精神病患已貼上標籤，超過兩成即使想當志工也會被拒絕。獲得錄用的精神病患當中，七成表示自己的精神疾病曝光後，受到不當的待遇。此外，五成表示朋友、同事常常或經常用輕蔑或無禮的口吻談論精神病。七成五的受訪者表示除了近親之外，他們沒有告訴任何人自己患有精神病，大概就是因為不想受到這種待遇（Wahl, 1997）。

社會科學家與行為科學家必須提供政策制訂者相關的事實，去除這些錯誤的觀念，必須要提供能帶來更好的公共政策的事實。舉例來說，關於精神疾病的治療有幾個有趣的事實：大約七成的精神分裂症患者服用傳統抗精神病藥物之後，症狀緩解許多（Surgeon General's Report, 1999）。五成到七成的情緒障礙病患（含躁鬱症與重度憂鬱症病患）接受藥物治療與心理治療之後，病情大幅好轉（Surgeon General's Report, 1999）。DuPont Corporation（1993）的研究發現，九成的殘障人士工作表現與平均水準相當，或高於平均水準，而九成五的非殘障人士也可達到同樣的標準，顯示殘障人士能力不差。一間大型速食公司特別聘用智能障礙員工，他們發現智能障礙員工的流動率只有百分之二十，相較之下，非智能障礙員工的流動率，幾乎是百分之百。最後，布蘭凱茨與凱勒（1997）研究精神病患如何保住工作，發現精神病患工作態度相當積極，工作能力很強，而且比較不會自負。

## 影響公共政策

本章節錄的指導原則之所以會出現，是因為美國國會發現精神障礙人士在工作場合受到嚴重歧視。為了匡正這個現象，美國國會通過了美國殘障人士法，在法案通過之時，全美有將近五千萬人為殘障或重度殘障。殘障人士的失業率大約是百分之七十（McNeil, 2001）。其中有六成七想要工作（National Organization on Disability, 2002）。行為科學家、社會科學家與殘障人權團體告訴國會，精神障礙人士經常受到的迷思與污名，以及這些偏見與錯誤觀念如何妨礙精神障礙人士改善生活品質。如此一來，行為科學與社會科學直接催生了美國殘障人士法，以及本章討論的美國平等就業機會委員會的指導原則。

雖然美國殘障人士法適用肢體殘障與精神殘障人士，美國平等就業機會委員會擔心很多雇主並不知道美國殘障人士法，或是不知道應該如何依照新法與殘障人士互動。美國平等就業機會委員會這一項指導原則的目的，在於告訴雇主如何依據美國殘障人士法，與精神殘障求職者與精神殘障員工互動。指導原則探討的是兩個問題：第一，如何判斷一個人是否精神殘障？第二，精神殘障員工在工作場合應該得到何種協助？

## 定義精神殘障

美國平等就業機會委員會盡量給予重要名詞清楚且詳細的定義，也盡量說明這些名詞之間的關係。舉例來說，平等就業機會委員會把殘障定義為：一種嚴格限制一種或一種以上的重要生活活動的肢體障礙或精神障礙，也把精神障礙定義為情緒疾病或心理疾病。為了避免雇主與員工搞不清楚什麼叫精神疾病，平等就業機會委員會也提供實例，甚至請讀者參考將精神疾病與情緒疾病分門別類的《精神疾病診斷與統計手冊》（1994）。最後，美國平等就業機會委員會也解釋了怎樣的情況，才能構成「重要生活活動的障礙」，以免有任何疑慮。

光是有某些障礙並不足以構成殘障，障礙必須要到嚴重限制重要生活活動的地步，才稱得上殘障。要特別注意的是限制的程度。生活活動必須受到障礙嚴重限制，而不是受到影響而已。要判斷重要生活活動是否受到嚴重限制，必須考量當事人的生活經驗，所以要判斷一個人是否為殘障，必須考量這個人服藥後的生活是否正常（Murphy v. United Parcel Service, 1999）。平等就業機會委員會在調查申訴案件時，就會蒐集、評估有關當事人「在家裡、在職場與其他環境的正常表現」的行為事實與社會事實。

## 合理協助

指導原則並沒有要求雇主一錄用受到美國殘障人士法保護的新員工，就要提供該名員工所有的合理協助。指導原則列出殘障員工可能需要的協助，所有的建議都是根據兩項重要考量。第一，怎樣才算合理？平等就業機會委員會必須參考行為事實與社會事實，判斷怎樣叫做合理，怎樣叫做不合理。平等就業機會委員會列出各種雇主可以採取的行為干預與社會干預措施，方便殘障員工順利工作。指導原則並不是要發給殘障員工一張空白支票，讓他們對雇主予取予求，美國殘障人士法也沒有要求雇主做出太大的協助。雇主只需要做一些相對來說較小的事情，比方說在許可範圍內調整工作時間、稍微調整一下工作環境、調整辦公室政策、改變管理方法、提供職場輔導員，以及將殘障員工分派到別的職位。

第二，平等就業機會委員會必須評估協助措施對企業的影響，如果對雇主造成過度負擔，那就不算是合理協助。這並不代表雇主不用提供會對企業造成一些負擔的協助。美國社會透過民選的議員組成的國會，已經認定企業應該要負擔一些成本，讓殘障人士融入勞動人口。

指導原則對雇主與員工的考量都很彈性。的確，光看到「指導原則」這個名稱，就能看出平等就業機會委員會是希望雇主與員工都能了解內容，這些指導原則並非完全沒有彈性調整的空間。平等就業機會委員會了解因為工作環境不同，工作標準也不同，每個需要協助的殘障員工面臨的狀況也不一樣。根據指導原則，提供殘障員工協助應以個案處理，因為每個個案的工作環境不同、職位也不同，殘障的情形也不同。指導原則的精神是希望企業與殘障人士之間（如果有必要的話也包括專家）能像伙伴一樣合作，提供殘障人士合理協助。舉例來說，美國總統殘障人士就業委員會（1994）成立的就業適應網路，提供免費電話諮詢服務，由職場適應專家與人力資源專家提供意見給員工。

有些最有創意的協助方式來自高科技。有些輔助科技包括會說話的錶、警報系統、新奇鍵盤設計（有些鍵盤的按鍵比較大）、電話耳機與電腦耳機、具有縮放畫面、字幕功能、文字與語音訊息與電子郵件功能的電腦軟體與滑鼠、語音合成器，以及聲控系統（International Association, 1999;

President's Committee on Employment of People With Disabilities, 1999）。不過很多種協助方式都是非常低科技，針對精神殘障者的協助尤其如此。所謂低科技的協助方式就是放慢速度說話，把話說得清楚一些、將工作指令簡化、解釋清楚、提供安靜的工作環境、允許殘障員工額外休息休假、設立可靠的工作流程、邀請殘障員工參加社交活動與公司活動，以及允許殘障員工接觸互助團體。最重要的是以信任和尊重維持開放的關係，雇主與員工可以開誠布公，討論問題與解決之道（Bruyere & Golden, 1994）。

無論採用哪一種協助方式，基本程序就是要先判斷殘障人士的工作，需要完成哪些任務與活動，考量這些任務與活動的先後次序與相互關連、殘障人士工作環境的特質，完成工作必須具備的資格、殘障人士在工作上所受的限制，還要考慮協助的方式會不會造成雇主過度負擔（President's Committee on Employment of People With Disabilities, 1994）。

## 違反指導原則

可惜的是，很多企業都認為遵守美國殘障人士法很麻煩，要付出不小成本（U.S. Department of Justice, 2004）。企業普遍都有一些錯誤觀念，比方說認為美國殘障人士法導致訴訟氾濫、政府要求雇主提供殘障人士要求的所有協助、一定要現在提供協助、不遵守美國殘障人士法就要支付大筆罰款，還有美國殘障人士法強迫企業雇用不符資格的員工。不過，企業對於美國殘障人士法最大的迷思，應該是「守法成本太高」。事實上，研究發現企業提供合理協助的成本其實都很便宜

（JAN, 1997）。就業適應網路在十年間處理的十萬個個案，發現兩成的協助措施根本不花公司一毛錢，五成一花費不到五百美元，八成二花費不到一千美元（JAN, 1997）。另一項研究發現一間大連鎖百貨公司六成九的協助措施完全不花一毛錢，只有百分之三的協助措施花費一千美元以上（U.S. Department of Justice, 2004）。

相較之下，雇主不提供合理協助的成本就高出許多。平等就業機會委員會在一九九七年代表員工向雇主提出告訴，獲得一億一千一百萬美元的賠償金（EEOC, 1998），另外與雇主和解又拿到一億七千六百七十萬美元的賠償金（EEOC, 1998）。一九九九年十一月，威斯康辛州的陪審團裁定了截至目前為止，平等就業機會委員會訴訟案的最大賠償金額。在這個案子裡，一名智能障礙人士被比薩店解雇，公司經理表示這是因為他們不雇用「這種人」（EEOC, 1999）。公司主張該名員工有智能障礙，所以就算被解雇也不會覺得被羞辱。陪審團不認同這個主張，裁決公司必須賠償該名員工一千三百萬美元，這筆錢夠開一間比薩店了！

此外，也可以用不同的方式節省開支。霍爾與懷斯（1995）的研究發現，憂鬱症導致美國經濟在一九九〇年損失四百四十億美元。美國企業只要與平等就業機會委員會合作，遵守美國殘障人士法，就可以大幅樽節成本。

## 本章重點

美國殘障人士法與平等就業機會委員會的指導原則目標都值得讚賞，這也是所有國會議員代表人民設計、制訂這些法律的本意。但是，議員怎麼知道法律應該涵蓋的範圍？在某種程度上，議員只需要常識還有選民提供的資訊就夠了。然而，在科技越來越進步的社會，我們常常會發現理論上正確的事情，實際上可能是錯誤的，或是只有一部分正確。我們需要知道科學事實，才能確定我們的想法是正確的，我們制訂的目標也是最重要的，所以才需要行為科學家與社會科學家向法律決策者提供正確資訊，而法律決策者也需要行為科學家與社會科學家的專業。

## 參考書目

Age Discrimination in Employment Act of 1967, Pub. L. 90-202.

Americans With Disabilities Act, 42 U.S.C.S. 12101 et. seq. (1990).

American Psychiatric Association. (1994). *Diagnostic and statistical manual of mental disorders* (4th ed.). Washington, DC: Author.

Blankertz, L. E., & Keller, C. (1997). *The provision of long-term vocational supports for individuals with severe mental illness*. Association Paper. Washington, DC: American Sociological Association.

Bruyere, S. M., & Golden, T. P. (1994). *Working effectively with persons who have cognitive disabilities*. Program on

Employment and Disability, Cornell University. Retrieved June 18, 2004, from http://www.ilr.cornell.edu/extension/files/download/Cognitive_Disabilities.pdf

Civil Rights Act of 1964, Pub. L. 88-352.

DuPont Corporation. (1993). Equal to the task II: 1990 *DuPont survey of employment of people with disabilities*. Wilmington, DE: Author.

Equal Employment Opportunity Commission. (1998). *EEOC enforcement activities*. Retrieved August 19, 1998, from http://www.eeoc.gov/enforce.html

Equal Employment Opportunity Commission. (1999). *Jury awards $13 million in disability discrimination case*. Retrieved November 15, 1999, from http://www.eeoc.gov/press/11-06-99.html

Equal Employment Opportunity Commission Enforcement Guidance: The Americans With Disabilities Act and Psychiatric Disabilities, 8 FEP Manual (BNA) 915:002 (1997).

Equal Pay Act of 1963, Pub. L. 88-38.

Hall, R. C., & Wise, M. G. (1995). The clinical and financial burden of mood disorders: Cost and outcome. *Psychosomatics*, 36, 11-18.

Hyler, S. E., Gabbard, G. D., & Schneider, I. (1991). Homicidal maniacs and narcissistic parasites: Stigmatization of mentally ill persons in the movies. *Hospital and Community Psychiatry, 42*, 1044-1948.

International Association. (1999). *Complying with the Americans With Disabilities Act: A guide to selected forms of accommodation—modified and specialized equipment*. International Association of Machinists and Aerospace Workers, Center for Administering Rehabilitation and Employment Services. Retrieved May 11, 1998, from http://

www.iamcaresdc.org/ADA%20Guides/Equipment.htm

Job Accommodation Network. (1999). *Accommodation benefit/cost data*. Job Accommodation Network, Office of Disability Employment Policy, U. S. Department of Labor. Retrieved June 18, 2004, from http://www.jan.wvu.edu/media/Stats/BenCosts0799.html

Mancuso, L. L. (2000). *Employing and accommodating workers with psychiatric disabilities*. Program on Employment and Disability, Cornell University, Retrieved June 18, 2004, from http://ilr.cornell.edu/extension/files/download/Psychiatric_Disabilities.pdf

McNeil, J. (2001). *Americans with disabilities—1997*. U.S. Census Bureau. Retrieved June 18, 2004, from http://www.census.gov.tw/prod/2001pubs/p.70-73.pdf

Minton, E. (1999). *Attitudinal barriers*. President's Committee on Employment of People With Disabilities Communications Subcommittee. Retrieved November 15, 1999, from http://www50.pcepd.gov/pcepd/ztextver/pubs/ek99/barriers.htm

Monahan, J. (1992). Mental disorder and violent behavior: Perceptions and evidence. *American Psychologist, 47*, 511-521.

Murphy v. United Parcel Service, 527 U.S. 516 (1999).

National Alliance for the Mentally Ill. (1993). *Facts about mental illness*. Retrieved December 21, 2004, from http://miaw.nami.org/mifact.html

National Institutes of Health. (1999). *The numbers count: Mental illness in America*. NIH Publication No. NIH 99-4584.

National Organization on Disability. (2002). *2000 N. O. D./Harris survey of Americans with disability*. Washington DC:

Author.

President's Committee on Employment of People With Disabilities. (1994). *Accommodations get the job done*. Retrieved November 15, 1999, from http://www50.pcepd.gov/pcepd/ztexvet/pubs/fact/accomod.htm

President's Committee on Employment of People With Disabilities. (1999). *Technology and people with disabilities*. Retrieved November 15, 1999, from http://www50.pcepd.gov/pcepd/ztexvet/pubs/ek99/tech.htm

Surgeon General's Report. (1999). *Mental health: A report of the Surgeon General*. Rockville, MD: U.S. Department of Health and Human Services.

Torrey, E. F. (1997). *Out of the shadows: Confronting America's mental illness crisis*. New York: Wiley.

United States Department of Justice. (2004). *Myths and facts about the Americans With Disabilities Act*. Retrieved December 21, 2004, from http://www.usdoj.gov/crt/ada/pubs/mythfct.txt

Wahl, O. F. (1997). *Consumer and stigma: Study finds discrimination still pervasive*. National Alliance for the Mentally Ill. Retrieved November 13, 1999, from http://nami.org/research/970913201441.html

# 第六章 協助解決事實爭議

## 案例：商標侵權

做為消費者，我們會有些要求。在購買的時候，我們希望能得到公平待遇。我們希望買的東西能物有所值，希望一分錢一分貨。我們認為信譽卓著的公司售出的產品應該有保固，萬一使用沒多久就故障，公司應該要負責修好。我們可以接受鋪天蓋地的廣告促銷，但是我們不能接受不實廣告。

做為生產者，我們也有一些要求，我們希望生產能得到合理報酬。我們借款給消費者，希望消費者能夠及時付款，這樣才能立刻開始使用我們的產品。我們也希望可以自由行銷、廣告我們的產品，且認為其他公司的產品不應該使用我們公司的名稱與標誌（就算很類似也不行），不應該讓消費者誤以為是我們公司生產的產品。

消費者認為產品上的名稱與標誌（也就是提供辨識的符號、圖像或文字）應該能真實反映產品的來源，生產者認為有關商標侵權的法律，不會允許另一家公司使用自家公司的名稱與標誌。這一章要介紹的就是商標侵權的典型案例。大家都知道福斯汽車與奧迪汽車，如果你有這兩款汽車，需要維修，你會選擇福斯或奧迪授權的維修廠？如果你住在紐約市，查閱電話簿，看到一家叫做「上城汽車」的公司。為了吸引你的注意，上城汽車在廣告中使用福斯汽車與奧迪汽車的標誌，雖然這兩家公司並沒有授權上城汽車使用標誌。可想而知，福斯汽車與奧迪汽車控告上城汽車商標侵權。

個人或企業之間的爭議常常是圍繞著特定的事實問題打轉，雖然很多事實可以從外行人的證詞得知（例如「我看到燈光變成綠燈」），遇到比較複雜的事實爭議，還是要倚靠行為科學與社會科學。在這個案子中，法律要求事實的審判者（陪審團或法官），判斷消費者有沒有可能因為上城汽車使用福斯汽車與奧迪汽車的商標，就認為上城汽車是這兩家汽車公司授權的服務中心。這是一個事實問題，行為科學家與社會科學家可以幫忙法律決策者做出決策。

## 福斯汽車與奧迪汽車控告上城汽車

### 美國紐約南區地方法院

福斯汽車與奧迪汽車是兩家汽車製造商與進口商，這兩家公司控告上城汽車公司在電話簿廣告當中，使用福斯汽車與奧迪汽車的標誌（又稱商標），違反美國聯邦商標法（Lanham Act，一九四六年的商標法），該法明令禁止商標侵權。要想勝訴的話，福斯汽車與奧迪汽車必須證明上城汽車使用他們的商標會造成混淆，也就是說，福斯汽車與奧迪汽車必須證明許多謹慎的消費者可能會被誤導、混淆，不清楚修車服務究竟是由誰提供。如果福斯汽車與奧迪汽車能證明有可能會造成困惑，就能禁止上城汽車再使用他們的商標。如果福斯汽車與奧迪汽車能證明的確會造成困惑，那這兩家公司就有權取得：（一）上城公司使用福斯汽車與奧迪汽車商標的獲利；（二）因上城公司的行為而蒙受的損害賠償；（三）法律訴訟費用。法院在考量損害的時候，只要能提出相關事實證據，可以判賠高出實際損害的金額，但是不能超過實際損害金額的三倍。

在審理商標侵權案件時，法院要考量下列因素：

- 福斯汽車與奧迪汽車商標的優勢。
- 福斯汽車、奧迪汽車與上城汽車商標的相似程度。
- 產品與服務的近似程度（亦即福斯汽車、奧迪汽車與上城汽車是不是屬於同行）。
- 上城汽車的產品與服務的品質。
- 上城汽車使用福斯汽車、奧迪汽車商標的善意。
- 消費者對於上城汽車的產品與服務的來源的實際困惑程度。

合理的方式應該是把所有因素合在一起考量，判斷整體而言消費者可不可能覺得困惑。

### 福斯汽車與奧迪汽車商標的優勢

福斯汽車與奧迪汽車的商標都是註冊商標，是獨特且強勢的商標，這點無庸置疑。兩家公司多年來在商標的廣告、推廣上投注鉅資，帶來多年的銷售成績，應該說是數百萬台汽車的銷售成績。這個案子探討的商標是想像的商標（也就是說和產品與服務完全沒有關係），所以是非常強勢的商標。

### 福斯汽車、奧迪汽車與上城汽車商標的相似程度

這一點沒有爭議，上城汽車在廣告裡使用的就是福斯汽車與奧迪汽車的商標。

### 產品與服務的近似程度

上城汽車提供汽車維修保養服務，並沒有賣車。因此，上城汽車主張公司的產品與福斯汽車、奧迪汽車的產品非常不同。的確，上城汽車主張福斯汽車、奧迪汽車的商標在汽車維修保養方面並不是很強勢，不過證據顯示，福斯汽車與奧迪汽車的確花費鉅資推廣、管理汽車維修與保養服務，所以上城汽車的主張並不正確。

### 上城汽車的產品與服務的品質

在這個案子中，福斯汽車、奧迪汽車維修保養服務的高品質並沒有爭議。福斯汽車、奧迪汽

車花費鉅資，確保高品質服務。福斯汽車透過客戶滿意度電話追蹤系統監督服務品質。經銷商只要維修受到福斯汽車、奧迪汽車保固的汽車（包括定期保養），客戶在一個禮拜之內會接到服務滿意度調查機構的電話。只要有客戶對服務不滿意，調查機構就會提供福斯汽車、奧迪汽車每日服務警示。調查機構也會每天檢視服務警示，聯絡經銷商，確保客戶的抱怨得到完善處理。

上城汽車提供汽車維修保養服務已有幾十年的經驗，專門保養、維修他們所謂的十二種高科技進口汽車。修理福斯、奧迪汽車的時候，使用的都是福斯、奧迪原廠零件。但是上城汽車的總裁也好、執行長也好、經理也好，不管是在私底下還是在法庭上，都說不出公司六位汽車修理人員其中四位的姓名。他們並不知道修理人員的就業背景、之前受過哪些訓練。上城汽車完全沒有正式訓練計畫，新進員工就只是先試用一兩個禮拜，看看他們會不會修車。從公司管理階層的證詞看來，上城汽車的維修保養品質實在堪慮，而且顯然與福斯、奧迪的服務品質不在同一個等級。不過比較重要的是福斯、奧迪無法控制上城汽車現在與未來的服務品質。

## 上城汽車使用福斯汽車、奧迪汽車商標的善意

這個因素考量的是上城汽車使用福斯、奧迪的商標，是不是為了利用福斯、奧迪的名聲與商譽，還有是不是打算利用消費者的混淆牟利。上城汽車知道福斯、奧迪的商標是註冊商標，知道早在二十年前，福斯、奧迪就積極防止經銷商冒用商標，當時上城汽車知道一家經銷商在福斯、奧迪的訴諸法律行動之後，已經停止使用福斯、奧迪的商標。上城汽車多年前就知道福斯、奧迪向多家

服務中心提出四十七件冒用商標的訴訟，全部勝訴。上城汽車也知道自己並沒有得到授權使用福斯、奧迪的商標，也從來沒有徵求福斯與奧迪的許可。最後，上城汽車曾經接到福斯與奧迪來函，要求上城汽車停止使用福斯與奧迪的商標。在接到第一封信之後的兩年內，上城汽車又接到福斯、奧迪與律師寄來的四封信，然後才展開訴訟，這段期間，上城汽車還是繼續使用福斯與奧迪的商標。

因此，上城汽車的的確確是蓄意、故意使用福斯與奧迪的商標，而且使用商標的行為並不是出於善意。上城汽車解釋說，之所以要用福斯與奧迪的商標，是想要用最有效的方式來廣告公司的維修保養服務。這樣廣告當然很有效，因為福斯與奧迪的商標發揮了作用，而這個作用就是福斯與奧迪要保護自家商標的原因。如果有人竊取上城汽車的名稱與商標，開設另一家修車廠，上城汽車當然也會生氣。福斯與奧迪奮鬥多年才打響自己的商標與商譽，上城汽車使用人家的商標，卻完全沒發覺有什麼不對。

## 消費者對於上城汽車的產品與服務來源的實際混淆程度

雖然要知道消費者會不會混淆，必須先證明消費者的確感到混淆，但是福斯與奧迪不需要證明消費者的確感到混淆，也能要求上城汽車停止在廣告中使用福斯與奧迪的商標，不過如果要向上城汽車求償，就必須證明消費者的確感到混淆。這裡所謂的混淆，是指有些福斯與奧迪汽車的車主看了上城汽車的廣告，會誤以為上城汽車是福斯與奧迪合法授權的服務中心。

一般來說，要證明會不會造成混淆，都是倚靠傳聞證據或調查。在這個案子中，福斯與奧迪提出的證據主要是調查。調查是要探討車主看到上城汽車的廣告裡出現福斯與奧迪的商標與名稱，會不會認為上城汽車就是福斯與奧迪合法授權的服務中心。調查也問另一組人，如果將廣告裡福斯與奧迪的商標拿掉，只留下福斯與奧迪的名稱，會不會還是以為上城汽車是福斯與奧迪授權的服務中心？這項在紐約進行的調查問題內容並沒有在法庭上揭露，不過從法院討論看來，應該包括下列兩個問題：（一）請看一下這則廣告，您覺得這家修車廠是不是福斯與奧迪授權的服務中心？（二）您對您的答案有多大把握？

這項研究是採用科學試驗方法，而且還有控制組（也就是「只留下福斯與奧迪的名稱」的這一組），所以上城汽車針對這項研究的諸多批評都與本案無關。舉例來說，因為研究人員對兩組人提出的問題都相同，所以問題不會遭到扭曲。後來，研究人員在加拿大的大學又進行一項追蹤研究，更是凸顯了這個重點。這項研究複製了紐約的原始研究，不過這次研究人員問兩組人不同的問題，也就是「您認為這家修車廠是獨立經營，還是福斯與奧迪授權經營？」結果顯示：不管是在紐約做的研究，還是在加拿大做的研究，兩組受試者的百分比差異幾乎相同，因此，原始調查所問的問題是合理的，引導性不會太強，尤其是考量到整個研究還有許多控制機制，就更不會覺得問題具有引導性。

上城汽車對這項研究提出抗議，因為研究是在福斯與奧迪在紐約的三家經銷商的所在地進行，不過上城汽車的專家也承認，他不知道地點對研究結果的影響有多大，也不知道會產生怎樣的影響。為了消除環境對研究結果可能產生的影響，上城汽車的專家建議在中立地點進行同樣的研究。但是加拿大的那所大學進行的追蹤研究其實就等於在中立地點進行研究，只是受訪者是大學生。原始調查發現百分之十七點三的受訪者會受到商標影響，而追蹤調查也有百分之十七點二的受訪者會受到商標影響。研究產生了統計學的顯著結果，而且兩項研究的結果差異不大，所以顯然商標效應不是只出現在紐約市，也不是只有福斯與奧迪的商標才有這種效應。

另外，一個重點是上城汽車的專家也同意在研究探討商標與名稱對消費者的影響，也同意研究採樣的人數，足以產生統計學的顯著結果，不過上城汽車的專家提議研究人員蒐集曼哈頓東區（上城汽車所在地）所有福斯、奧迪車主的姓名與電話。他不清楚該如何取得姓名與電話，他也沒有明確解釋。接著他又說他會打電話給這些車主問一些問題，車主不會發現這是意見調查，他要問的問題包括「您是不是福斯或奧迪的車主？」、「您有沒有使用過黃頁電話號碼簿？」、「您府上是不是由您決定車子該到哪裡維修保養？」，另外也問他們是不是上城汽車的客戶。上城汽車的專家認為問了一些問題之後，就能找出適合參加研究的人，接著他會邀請他們前往一個中立地點，參加面對面的調查，並且支付每人二十至二十五美元的酬勞。在中立地點，他會再重複一次先前的試驗，只是用不同的方式問同樣的問題，而且要由受過訓練的研究人員負責問話。接著他還要在幾天之後再度致電受訪者，確認他們的答案。

天下沒有十全十美的研究，上城汽車的專家也坦白承認，他不知道他構想的研究到底該如何進行。設計一項研究必須考量現實情況，考量調查的實際可行程度。法院無法想像上城汽車的專家要如何取得有效研究所需的隨機樣本數，就算能順利取得車主的姓名與電話，接下來也還會面臨兩個無法解決的難關。第一個難關就是那些決定自家的汽車到哪裡送修、會使用黃頁電話簿，又居住在曼哈頓東區的福斯、奧迪車主不見得願意接受電話訪問。上城汽車也承認這些車主都是忙碌的專業人士，時間很寶貴，就算能讓車主全程參加電話訪問，從中找出足夠的車主參加調查，還要面臨第二道難關，那就是他們得要願意前往中立地點才行，其實就算支付二十至二十五美元的酬勞，他們也未必願意。上城汽車的提議根本不可行，也許這就是被告不要進行調查的原因。雖然福斯、奧迪仍然有證明車主可能感到混淆，或者實際感到混淆的責任，但是上城汽車無法對原告的調查提出有意義的批評，也無法提出另外的調查結果，這點也很重要。

上城汽車也主張福斯與奧迪提出的調查有錯，因為調查的對象是那些已經將汽車送修的人，不是那些還沒決定將汽車送到哪裡維修的人。上城汽車不滿這項調查是在修車廠進行，而且調查對象都是在三家福斯、奧迪的修車廠修車。如果修車是一般人很少會做的事，那上城汽車的批評還能成立，但是一般人經常需要把愛車送修保養。其實把現在將愛車送修的車主當作調查對象有一個優勢，那就是這些車主現在想的就是修車這件事，可以說他們想的就是消費（也就是保養、維修汽車）。況且車主的汽車只要還在保固期內，就會比較想到福斯、奧迪的修車廠修車，所以福斯、奧迪的修車廠是上城汽車的潛在客戶唯一會出現的地方，等到保固期結束，這些車主又會到別的地方修車。在紐約市進行的這項調查有個有趣的地方，那就是車主不論愛車是否還在保固期，都會很重視修車廠的商標。

這項研究用很簡明的方式衡量被告在廣告中「使用福斯、奧迪的商標」與「僅使用福斯、奧迪的名稱」產生的不同效應。這項研究等於回答了一個問題，那就是上城汽車在廣告中使用福斯、奧迪的商標圖案，而不是使用福斯、奧迪的名稱，可以從中獲得哪些利益？當然試驗必須以適當的方式進行，而且必須與本案的重點直接相關，才能做為證據。這項研究探討的是本案相關的主題，而且也研究相關的範圍，也就是紐約市的上城汽車的潛在客戶以及福斯、奧迪的車主。研究的設計與進行的方式都沒有問題。

這項研究採用典型科學方法，衡量上城汽車廣告中「商標圖案」與「福斯、奧迪名稱」的影響。這項研究蒐集了關於確定性的數據，衡量了五種不同程度的確定性。兩種情況（也就是「商標加名稱」與「只有名稱」兩種情況）得出的信賴水準（confidence level）相同，所以從信賴水準的差異看不出商標的效應。這項研究要求受訪者提供開放式的答案，這樣研究人員才能衡量受訪者回答問題的了解程度，以及思考過程的理性程度，進而衡量商標效應的嚴重程度。研究人員分析受訪者的開放式回答，發現在「請看一下這則廣告，您覺得這家修車廠是不是福斯與奧迪授權的服務中心？」回答「是」的受訪者當中，將近三分之二因為看到廣告中福斯與奧迪的商標，認為上城汽車是福斯、奧迪授權的修車廠。此外，研究人員也問了其他問題，衡量「商標效應」背後還有沒有其他因素，像是受訪者的年齡以及受訪者的汽車是否還在保固期內。研究人員發現這些額外的變數並不會造成商標效應的差異。研究人員也隨機挑選受訪者參加「商標加名稱」效應研究。另外受過訓練的研究人員與比較沒受過訓練的研究人員得到的回答並沒有顯著差異。此外，研究人員要求受訪者自行填寫問卷，如此一來，受訪者比較不容易受到研究人員有意無意的暗示的影響。

福斯汽車已經證明上城汽車的作為的確可能造成消費者混淆，也已經造成消費者混淆，法院特此禁止上城汽車以任何方式使用福斯汽車與奧迪汽車的註冊商標。上城汽車只能在廣告中表明公司也維修福斯與奧迪的汽車。

## 分析與影響

根據美國聯邦商標法，所謂「商標」包括公司打算在貿易行為中為了辨識自家產品，避免與競爭對手的產品混淆，而使用的字詞、名稱、符號、裝置或以上任何一種組合。任何法律都有例外，這項法律也一樣。一般的文字並不能列入商標保護範圍之列。想像一下，一家電腦軟體製造商將自家產品「電腦軟體」牌電腦軟體註冊成商標，然後不准其他電腦軟體公司使用「電腦軟體」四字，那一定會引起軒然大波。法院也將其他耳熟能詳的文字列為一般文字，如低卡（比方說「低卡啤酒」）、阿斯匹靈（就是「拜耳阿斯匹靈」的阿斯匹靈）與液態皂。這幾個名詞有些以前曾經是註冊商標，但是法院認為這些名詞現在已經非常普遍，消費者看到這些名詞，不會想到特定品牌，所以不列入商標保護的範圍。

## 商標力量

商標的力量有大有小，最有力的商標是專用商標與想像商標。很多商標都是新發明的文字與符號，專為辨識商標而設計。如果單單把商標拿來看，根本看不出商標代表的是什麼商品。如果Exxon這個字是昨天才發明的，沒有人會聯想到這是一家石油公司的名稱。這種文字與符號的獨特之處在於僅僅代表某一項商品與服務。Exxon是一個想像出來的名詞，專指一家銷售汽油、提供汽車維修服務的公司，沒有其他含意。Exxon之所以能成為有力的商標，就是因為除了石油公司之外，這個字沒有其他意義。

第二有力的商標是暗示性商標。這種商標與專用商標不一樣，光看商標也可以聯想到商標代表的商品與服務。舉例來說，製造商會利用某個字詞的含意，暗示消費者自家產品具備這個字詞隱含的特質，福特汽車公司將一款新車命名為「福特野馬」（Mustang），大概就是希望消費者能聯想到一些吸引人的特質（如強壯、迅速、獨立、自由與野性）。

最薄弱的商標就是描述性商標。這種商標直接敍述產品的一種特性，像是顏色與成分。舉例來説，製造商將產品取名為「蜂蜜火腿」，大概就是要告訴客人這個火腿是用蜂蜜烤的。除非這個名詞具有法律上所謂的第二含意（secondary meaning），否則製造商很難説服法院「蜂蜜火腿」算是商標。消費者如果一聽到一個名詞，就會立刻聯想到這個名詞代表的某一種品牌，那這個名詞就具有第二含意。所以如果消費者一聽到「蜂蜜火腿」就會立刻想到某個製造商製造的某一品牌的烤火腿，那「蜂蜜火腿」就具有第二含意，有機會成為商標。

## 福斯汽車保護自家商標的利益

也許有人會覺得很奇怪，堂堂福斯汽車為何要對上城汽車這樣的小公司窮追猛打呢？畢竟上城汽車把福斯汽車的商標放在廣告上，可能只是想要告訴消費者可以把福斯的汽車送到這裡修理。這應該是合理的廣告手法，對客戶也很貼心。但是如果你看了廣告，以為上城汽車是福斯汽車授權的修車廠，就把你開的福斯汽車送到那裡修，結果你對服務品質不滿意，那該怎麼辦？跟福斯汽車抱怨是沒用的，因為上城汽車與福斯汽車毫無瓜葛，不能幫你向上城汽車討回修車費，也不能要求上城汽車把你的車修到好。再說福斯汽車也很擔心他們花了好幾百萬美元才建立起來的招牌，就這麼被他們無法控制的修車廠的低劣服務品質給毀了。為了保護公司商譽，防止潛在客戶被上城汽車的廣告欺騙，福斯汽車正式控告上城汽車。

福斯汽車這樣的大公司之所以會提起這樣的訴訟，背後還有一個原因。根據商標法，如果他人未經許可使用你的商標，而你不採取行動保護商標的話，那你就有可能失去這項商標，至少你的商標力量會變弱。對消費者來說，你的商標不再只代表你的商品與服務（而這就是商標的力量）。這種現象叫做淡化（Bible, 1998），法院比較不願意保護淡化的商標。

## 混淆的可能性的問題

法官與陪審團遇到商標訴訟案件，必須解決幾個議題，不過這個案子探討的是造成混淆的可能性，也就是說會不會有相當數量的嚴謹消費者，會對一項商品或服務的來源感到混淆。換句話說，消費者會搞不清楚商品到底是誰製造的，服務到底是誰提供的，還有商品與服務是誰授權的。如果法官與陪審團認定的確有造成混淆的可能性，那法官就會判決侵權者（上城汽車）不得繼續使用商標。如果不但有可能造成混淆，還的的確確造成混淆，那上城汽車必須賠償原始商標持有者（福斯汽車）蒙受的損失。造成混淆的可能性之所以這麼有趣，是因為從這點可以看出，法院想要了解消費者的想法，看看消費者看到一個商標的想法，還要衡量消費者認得一個商標之後會如何反應。說到研究消費者的想法，還有比行為科學家與社會科學家更好的幫手嗎？

法院在探討這個問題上考量許多因素，如商標的力量、商標的相似程度、市場競爭的近似程度（是不是在同一個市場競爭）、產品品質、涉嫌侵權者使用他人商標是否出於善意，以及消費者有沒有可能被商標使用的方式所混淆。法院可以採用幾種方法判斷這些問題，一種叫做司法認知（judicial notice）。法官採取司法認知的意思就是說法官已經知道某項事實，不需要原告或被告加以證明。比方說在商標訴訟案件中，法官已經有司法認知，知道「鷹牌汽車」與「鷹牌鳥飼料」不是在同一個市場競爭。法官的另一個證據來源是檔案資料，也就是之前針對某事蒐集的資料。舉例來說，法官會考慮一家公司過去五年來在商品廣告、促銷上所花費的金錢以及銷售數量。如果一家公司多年來在廣告上花費很大，就表示這家公司希望消費者能認識、重視公司的產品。如果多年來銷售成績都不錯，就表示公司的商標發揮了作用，因為消費者看到商標就會想起商標代表的產品（也就是說商標有第二含意）。法官會聽取他人對於訴訟當事人以及相關人士（如消費者）的行為的證詞，法官可能會想聽聽消費者（包括潛在消費者）親自陳述他們看到一個商標會有哪些想法、會做出哪些決定，這就是關於行為事實與社會事實的證詞，雖然這些事實沒有經過科學證實。最後，法官可以聽取行為科學研究與社會科學研究的結果，參考人類行為的事實。本案的意見調查就是一種行為與社會科學研究。

## 社會科學調查背後的科學

所謂假設，就是研究人員認為某項變量對於某一群人的行為會產生何種影響。舉例來說，在商標侵權案中，研究人員可能假設即使兩家公司在廣告中使用相同的商標，消費者也能分辨這兩家公司。

行為科學家與社會科學家接著就要設計一項實驗測試假設。為了要測試假設，通常要比較兩組人的行為。一組叫做實驗組，要接觸自變量（也就是研究人員想要研究這個變量會產生怎樣的影響）。在本案中，商標就是自變量，我們認為商標對於消費者的混淆程度（也就是應變量）會有一些影響。用來衡量消費者混淆程度的問題叫做應變計量工具（dependent measures）。控制組得到的安排與實驗組完全一樣，只有一個重要的地方不一樣，那就是控制組不會接觸自變量。如果兩組在應變量的表現差異很大（也就是說一組明顯比另外一組混淆的多），我們可以認定是自變量的影響（也就是商標）導致兩組的感受不一樣。這就叫做處理效應（treatment effect）。兩組得到的安排完全一樣，唯一的不同在於實驗組接觸了自變量，而控制組沒有接觸，所以我們可以認定如果兩組的表現有差異，一定是受到自變量的影響。

如果研究人員無法確定實驗組與對照組得到的待遇是否相同，那就要想到兩組表現的差異也有可能是受到額外變量（extraneous variable）（也就是造成混淆）的影響。這樣一來，科學家對於實驗結果的準確度與真實度就沒有把握了，因此行為科學家與社會科學家一定要確定在實驗當中，兩組接觸的唯一差異就是自變量。

研究人員偏好用意見調查衡量受試者混淆的機率，與實際感到混淆的程度。意見調查與實驗不同之處，在於意見調查比較適合用來評估某一群人的不同性質（Fowler, 1993; Ray, 1993）。調查對象可能必須回答一些問題，或者對一些說法做出回應，研究人員就根據調查對象的回答衡量調查對象的態度、觀念、意見與價值。如果研究人員在意見調查中給消費者看商標，那這項意見調查就帶有實驗性質。研究人員在意見調查中使用實驗方法，可以根據蒐集到的資料推斷因果關係（Krosnick, 1999）。如果實驗組與控制組在意見調查中的回答不一樣，那是因為自變量的關係。實驗調查（experiment survey）的結果可以提供強而有力的證據，判斷如果一間公司使用另外一間公司的商標，消費者是有可能感到混淆，還是的確感到混淆。

## 取樣

在商標案件中，調查取樣的對象至少應為本案討論的商品、服務的潛在消費者。有些法院認為調查對象應該是「真正使用過商品、服務」的消費者，而不是「將來某一天可能會，也可能不會使用產品」的消費者。很少會調查某一個團體的所有母體。舉例來說，商標案件牽涉的產品如果是早餐麥片，那潛在消費者的母體可能涵蓋幾千萬人，不可能調查這麼多人。另外一個做法是：調查母體的樣本，希望從這個樣本了解母體的特質。只要謹慎選擇樣本，我們可以確定樣本的調查結果，能夠反映出整個母體的調查結果，這就叫做概括性（generalizability）。樣本的組成一定要能反映母體的特質。如果沒有，那就不能保證根據這個樣本得到的母體概括資訊是否有效。這在侵權案件是非常嚴重的。如果樣本當中大部分的人都不吃早餐，那法官或陪審團就無法判斷食用麥片者的母體被商標混淆的程度。

研究人員可以透過幾種方式選擇適當的母體樣本。機率取樣（probability sampling）能確保母體的每一個人都有平等且已知的獲選機會。這就好像舉辦抽獎，把所有人的名字寫在紙條上，放進帽子裡，隨機抽出得獎者。有時候具有某項特質的人只占母體的極小部分，沒有被選入樣本。為了確保樣本也能代表這些人，研究人員可以將他們分在另一個類別，再從這個類別隨機取樣。取樣之後的樣本再加入另一個類別的隨機取樣的樣本，形成一個能代表母體的樣本。這種方法衍生出另一種符合邏輯的做法，叫做分層隨機取樣（stratified random sampling）。研究人員使用這種方法，必須找出母體中每一個能代表母體的重要的子類型，再分別從每個子類型（也就是每一層）取樣（Fink & Kosecoff, 1998）。

其他取樣方法統稱非機率取樣（nonprobability sampling），不如機率取樣準確（Fink & Kosecoff, 1998），在法庭上效力不高。舉例來說，在所謂的便利取樣（convenience sampling）當中，樣本之所以會被選中，完全只是因為他們有空參與調查，就好像顧客剛好在購物中心、學生剛好在教室裡面一樣。便利取樣得到的資料必須小心解讀（Fink & Kosecoff, 1998）。

樣本大小是另外一個重點，樣本如果太小，就可能沒有涵蓋母體當中的每一種個體。這樣一來，調查樣本得到的結果就很難用來概括母體。樣本大小是否適當，要看研究的問題、母體的大小、母體的同質性以及研究結果的理想精度而定。一般來說，母體變異越大，樣本就要越大。可以利用一些公式計算出適當的樣本大小，這些公式除了考量先前提到的因素之外，也考量統計的因素，如信賴水準（confidence level）、標準差（standard deviation）、理想準確度（desired precision）等等（Fink & Kosecoff, 1998）。

## 調查格式

問題的格式對答案的影響很大，調查的問題通常不是開放式就是固定選項。開放式問題可以讓調查對象自行選擇如何回答。這有個好處，就是不會引導調查對象給出某個答案。不過開放式問題要計分就很麻煩，因為要量化口頭回答並不容易，而且調查對象的回答萬一提供太多或太少資訊，要將回答分類也很困難。固定選項式問題提供調查對象一組預先設定的答案，調查對象從中選出自己最喜歡的選項。這種方式計分非常容易，但是調查對象無法解釋他們的答案，也可能被迫選擇他們並不喜歡的選項（Bishop, Hippler, Schwartz, & Strack, 1988）。

問題的遣詞用字也是一個重點，也會影響答案。設計合理且不具引導性的問題比一般人想像還要困難。引導性的問題會導致回答偏差（response bias），因為引導性的問題會在調查對象的想法裡植入暗示，而調查對象在聽到問題之前並沒有想到這些暗示。以固定選項式問題為例，選項當中應該要有「不知道」。如果沒有「不知道」這個選項，那調查對象有時候就會不得不亂猜。要解決這個問題，必須徹底舉行調查前測，從調查設定的母體抽樣進行前測。研究人員在舉行前測之後，就能找出能給調查對象製造問題的研究方法、用字遣詞與問題。舉例來說，使用認知前測法（cognitive pretesting technique），調查對象回答問題必須邊想邊說。理論上研究人員用這種方法能了解調查對象理解問題、思索答案的認知過程。如果研究對象無法理解問題，或者無法思索答案，那研究人員就要在調查成為法庭證據之前回過頭來修正問題、修正不適當的選項（以固定格式調查而言）、修正評分方法，或者修正前測方法（DeMaio & Rothgeb, 1996）。

## 執行調查

調查一旦設計完成，依照前測結果修正之後，研究人員就必須決定如何執行，調查執行的方式包括面對面訪談、郵寄以及電話。透過面對面訪談，訪談人員可以判斷調查對象的興趣與誠實程度。調查對象如果對問題、選項有不明白的地方，訪談人員也可以解釋。面對面訪談的完成率比郵寄、電話調查都高（Brehm, 1993）。面對面訪談的缺點是成本較高，而且訪談人員可能會給調查對象微妙的暗示，告訴調查對象如何回答問題。郵寄調查的好處是調查對象可以匿名，研究人員也比較容易執行調查，但是回覆率偏低。電話訪談的成本也非常低廉，但是完成率也很低。大部分的人不是拒絕接受電話訪談，就是提早結束訪談。另外還有一個問題，就是調查對象並沒有看到關鍵的商標。

此外，大部分的法官衡量調查的效力都會考量一個重點，而在商標侵權案件中，郵寄訪談與電話訪談都無法滿足這一點。這個重點就是調查執行的社會環境，必須最接近研究人員想要概括的社會環境。並不是說研究人員只能在提供該項商品或服務的商店中訪談消費者，這樣不切實際，不過，研究人員應該盡可能確認調查對象能站在打算購買的角度思考，才能真正衡量要購買的商品。

## 制式與非制式訪談

大多數的人都認為研究人員對每一個調查對象，都應該問一樣的問題，執行調查的方式也應該完全一樣。大家擔心萬一變更問題內容與調查方法，得到的答案就會不一樣，降低調查的可信賴程度與效度。不過蕭柏與康拉德（1997）的研究推翻了這個假設。想像一下，你在跟朋友說話，不管誰說了對方聽不懂的話，對方都會要求解釋，這是日常生活社交互動的正常交流。你說的話朋友聽不懂，請你解釋，你不可能把朋友聽不懂的那句話一字不漏重講一遍，就算重講一遍，你的朋友也還是聽不懂。你可以看出這個原則應用到調查研究會出現哪些問題。如果調查對象不了解調查內容，或者不了解問題內容，要求說明，研究人員把指令或問題照本宣科複述一遍是沒有用的。調查對象一秒鐘之前聽不懂，不可能一秒鐘後再聽一次就突然懂了。蕭柏與康拉德（1997）允許訪談人員在調查對象聽不懂問題的時候，可以把問題換句話說，或者重新解釋一遍，結果調查效度大幅增加。

## 回答問題的認知過程

一個人要回答問題，會出現哪些認知行為？第一步當然就是閱讀、聆聽問題，了解每個字的意義，搜尋印象中的概念，進而了解問題的意義（Clark & Clark, 1977）。調查對象的第二步是要搜尋記憶，找出能用來回答問題的資訊。調查對象選擇資訊之後，還要考量資訊與問題的相關程度，以及資訊適不適合用來回答問題，最後整合成調查對象認為最能回答問題的答案。按照判斷的結果，調查對象再進行最後一步，也就是用口頭或書面給出答案，或者找出最接近答案的選項。

回答問題需要大量的認知操作。為什麼我們有時候費盡力氣找出問題的正確答案，有時候回答問題卻又漫不經心？我們如果覺得做一件事情可能會對他人有好處、激發思考、表現自我、能成功，或是能宣洩情感，我們可能就會全力以赴（Warwick & Lininger, 1975）。我們全力以赴做事情，就叫做最佳化（Krosnick, 1999）。從另一個角度看，有些人可能覺得回答問題需要的認知操作太多。這可能是因為缺乏興趣（沒有投入情感）、疲倦或者分心。此外，有些調查對象可能覺得問題太複雜，根本沒有能力處理。一旦出現這種問題，調查對象就會採取不同的策略回答問題，也就是在了解問題、檢索記憶中的資訊、把資訊整合成最佳判斷，以及產生適當的回答或選取選項這些事情上面動用比較少的認知資源（Krosnick, 1991）。在這種情況下，調查對象就是達到最低標準，也就是選擇一個能滿足問題的答案而已。在最糟的情況，調查對象完全不花費任何智力，只是亂猜而已（Krosnick, 1991）。

調查的需求特徵（demand characteristics）可能也會影響答案。舉例來說，克羅斯尼克、李與萊曼（1990）的研究證明，一般人覺得就回答問題而言，問題後半部的資訊，比前半部的資訊來得重要。顯然調查對象認為後面的資訊比較重要，比較能夠反映研究人員的想法，所以他們就按照研究人員想要的答案回答問題。心理學家將這種現象稱為需求特徵（也就是說調查對象誤以為研究人員的問題是需要他們給出某個答案）（Orne, 1962）。

如果調查主題涉及敏感問題或個人隱私，比方說性行為、吸毒等等，調查對象可能就不願意透露資訊，這也有可能造成回答偏差（Gribble, Miller, Rogers, & Turner, 1999）。此外，有些調查對象如果能在隱私的家中單獨參與調查，就完全願意透露他們的意見，但是要他們跟素昧平生的人面對面訪談，那他們就可能不太願意說話（Aquilino, Wright, & Supple, 2000）。

有些調查對象如果覺得自己的答案可能不為社會所接受，就可能不會完全坦誠。社會科學家發現很多人認為應該給出社會能接受的答案，這也是調查出現回答偏差的主因。反過來說，調查對象如果覺得問題可能不為社會所接受，可能就不會回答（Fisher & Katz, 2000）。另外，還有一個相關的觀念叫做順從（acquiescence），也就是說某些人不管遇到什麼問題都一律表示同意，這會形成一個有趣的結果，就是這些人在同一項調查當中，遇到意思完全相反的問題，還是都說「同意」（Krosnick, 1999）。舉例來說，一個順從的人受邀在上城汽車一案中參與調查，他看到「因為上城汽車的廣告中有福斯汽車與奧迪汽車的商標，所以上城汽車是福斯汽車與奧迪汽車授權的維修服務中心」會說「同意」，看到「福斯汽車與奧迪汽車的商標出現在上城汽車的廣告中，並不代表上城汽車是福斯汽車與奧迪汽車授權的維修服務中心」也會說「同意」。我們不知道為什麼有些人會順從，也許他們認為凡事都同意是有禮的表現，能促進社交互動（Brown & Levinson, 1987），也許他們認為這樣比較不需要認知操作（Krosnick, 1991），也許他們認為這樣比較能討好研究人員（Carr, 1971）。

### 訪談人員訓練

最後，訪談人員如果準備不足，或是缺乏經驗，對調查對象的行為可能產生不良影響。訓練不足的訪談人員可能在不知不覺中，引導調查對象回答的方向。不誠實的訪談人員可能會蓄意引導調查對象的回答。訪談人員最好不要跟訴訟案件的兩造有任何關係。此外，訪談人員必須經過充分訓練，能感覺到調查對象回答問題的時候任何不自在、不坦誠的情形。這些回答可以記下來，日後再加以分析。

## 本案運用之調查方法

摩根（1999）研究了一些法庭案件，在這些案件當中，法官都總結了調查證據的結果。他發現法官會衡量取樣方法、調查的問題、法律概念的操作定義（例如混淆的機率）、調查對象是否看見商標、訪談人員與研究人員的資格與技術，以及統計分析。上城汽車一案，法庭衡量這些因素還有其他的因素而做出決策。

## 傳聞證據

法官發現要證明消費者的確感到混淆，可以運用傳聞證據。不管是在商標侵權案件也好，推薦最好的產品給朋友也好，傳聞證據都非常具有說服力，卻也可能不正確。福斯汽車與奧迪汽車沒有提出個人的證詞，而是提出一位大學教授設計、進行的調查研究。法官非常重視這份研究結果，因為這份研究的科學信度很高，看來福斯汽車與奧迪汽車這樣做很聰明。

## 控制組

法官對於福斯汽車與奧迪汽車的專家在調查中使用控制組印象深刻。根據法官所言，專家在調查當中，給一組消費者看只有福斯汽車與奧迪汽車公司名稱的廣告（控制組），給另一組消費者看相同的廣告，但是在公司名稱上加入商標（實驗組）。兩組的混淆程度不同，是因為一組有看到商標，另一組沒有。兩組得到的待遇唯一不同之處就在於商標。

## 互相衝突的調查

法庭發現：上城汽車並沒有提出關於「消費者對於上城汽車是否為福斯汽車與奧迪汽車授權的維修中心的混淆機率」的研究。上城汽車其實可以委託他人進行此項研究，並且在法庭上提出研究結果，卻沒有這樣做，而是把重點放在證明福斯汽車與奧迪汽車提出的研究有嚴重缺陷。

如果上城汽車也進行此項研究，會不會得到與福斯汽車與奧迪汽車的研究相反的結果？答案是肯定的，因為並沒有所謂的正確的調查方法，兩個調查採用兩種不同的方法，就會產生不同的結果。所謂調查方法不同，包括調查進行的地點不同、研究的母體不同、問的問題不同，以及調查對象所需提供的回應不同。從幾個角度來看，這都造成兩難的局面。法院面臨「採納唯一一項研究」還是「衡量互相衝突的研究不同的研究結果」的兩難。研究人員的難處在於必須設計出具有信度與效度，能回答訴訟當事人所需解答的社會事實與行為事實問題的研究。訴訟當事人與律師的難處在於：確保研究能正確呈現他們想證明的事實，而且研究必須具有說服力。由此可見，社會科學家與行為科學家必須與律師密切合作，確保只有法庭要求的資訊才會呈上法庭，並且確保研究具有法律效力，確實探討訴訟案件的事實爭議。

## 調查的重要程度

法院認為消費者的確可能被上城汽車的廣告所混淆，命令上城汽車不得在未來的廣告中使用福斯汽車、奧迪汽車的商標。法院也認為福斯汽車、奧迪汽車提供的調查足以證明相當多的謹慎消費者，很難分辨上城汽車與福斯汽車、奧迪汽車的關係，因此判決福斯汽車、奧迪汽車應獲得損害賠償（如賠償金）。

## 本章重點

本案採用行為科學與社會科學調查解決事實爭議（也就是消費者是否感到混淆）。解決事實爭議不但可釐清民事責任，也有助於刑事案件的有罪判定（見本書第八章）、判決民事賠償與刑事處分，以及判斷政府的行動是否違憲（見本書第七章）。

## 參考書目

Aquilino, W. S., Wright. D. L., & Supple, A .J. (2000). Response effects due to bystander presence in CASI and paper-and-pencil surveys of drug use and alcohol use. *Substance Use & Misuse, 35,* 845-867.

Bible, P. M. (1998). Defining and quantifying dilution under the Federal Trademark Dilution Act of 1995: Using survey evidence to show actual dilution. *University of Colorado Law Review, 70*, 295-340.

Bishop, G. F., Hippler, H. J., Schwartz, N., & Strack, F. (1988). A comparison of response effects in self-administered and telephone surveys. In R. M. Groves, P. P. Biemer, L. E. Lyberg, J. T. Massey, W. L. Nichols, & J. Waksberg (Eds.). *Telephone survey methodology* (pp. 321-324). New York: Wiley.

Brehm, J. (1993). *The Phantom respondents: Opinion surveys and political representation*. Ann Arbor: University of Michigan Press.

Brown, P., & Levinson, S. C. (1987). *Politeness: Some universals in language*. New York: Cambridge University Press.

Carr, L. G. (1971). The Srole items and acquiescence. *American Sociological Review*, 36, 287-293.

Clark, H. H., & Clark, E. V. (1977). Psychology and language: *An introduction to psycholinguistics*. New York: Harcourt Brace Jovanovich.

DeMaio, T. J., & Rothgeb, J. M. (1996). Cognitive interviewing techniques: In the lab and in the field. In N. Schwarz & S. Sudman (Eds.), *Answering questions: Methodology for determining cognitive and communicative processes in survey research* (pp. 177-196). San Francisco: Jossey-Bass.

Federal Trademark Act of 1946, Pub. L. 78-489.

Fink, A., & Kosecoff, J. (1998). *How to conduct surveys: A step-by-step guide*. Thousand Oaks, CA: Sage.

Fisher, R. J., & Katz, J. E. (2000). Social-desirability bias and the validity of self-reported values. *Psychology & Marketing*, 17, 105-120.

Fowler, F. J., Jr. (1993). *Survey research methods* (2nd ed.). Thousand Oaks, CA: Sage.

Gribble, J. N., Miller, H. G., Rogers, S. M., & Turner, C. F. (1999). Interview mode and measurement of sexual behaviors: Methodological issues. *Journal of Sex Research, 36*, 16-24.

Krosnick, J. A. (1991). Response strategies for coping with the cognitive demands of attitude measures in surveys. *Applied Cognitive Psychology, 5*, 213-236.

Krosnick, J. A. (1999). Survey research. *Annual Review of Psychology, 50*, 537-567.

Krosnick, J. A., Li, F., & Lehman, D. R. (1990). Conversational conventions, order of information acquisition, and the effect of base rates and individuating information on social judgments. *Journal of Personality and Social Psychology, 59*, 1140-1152.

Morgan, F. W. (1990). Judicial standards for survey research: An update and guidelines. Journal of Marketing, 54, 59-70.

Orne, M. T. (1962). On the social psychology of the psychological experiment: With particular reference to demand characteristics and their implications. *American Psychologist, 17*, 776-783.

Ray, W. J. (1993). *Methods toward a science of behavior and experience*. Pacific Grove, CA: Brooks/Cole.

Schober, M. F., & Conrad., F. G. (1997). Does conventional interviewing reduce survey measurement error? *Public Opinion Quarterly, 6*1, 576-602.

Volkswagen Aktiengesellschaft; Audi Aktiengesellschaft; and Volkswagen of America v. Uptown Motors, 1995 WL 605605 (S.D.N.Y., 1995).

Warwick, D. P., & Liniger, C. A. (1975). The sample survey: Theory and practice. New York: McGraw-Hill.

# 第七章　協助解決有關違憲與否的事實爭議

## 案例：公立男子學校拒絕女學生申請入學

本章探討的是幾百萬高中生每年都要做的決定，也就是畢業之後要做什麼。還記得你在畢業典禮時聽到的演講嗎？演講者可能是學校董事會的成員，也有可能是畢業生代表，說起未來都是「前途無量」、「機會無窮」。你需要的只是一個公平的機會，至於會有多少成就，就看你如何發揮。事實上，美國的社會非常重視公平，甚至將公平原則納入聯邦憲法（如憲法第十四條修正案的平等保護條款）。

你和你的同學討論未來的目標，有些同學說想繼續唸大學，也有些同學說想學習一技之長，一畢業就開始工作。還有些同學想先去旅行，先看看世界，以後再做人生重要決策。另外，有些同學想投身軍旅，所以得先就讀軍校。很少有學校跟軍校一樣，訓練學生如何去面對大學畢業之後的挑戰與壓力。如果你同學想唸的學校當中有一間是維吉尼亞軍事學校，這位同學又是女同學，那她恐怕看不到畢業典禮上大肆宣揚的「前途無量」、「機會無窮」。雖然你的這位女同學可能聰穎過人、動力十足，她的性別就自動剝奪了她進入維吉尼亞軍事學校的資格，因為這座高等教育的堡壘只限男性。

美國聯邦政府代表十幾位在一九九〇年申請進入維吉尼亞軍事學校的女生，控告維吉尼亞州，想要替女生爭取進入維吉尼亞軍事學校就讀的機會，同時履行憲法所保障的平等保護。美國最高法院在本案中，必須衡量基本的憲法議題，也就是美國憲法第十四條修正案的平等保護條款，是否保障所有公民在公立學校平等的教育機會？要回答這個牽涉到憲法的問題，最高法院首先參考先前的判例，發現先前的判例允許各州可以依法將公民按照性別予以分別，但是必須要有強烈且合理的理由，且符合重要正當的政府利益。最高法院接著參考行為事實與社會事實，判斷維吉尼亞州是否具有強烈且合理的理由，將女生拒於維吉尼亞軍事學校的門外，以及維吉尼亞州的做法是否符合該州的正當利益。

最高法院參考了不同領域的專家（如心理學、社會學）提供的行為事實與社會事實，認為維吉尼亞軍事學校拒絕女生入學，違反了平等保護條款。這個案件的重點在於行為知識與社會知識能用來解決憲法問題的關鍵事實爭議。

## 美國聯邦政府控告維吉尼亞軍事學校

### 美國最高法院

維吉尼亞軍事學校成立於一八三九年，目前是維吉尼亞州十五個公立高等教育學院當中，唯一一個只收男生的學院。維吉尼亞軍事學校肩負的特殊使命是要訓練民兵，也就是在平民生活和在軍中都能擔任領袖的男人。為了達成這個使命，維吉尼亞軍事學校實行全面普及的訓練，這種訓練在維吉尼亞州是獨一無二，沒有第二家學院提供這種訓練。維吉尼亞軍事學校將品格發展視為第一要務，仿效英格蘭的公立學校，設計出逆境訓練法（adversative method）（後面再詳細介紹），採用徹底的軍事教育。維吉尼亞軍事學校致力培養所有學生的身心紀律，傳授學生嚴格的道德規範。學生畢業之後，更加了解自己面對脅迫與壓力的能力，對於自己能完成危險性頗高的學業，也很有成就感。

維吉尼亞軍事學校訓練領袖成績斐然，校友包括軍隊將領、國會議員與企業總裁。絕大多數的校友都認為他們之所以能實現人生目標，維吉尼亞軍事學校的訓練居功厥偉。從維吉尼亞軍事學校獲得的捐贈，即可看出校友的忠誠。維吉尼亞軍事學校平均每位學生的捐贈金額，是美國所有公立大學裡面最高的。

維吉尼亞軍事學校訓練民兵的目標與訓練方法，並非不適合女生。維吉尼亞軍事學校至今也作育出不少領袖，因此也吸引一些女學生想來就讀。儘管如此，維吉尼亞軍事學校考量本身的教育所提供的優勢與機會，還是堅持只收男生。

維吉尼亞軍事學校是美國第一間軍事學校，自一八三九年成立以來，資金一向都由維吉尼亞州政府提供，校務運作也受維吉尼亞州議會控制。維吉尼亞軍事學校目前有大約一千三百位男學生，設有人文、科學與工程系，維吉尼亞州其他公立大學也設有這幾個系，不過維吉尼亞軍事學校肩負特殊使命，志在訓練受過良好教育、有榮譽感、能處理平民生活的各種事務、充滿學習的熱誠、熟悉領導的功能與態度、具有公共服務意識、提倡美式民主與自由企業制度，並且在國家遭逢危難時能夠擔任民兵保家衛國的男人。不同於聯邦軍事學校（也就是專門訓練學生成為職業軍人的學校），維吉尼亞軍事學校訓練的重點，在於幫助學生適應軍旅生活與平民生活。維吉尼亞軍事學校的學生大約只有一成五成為職業軍人。

如前所述，維吉尼亞軍事學校是透過逆境訓練法培養民兵。這種訓練法強調嚴格的體能訓練、精神壓力、絕對的平等待遇、毫無隱私、鉅細靡遺的行為管理以及理想價值觀的教化。逆境訓練法把年輕的學生予以剖析，協助學生了解自己的能力與侷限，知道自己能憤怒到什麼程度、能承受多大壓力，自己筋疲力盡的時候又能做什麼。

維吉尼亞軍事學校的學生住在斯巴達式的營房裡面，營房一直都有人監視，毫無隱私可言。學生穿著同樣的制服，一起在餐廳吃飯，一起在固定的時間出操。新進的學生要不斷接受「鼠線」（rat line）訓練。這是一種非常極端的逆境訓練法，就像美國海軍陸戰隊的新兵訓練營（boot camp）一樣殘酷。所謂的鼠線訓練就是捉弄、處罰新生，讓新生在患難中培養兄弟情。新生結束七個月的鼠線訓練之後，對捉弄他們的學長也產生了感情。

維吉尼亞軍事學校的逆境訓練法還有一個特色，就是學生按照階級制度分級，不同階級的學生的權利和責任也不同。他們有所謂的兄弟制度（dyke system），每一位新生（又稱「老鼠」）都由一位四年級生（又稱「哥哥」）負責教導，培養忠誠與跨階級的感情，形成領導與擁護的模式。這個制度能延續，必須倚賴嚴格執行的榮譽規範，明令學生不得說謊、欺騙、偷竊，也不應容忍說謊、欺騙、偷竊的人。

維吉尼亞軍事學校是一間以訓練嚴格聞名的軍事學校，校友對母校的感情非常深厚，也因此吸引了一些學生申請入學。一位女高中生申請就讀維吉尼亞軍事學校遭拒，向美國司法部長提出控告之後，美國聯邦政府在一九九〇年控告維吉尼亞州政府和維吉尼亞軍事學校，指控維吉尼亞軍事學校只收男生的政策，違反美國憲法第十四條修正案的平等保護條款。第十四條修正案的部分內容如下：

> 任何州不得制定或執行任何剝奪合眾國公民特權或豁免權的法律。任何州……不得對任何在其管轄下的人，拒絕給予平等的法律保護。

這起訴訟當中，原告與被告都傳喚各自的專家證人出庭。

初審法院發現在這起訴訟發生之前的兩年，總共有三百四十七位女生向維吉尼亞軍事學校詢問入學事宜，但是學校方面從未回覆。有些女生如果有機會，會想就讀維吉尼亞軍事學校。初審法院也發現如果願意招收女學生，至少會有一成的新生是女學生，這個數量足以形成群聚效應（critical mass），可以提供女學生良性的教育經驗。初審法院也認定有些女生可以勝任所有維吉尼亞軍事學校新生必須勝任的活動。另外，專家認為維吉尼亞軍事學校如果招收女生，該校的預備役軍官訓練營（ROTC）對美國的軍隊來說會是一個更好的訓練計畫，因為可以訓練學生適應男女混合的軍隊。

不過初審法院還是判決維吉尼亞軍事學校勝訴，不採納美國聯邦政府依據平等保護條款提出的異議。法院認為當事人如果要支持政府依據性別做出的行為（如本案中維吉尼亞州的行為），那就必須證明政府有強烈且合理的理由將公民予以分類。法院的這個觀點非常正確。法院也認為當事人至少應證明如此分類能達成政府的重要目標，政府對公民的差別待遇是達成目標的重要關鍵。

初審法院認為在全男性或全女性的環境受教育相當有益，維吉尼亞州的教育制度絕大多數都是男女合校，維吉尼亞軍事學校只收男生，為該州的教育制度增添了多元性。維吉尼亞軍事學校獨特的教育方法，更是強化了這個多樣性。初審法院認為，如果州政府的目標是要追求只收男生的教育，那顯然要達到這個目標，唯一的做法就是不允許女生進入男子學校（如維吉尼亞軍事學校）就讀。

初審法院也認為，這樣一來，女生就無法享有只有維吉尼亞軍事學校提供的獨特的教育機會。但是，一旦維吉尼亞軍事學校招收女生，就再也不是男子學校，該校的特殊的教育方法也會改變，至少會為了女學生而改變。該校的逆境訓練法除非有所調整，否則也很難延續下去。因此，初審法院認為維吉尼亞軍事學校具有足夠的合乎憲法的理由，可以延續只收男生的政策。

上訴法院不認同初審法院的觀點，上訴法院認為，維吉尼亞州政府並沒有因為允許維吉尼亞軍事學校維持只收男生的獨特制度，而得以推動州政府的任何政策。維吉尼亞州政府表示維吉尼亞軍事學校提供的單性別教育，是該州政府推動自主與多元政策的一部分，對於這個說法，上訴法院抱持懷疑態度。上訴法院強調維吉尼亞州的非歧視承諾，提到一九九〇年維吉尼亞州委員會二十一世紀大學報告。報告內容提到維吉尼亞州的大學必須平等對待所有教職員工與學生，不得因性別、種族而有差別待遇。上訴法院表示，這份聲明是維吉尼亞州政府對於性別區別唯一一次表明立場的紀錄。另外，上訴法院也發現，維吉尼亞州政府宣稱維吉尼亞軍事學校只收男生是為了多元化，卻沒有解釋該州其他州立大學為何都是男女合校。簡言之，法院認為如果多元化政策是以提供多元教育機會（包括只收男生或只收女生的學校）為目標，光是偏好男學生顯然是不夠的。

訴訟當事人認為，有些女生可以達到維吉尼亞軍事學校專為男生制訂的體能標準，初審法院也認為該校培養民兵的目標，以及追求目標的方法都不會不適合女生。上訴法院也認同初審法院的觀點，認為該校如果實施男女合校制度，至少在體能訓練、毫無隱私以及逆境訓練方面會遭受重大影響。上訴法院要求維吉尼亞州政府首先必須採取補救措施。法院建議的補救措施包括允許女生就讀維吉尼亞軍事學校、設置只收女生的軍校或課程，或者停止資助該校，該校成為私校即可自由實施政策。

維吉尼亞州政府根據上訴法院的判決，設計了一個只收女生的課程，名為維吉尼亞女子領導學院。這項四年制的公立大學課程將設在瑪麗鮑德溫學院，那是一所私立的女子人文學院，開辦之初會先招收二十五至三十位學生。雖然維吉尼亞女子領導學院和維吉尼亞軍事學校一樣，都是以訓練民兵為目標，維吉尼亞女子領導學院與瑪麗鮑德溫學院在課程、教育方法以及經費來源都和維吉尼亞軍事學校不同。

瑪麗鮑德溫學院入學新生的學術能力測驗的平均總分，大約比維吉尼亞軍事學校的新生低一百分。瑪麗鮑德溫學院師資當中的博士人數，也比維吉尼亞軍事學校少很多，在瑪麗鮑德溫學院任教的老師薪資也比維吉尼亞軍事學校低很多。維吉尼亞軍事學校設有人文、科學與工程學門，而瑪麗鮑德溫學院在本案審判期間卻只設有文學士學位課程。維吉尼亞女子領導學院的學生如果希望攻讀工程學位，可以在密蘇里州聖路易的華盛頓大學唸兩年，但是必須自行支付私立大學兩年的學費。

維吉尼亞女子領導學院的學生可以在新成立的維吉尼亞軍校生團參加美國預備役軍官訓練營，不過維吉尼亞軍校生團的訓練只是形式，而且維吉尼亞女子領導學院並不提供軍事訓練，也不會要求學生在學校穿著制服，在餐廳一起吃飯。維吉尼亞軍事學校實施的是逆境訓練法，維吉尼亞女子領導學院則是講求合作，增強學生的自尊心。除了瑪麗鮑德溫學院提供的一般文學士課程之外，維吉尼亞女子領導學院的學生還可修習領導課程、參與校外領導實習、參與社區服務計畫，並協助規劃系列演講。

維吉尼亞州政府宣稱，州內的維吉尼亞女子領導學院學生和維吉尼亞軍事學校的學生，從州政府拿到的經費一樣多，維吉尼亞軍事學校基金會也願意捐贈五百四十萬美元給維吉尼亞女子領導學院。瑪麗鮑德溫學院目前擁有一千九百萬美元的基金，維吉尼亞軍事學校的基金大約是一億三千一百萬美元。瑪麗鮑德溫學院未來將可獲得三千五百萬美元，維吉尼亞軍事學校則可獲得二億二千萬美元。維吉尼亞軍事學校校友會串連了許多有意聘用該校畢業生的雇主，校友會也願意開放維吉尼亞女子領導學院的畢業生接觸這些雇主，但是，維吉尼亞女子領導學院的畢業生，無法享有雇主提供維吉尼亞軍事學校畢業生的有利條件。

維吉尼亞州政府向初審法院說明補救計畫，爭取初審法院支持，初審法院認為該計畫符合平等保護條款的要求。初審法院重申維吉尼亞軍事學校的教育方法，也可以用來教育女學生，而且和維吉尼亞女子領導學院的教育方法相比，有些女學生其實比較喜歡維吉尼亞軍事學校的教育方法，不過，初審法院認為現行的法律原則，並沒有要求維吉尼亞州政府提供一個維吉尼亞軍事學校的翻版給女學生。初審法院認為維吉尼亞軍事學校和維吉尼亞女子領導學院能達成相似的結果，初審法院認為維吉尼亞軍事學校按照鼓聲行軍，瑪麗鮑德溫學院按照小橫笛的笛音行軍，行軍結束之時，兩者都會抵達相同的目的地。

分裂的上訴法院也認同初審法院的判斷，上訴法院認為為了尊重維吉尼亞州議會的目標，法院應該審慎衡量這個目的是否合乎政府所追求的合法目標，法院不應允許任何有害的目標。上訴法院認為提供只收男生或只收女生的大學教育，的確構成公立高等教育體系的重要合理目標，而且這個目標並非有害。另外，上訴法院也認為維吉尼亞軍事學校的重點教育訓練——「逆境訓練」，不適合用在男女混合的環境。上訴法院認為逆境訓練法並不是不能讓女生參加，但是女生不適合參與維吉尼亞軍事學校的逆境訓練，因為女生參與會破壞男女之間應有的禮儀。

上訴法院在衡量維吉尼亞州政府的目標是否合法之後，接著要考慮方法的問題。法院認為為了要達成維吉尼亞州的目標，維吉尼亞軍事學校必須拒收女生，瑪麗鮑德溫學院必須拒收男生，因為如果男女兼收，維吉尼亞州就無法達成提供單性別教育的目標。法院認為該州將方法與目標合而為一，而這個結合有可能規避平等保護原則的要求。上訴法院因此展開另一項調查，判斷所謂的實質相似程度（substantive comparability）。法院認為關鍵在於，維吉尼亞軍事學校的男學生和維吉尼亞女子領導學院的女學生，有沒有從學校或者州政府提供的其他管道獲得實質相似的好處。上訴法院認為雖然維吉尼亞女子領導學院的學位在聲望與歷史優勢方面，不如維吉尼亞軍事學校的學位，但是兩個學校提供的教育機會確為實質相似。

這就是案子到了美國最高法院之前的狀況。這個案子有兩個終極問題：第一，維吉尼亞州不允許女生享受維吉尼亞軍事學校所提供的教育機會（也就是軍事訓練、平民領導訓練等特殊的教育機會），這樣一來，會不會變成女生即使可以做到維吉尼亞軍事學校學生所做的所有活動，也不能享有美國憲法第十四條修正案保障的平等保護？第二，維吉尼亞軍事學校是維吉尼亞州唯一只收男生的公立高等教育院校，如果該校只收男生的特殊情況，違反了美國憲法的平等保護原則，那應該如何補救？

## 法律的平等保護

美國的性別歧視問題由來已久，美國憲法的開頭是「我們人民」，但在過去一百三十多年來，美國女性並非擁有投票權的「我們人民」，一直到一九二〇年，美國憲法才賦予女性投票權。後來的五十年間，美國的聯邦政府與各州政府只要具有正當理由，可以拒絕女性享有男性享有的機會。

一位女性向法院控告她所居住的州沒有賦予她法律的平等保護，美國最高法院在一九七一年判決這名女子勝訴，這在美國史上是頭一遭。在這件案子中，最高法院判決州政府不得偏好指定男性為已故者的遺產管理人。自此之後，最高法院遇到法律或政府政策，僅以性別為由剝奪女性完整的公民權利，就會認定聯邦政府與各州政府違反平等保護原則。

法院在審理這一類的政府行為的時候，必須衡量政府提出的辯護是否非常具有說服力，而州政府必須完全負擔舉證的責任。州政府至少應該證明造成爭議的差別待遇符合政府的重要目標，還要證明州政府為了達成目標，一定要實施差別待遇。而且州政府的辯護必須基於事實根據，不能為了因應訴訟而提出假設或虛構的因果關係。州政府的辯護也不能以關於男性與女性在天賦、能力、興趣的不同之過於廣泛的論述為基礎。

用這種標準衡量，並不表示絕對不能依據性別給予差別待遇，男女在身體構造的不同是永遠存在的，男女並不能互換。一個只有男性或者只有女性的社區和一個男女混合的社區是不一樣的。我們知道男女之間與生俱來的差異是件好事，不能當作兩性互相詆毀的理由，也不能當作限制個人機會的理由。遇到某些情況，比方說補償受到特殊經濟障礙的女性、提升平等就業機會、全面發展國民的能力與天賦的發展，就可以依據性別給予差別待遇。但是不能像以前一樣，用性別差異待遇製造或延續女性在法律、社會、經濟上的劣勢。

我們用以上所述的標準衡量本案的紀錄，發現維吉尼亞州並沒有拿出十分具有說服力的證據，能證明將女生排除在維吉尼亞軍事學校的民兵訓練之外是合理的。所以我們認同上訴法院的初步判斷，也就是維吉尼亞州違反了美國憲法第十四條修正案的平等保護條款。維吉尼亞州提出的補救措施（瑪麗鮑德溫學院的維吉尼亞女子領導學院課程）並不能矯正違憲事實（也就是說並沒有提供平等機會）。

維吉尼亞州允許男性參加維吉尼亞軍事學校的獨特訓練，卻不允許女性參加。上訴法院初步認為維吉尼亞州的政策並不能證明這種做法合理正當，符合平等保護原則。維吉尼亞州提出兩項理由，為維吉尼亞軍事學校拒收女生的做法辯護。第一，維吉尼亞州認為單性別教育能產生重大教育優勢，提升教育方法的多樣性。第二，維吉尼亞州認為維吉尼亞軍事學校如果要招收女生，那該校獨特的品格發展與領導訓練方法（也就是該校的逆境訓練法）必須有所改變。接下來會討論這兩項理由。

維吉尼亞州強調單性別教育做為一種教學方法，至少對某些學生有好處。這一點在本案中並無爭議。初審法院認定單性別教育對男生和女生都有好處，不過初審法院也認為單性別教育對女學生的好處顯然大於對男學生，美國政府對於初審法院的這個看法並無異議。同樣的道理，大家也認同公立教育機構的多樣性對社會大眾都有好處。但是維吉尼亞州拒絕讓女生就讀維吉尼亞軍事學校，並不能證明維吉尼亞軍事學校的創校理念或治校精神，就是要提升美國教育機會的多樣性。

不管是最近的歷史還是遙遠的歷史，都看不出維吉尼亞州想要透過單性別教育追求多樣性。維吉尼亞州在一八三九年成立維吉尼亞軍事學校的時候，很少人想到要提供男生和女生多元的教育機會。那個時候的人認為高等教育對女性是危險的，大多數人都認為女性不應該上學。哈佛大學醫學院的愛德華．克拉克博士大概是醫學界反對女性接受高等教育最知名的人物。他的著作《教育中的性別》（*Sex in Education*）相當具有影響力，到目前為止已經發行了十七版。他認為女生用功讀書、在課業上與男生競爭的生理影響會干擾女生生殖器官的成長（「給予男生女生完全相同的教育是在上帝面前犯罪，是違反人性。生理學絕對不能苟同，經驗也會證明此路不通」）。馬德斯里在一八七四年的著作《頭腦中的性別與教育中的性別》（*Sex in Mind and in Education*）中提到並不是說女性沒有企圖心，也不是說女性在男女合校的環境中，與男性智力競爭會敗下陣來，而是女性與男性智力競爭會折損體力與健康，這種折磨會延續一輩子，甚至會導致女性無法扮演好女性該扮演的角色。梅格斯在一八四八年的著作《女性與女性的問題》（*Females and Their Diseases*）提到，一名健康的女性經過五到六週的心智訓練與教育訓練之後，會出現停經的狀況，還會罹患許多疾病，這是因為女性為了頭腦犧牲身體。最後，美國最早成立的大學（如麻州的哈佛大學和維吉尼亞州的威廉與瑪莉大學都只收男生。維吉尼亞軍事學校並不是第一個只收男生的學校。維吉尼亞軍事學校只收男生的傳統是承襲美國的旗艦學校，也就是一八一九年成立的維吉尼亞大學。

一位史學家表示，關於州立大學是否應該招收女生的爭議，沒有一所學校像維吉尼亞大學一樣弄到爭論不休，各方怨氣沖天。一八七九年，維吉尼亞州議會通過決議，討論女性接受高等教育的可能性。州議會發現該州有史以來從未提供女性公民高等教育的機會，倒是很慷慨的開放男性公民接受高等教育。雖然州議會了解這一點，該州還是沒有立即提供高等教育機會給女性。

維吉尼亞州後來成立了幾間女子學校和女子大學。其中法姆維爾女子學校在一八八四年成為公立學校。另外兩所女子大學瑪莉華盛頓大學和詹姆斯麥迪遜大學在一九〇八年成立，還有一所女子大學瑞德福大學也在一九一〇年成立。到了一九七〇年代中期，這四所學校都已經實施男女合校。

對於主要大學該不該招收女大學生的爭議，一直延續到二十世紀過了一半還沒結束。類似的論點又再提出。有人擔心招收女學生會侵犯男學生的權益；政府將面臨新的問題，也許還要處理醜聞；舊的榮譽制度就得改變；標準要降低到與男女合校的學校同等級；男子大學的光榮名譽將會蒙塵。

最後在一九七〇年，維吉尼亞州最有名望的高等教育機構維吉尼亞大學開始實施男女合校，並在一九七二年開始以男女平等為原則招收女生。但是維吉尼亞州認為現在缺乏只收女生的單性別公立高等教育，是歷史的異常現象。從歷史資料看來，州政府的作為應該比較像是蓄意，比較不像是異常。第一，州政府曾經「保護女性不受高等教育傷害」。第二，女子學校的資源和聲望完全無法與男子學校相提並論。最後，州政府又將男校與女校改為男女合校。在爭議發生之前，州議會已經廢除了該州所有要求教育機構只收男生或只收女生的法令。一九九〇年，一個由立法單位成立，負責規劃維吉尼亞州高等教育未來目標的官方委員會，也認同州政府放寬教育機會，同時維持自主與多元化的政策。委員會強調大學提供學生建立價值觀，向榜樣學習的機會，所以大學必須平等對待所有教職員生，不應因性別、種族而有差別待遇。上訴法院發現這項記載是維吉尼亞州唯一一次對於性別差別待遇明確表態。

法院在紀錄當中找不到具有說服力的證據，能說服法院相信維吉尼亞軍事學校只收男生的招生政策，是在推動維吉尼亞州追求多元化的政策。上訴法院認為維吉尼亞州所有其他的公立大學都摒棄單性別教育，看不出維吉尼亞州有追求多元化的意圖。法院也質疑維吉尼亞軍事學校雖然擁有自主權，卻也無權管轄其他州立學校，怎麼可能要求各校實施州政府的多元化政策。上訴法院認為維吉尼亞軍事學校行之有年的政策，也就是只提供男生獨特的教育機會，並不能真正推動教育機會多元化。維吉尼亞軍事學校的政策不管有多照顧該州的男性公民，對於女性公民都是完全沒有照顧。如此就不構成平等保護。

維吉尼亞州其次提出維吉尼亞軍事學校的逆境訓練法除非有所調整，否則無法提供女學生相同的教育優勢。維吉尼亞州主張為了打造適合女學生的逆境訓練法，原本的訓練內容必須大幅更動，甚至可能完全改變、破壞維吉尼亞軍事學校的訓練課程。改變，對男學生、女學生都沒有好處，因為男學生會失去目前享有的獨特教育機會，而女學生也無法獲得這個機會，因為有女學生參與，維吉尼亞軍事學校就會失去訓練課程的特色，而這個特色是該州其他高等教育機構都不具有的。

初審法院從專家證人的證詞推測，男女合校會嚴重影響維吉尼亞軍事學校的課程至少有三方面，也就是體能訓練、缺乏隱私和逆境訓練法，上訴法院也接受這個看法。維吉尼亞軍事學校如果招收女學生，會需要做出調整，主要包括安排住宿分配與體能訓練，這一點沒有爭議。不過維吉尼亞軍事學校的教育方法可以用來教育女生，這一點也同樣沒有爭議。初審法院甚至認為有些女生會比較喜歡維吉尼亞軍事學校的教育方法，比較不喜歡女子大學可能採用的教育方法。根據專家證人的證詞，有些女生可以勝任所有維吉尼亞軍事學校學生必須進行的活動。訴訟當事人也一致認為有些女生可以達成維吉尼亞軍事學校目前對男生的體能要求。總而言之，正如上訴法院所言，維吉尼亞軍事學校學生訓練民兵的目標，以及該校的訓練方法都不會不適合女生。

初審法院為了尋找證據為維吉尼亞州的初步判決佐證，研究了男女的發展差異。研究結果與維吉尼亞州的專家證人的看法吻合，也就是一般男性與一般女性的傾向。舉例來說，專家主張男性通常需要逆境的氣氛，而女性在合作的氣氛比較得心應手。另外一位專家也作證指出雖然有些女性在逆境訓練模式可以有良好的表現，但是教育經驗必須依據規則設計，而不是依據規則的例外設計。

美國政府並未質疑專家證人對於男性與女性的平均能力與平均偏好的判斷，而是強調最高法院多次告誡下級法院要仔細研究維吉尼亞州提出的觀點，以及初審法院依據的觀點。控制教育機會的州政府不得因為本身對男性、女性的角色與能力的觀念，將符合入學資格的學生拒於門外。

多數的女性都不會選擇維吉尼亞軍事學校的逆境訓練法，也許很多男性也不想接受逆境訓練式教育。問題在於如果女性有意願，也有能力接受逆境訓練，而維吉尼亞州政府卻不允許女性就讀維吉尼亞軍事學校，不允許女性接受該校獨家提供的訓練，那州政府的行為構不構成違憲？

說招收女學生會降低維吉尼亞軍事學校的聲譽、破壞逆境訓練制度，甚至會導致該校倒閉，完全是沒有根據的說法。維吉尼亞州傳喚的一位專家證人在法庭上表示：「維吉尼亞軍事學校一旦招收女學生，到最後就不得不完全放棄逆境訓練制度，採用比較照顧學生、鼓勵學生的教育制度。」綜觀美國歷史，只要提到女性的公民權利，就會出現這種說法，而這種觀念也妨礙女性享有完整的公民權利。當年女性第一次尋求成為專業律師的機會，第一次尋求接受法律教育的機會，都有人提出類似的觀點。舉例來說，明尼蘇達州海乃平郡法院曾經解釋為何女性不適合擔任專業律師。法院表示女人要負責教育下一代，因此：

> 無法付出成為傑出律師所需付出的時間與心力。不能將法院反對女性擔任律師視為守舊的表現，法院是了解要想成為成功的律師，肩負的責任非常重大，而且法院也希望提升律師行業的格調，才反對女性擔任律師。

根據一份一九二五年的報告，哥倫比亞大學法學院也是出於類似的擔憂，才禁止女性入學，雖然：

> 法學院的教師從未表示女性無法精通法律教育，並不是這樣的，法學院是著眼在實際面，教師表示如果法學院允許女性入學，那美國的優質大學的那些比較精挑細選，比較有男子氣概，比較有活力的畢業生都會跑到哈佛大學法學院去了！

醫學院也以類似的理由拒絕女學生入學。在近代，女性想成為警察也遭遇阻礙，因為有人擔心女性擔任警察會破壞男性警察的團結、女警可能無法提供男性搭檔適當的支援，還有可能發生不當性行為。沒有一項實地研究能證實這些擔憂。

女性順利進入聯邦軍事學校就讀（比方說在每個聯邦軍事學校都有女學生以名列前茅的成績畢業），以及女性加入美國軍隊，都顯示維吉尼亞州擔心招收女生會影響維吉尼亞軍事學校的未來是缺乏根據的。讓女性加入一個一向排斥女性的環境，當然會需要一段適應期。正如一位西點軍校的班長所言：「一九七八年和一九七九年入學的學生都把女生當作女生，而一九八〇年和一九八一年入學的學生都把女生當作同學。」

有些女生符合接受民兵訓練的資格，而維吉尼亞州全面拒收女生的理由並不是很有說服力。顯然維吉尼亞州的誤解以及初審法院的誤解，是來自維吉尼亞軍事學校的使命，也就是訓練：

> 民兵，熱愛學習，具備領導所需的能力與態度，具有公共服務的熱誠，擁護美國民主政治與自由企業制度，在國家遭逢危難之時能保衛國家。

這個目標當然也容得下女性，現在的美國民主制度也把女性視為公民，與男性享有同等地位。而維吉尼亞州不顧女性個人的長處，將所有女性通通排除在外，不允許女性參加該州在全國數一數二的軍校生團，並不會朝這個目標邁進一大步。

## 維吉尼亞州的補救計畫

維吉尼亞州政府提出一項補救計畫，也獲得初審法院同意。根據該計畫，維吉尼亞軍事學校仍將繼續只收男生，但是州政府將設立維吉尼亞女子領導學院專門招生女生。上訴法院也同意，認為由兩間學校各自招收男女學生能達成維吉尼亞州一再主張的目標，也就是實施單一性別教育，並且以軍事環境達成逆境訓練法的效果。上訴法院評估維吉尼亞軍事學校與維吉尼亞女子領導學院的教育課程，以確保兩種教育課程就算形式不同、細節不同，在本質上還是能提供男學生與女學生同等的好處。上訴法院評估之後，認為維吉尼亞州為男性與女性安排的教育機會是同等的，足以達到平等保護的要求。美國政府對這項補救判決提出異議，認為是嚴重錯誤。

最高法院曾經表示補救命令必須與違憲事實密切相關，也就是說如果有人因違憲事實而被剝奪機會與優勢，那補救命令就必須讓這些人得到機會與優勢。本案的違憲事實在於不允許所有女性享有男性所享有的特別教育機會。適當的補救措施應該盡可能消除過去的歧視效應，並且避免類似的歧視現象在未來出現。

維吉尼亞州沒有廢除維吉尼亞軍事學校只收男生的政策，而是保留該項政策，打算另外推出只收女生的教育課程，這項課程和維吉尼亞軍事學校提供的不同，有形與無形的設備也並不相等。維吉尼亞州違反了美國憲法的平等保護原則，現在提出的補救措施必須與違憲事實直接相關，能夠改正違憲事實（本案的違憲事實在於女學生願意也能夠從維吉尼亞軍事學院提供的教育機會獲益，維吉尼亞州政府卻沒有依據平等保護原則對待女生）。維吉尼亞州政府主張維吉尼亞女子領導學院能提供同等的教育課程，又主張維吉尼亞女子領導學院與維吉尼亞軍事學校同樣以訓練民兵為使命，也同樣以教育、軍事訓練、身體與心理訓練，以及品格與領導能力發展為目標。如果維吉尼亞女子領導學院的教育課程不能消除過去的歧視事實，那是否至少可以預防未來發生類似的歧視事件？維吉尼亞州政府主張兩校能提供相等的教育課程，現在比較一下兩校的教育課程就能找到答案。我們探討兩校的教育課程的特質與差異，也就將之前討論過的事實重述一遍。

維吉尼亞軍事學院以嚴格的軍事訓練聞名，維吉尼亞女子領導學院並不能提供女性這樣的訓練。在維吉尼亞州也好，在美國其他地方也好，其他的學校不管公立私立，都無法提供相同的嚴格軍事訓練。維吉尼亞女子領導學院不但不能提供相同的軍事訓練，反而不強調軍事教育，採用注重合作、強化自尊的教育方法。

維吉尼亞女子領導學院的學生會參加預備役軍官訓練營，也會參加流於形式的維吉尼亞軍校生團，但是維吉尼亞州刻意不將維吉尼亞女子領導學院設置成軍校，維吉尼亞女子領導學院的宿舍也不是軍校式的宿舍，學生在四年就學期間也不必住在一起，不必一起吃飯，不必穿制服。軍營生活是維吉尼亞軍事學院的一大特色，維吉尼亞女子領導學院的學生卻無法享有這種經驗，無法享有能培養平等主義的斯巴達式生活環境。地方法院主張維吉尼亞軍事學院最重要的教育都是在軍營裡面進行，維吉尼亞州卻認為以訓練女民兵而言，軍營生活並不重要，甚至可以說是不恰當的。

維吉尼亞女子領導學院的領導能力訓練是透過研討、實習、系列演講進行，這些接觸都缺乏維吉尼亞軍事學院民兵訓練的特色，也就是嚴格的體能訓練、心理壓力、鉅細靡遺的行為規範，以及理想價值觀的教化。維吉尼亞女子領導學院的課程缺乏維吉尼亞軍事學院逆境訓練法的特色，也就是壓力、危險與心理連結，維吉尼亞軍事學院的軍校生順利通過訓練會有巨大的成就感，維吉尼亞女子領導學院的學生就感受不到。

維吉尼亞州主張這些差異在教學上是合理的，因為男女在學習需求與發展需求上本來就有重大差異，維吉尼亞州主張這些心理差異與社會學上的差異的確存在，並非刻板印象。負責設計女性領導課程的小組是由瑪麗鮑德溫學院的教職員組成，他們認為軍事訓練模式完全不適合用來教育、訓練大部分的女性，維吉尼亞軍事學院的逆境訓練法尤其不適合。維吉尼亞州政府採納小組的意見，維吉尼亞州政府傳喚的專家證人也認同這個意見。

有些女人的才能高於一般女人，所以不能以一般對女性的印象，或是「並不適合大多數女性」為由，剝奪這些女性的機會。有一點值得注意，那就是維吉尼亞州政府從未主張維吉尼亞軍事學院的教育方式適合大多數男性。維吉尼亞州政府沒有將維吉尼亞女子領導學院的教育課程依照維吉尼亞軍事學院的完全軍國主義的課程設計，理由是維吉尼亞女子領導學院是專為女性設計，而這些女性不見得要投身軍職。按照這個想法，維吉尼亞軍事學院完全軍國主義的教育課程對大部分的男性，或者說對一群男性都不適合，因為該校僅有大約一成五的軍校生將來會投身軍職。

維吉尼亞州政府提出一些一般對女性的印象，我們再次注意到一些正好相反的事實。維吉尼亞軍事學院現行的教育方法並非不適合女性，有些女性接受逆境訓練也能表現良好，如果有機會，她們也想就讀維吉尼亞軍事學院，也能完成該校軍校生必須完成的活動，也能達到該校對男性的體能標準。美國聯邦政府是代表這些女性提出告訴，補救措施也必須為她們打造，她們適合參與州政府提供的教育機會，卻被排除在外，補救措施必須能讓她們不再被排除在外。

除了軍事訓練之外，維吉尼亞女子領導學院還有許多方面和維吉尼亞軍事學院不同等。維吉尼亞女子領導學院的學生、教師、開設課程與設備與維吉尼亞軍事學院根本不能相提並論。維吉尼亞女子領導學院的畢業生也不能奢望能享有維吉尼亞軍事學院一百五十七年的歷史、聲望還有極具影響力的校友系統。

維吉尼亞女子領導學院的學生將會取得瑪麗鮑德溫學院的學位，瑪麗鮑德溫學院入學新生的學業能力傾向測驗（SAT）平均總成績，比維吉尼亞軍事學院的入學新生低一百分。瑪麗鮑德溫學院擁有博士學位的教師人數，也比維吉尼亞軍事學院少很多，薪資也低出許多。

瑪麗鮑德溫學院並不能像維吉尼亞軍事學院一樣提供多元的課程。維吉尼亞軍事學院提供文科、生物學、化學、土木工程、電機工程、電子工程與機械工程的學士學位課程。維吉尼亞女子領導學院的學生就讀的學校並不注重數學與科學，維吉尼亞軍事學院的學生可以修讀工程、高級數學與物理課程，這些課程瑪麗鮑德溫學院都沒有提供。

至於體能訓練，瑪麗鮑德溫學院有兩個多功能操場與一個體育館。維吉尼亞軍事學院有一個美國大學生體育協會等級的室內田徑場地、許多多功能操場、棒球場、足球場、長曲棍球場、障礙賽跑場、大型的拳擊、摔角、武術場地、總長一英里，共有十一圈的室內跑道、室內游泳池、室內與室外步槍射擊場，還有一座設有練習場與室外跑道的足球場。

雖然維吉尼亞州政府表示，會對該州的維吉尼亞女子領導學院的學生，以及維吉尼亞軍事學院的軍校生提供相同的補助，維吉尼亞軍事學院基金會也同意給予維吉尼亞女子領導學院五百四十萬美元（也就是兩校目前儲備金的差額）。瑪麗鮑德溫學院目前獲得的補助大約是一千九百萬美元，未來還會再獲得三千五百萬美元的州政府補助。維吉尼亞軍事學院目前獲得的補助是一億三千一百萬美元（這是全美公立大學每位學生獲得的最高補助金額），將來還會再獲得兩億兩千萬美元。

維吉尼亞女子領導學院的學生畢業時並不會拿到維吉尼亞軍事學院的學位，拿到文憑也並不表示她們像維吉尼亞軍事學院的畢業生一樣，在軍旅生活與平民生活表現傑出。維吉尼亞軍事學院的校友與母校關係非常密切，該校之所以能吸引大批學生申請入學，這也是原因之一。維吉尼亞女子領導學院的畢業生不能指望那些偏好雇用維吉尼亞軍事學院畢業生的企業主、公司、維吉尼亞軍事學院的校友，還有非校友雇主也同樣樂意雇用她們。

總而言之，維吉尼亞州政府維持維吉尼亞軍事學院只收男生的規定，卻沒有提供和維吉尼亞軍事學院同等的女子學校。州政府設置了維吉尼亞女子領導學院課程，在課程選擇、教師資歷、財務、名望、校友系統和影響力方面，都可以說是遠遠不及維吉尼亞軍事學院。

維吉尼亞州提出維吉尼亞女子領導學院做為解決方案，很像德州在五十年前提出的補救方案。德州接到初審法院的判決，表示根據平等保護原則，該州州立大學的法學院不得拒絕非裔美國人入學。德州政府就另外成立了一間學校，專收非裔美籍的法學學生。這個學校因為是新成立的學校，所以沒有自己的圖書館與教師，也沒有立案。雖然如此，德州的初審法院和上訴法院還是認為這間學校足以提供非裔美籍學生攻讀法律的機會，與德州大學提供給白人學生的教育機會相同。

在最高法院審理這個案子之前，新學校已經聘僱五位全職的教授，招收了二十三位學生，也設置了一間圖書館，藏書約有一萬六千五百本，另有一位全職人員負責管理，另外還有一間實習法庭與法律援助協會，一位男性校友已經成為德州的律師。最高法院將這些學校的資源與拒收黑人學生的德州大學的資源做比較。德州大學法學院有十六位全職教師、八百五十位學生，圖書館藏書超過六萬五千冊，另外還有獎學金基金、法律評論（一份由法學院學生編輯的法律期刊），以及模擬法庭設備。

最高法院強調，一個學校的偉大往往在於無法客觀衡量的因素，像是教師的名氣、學校的行政經驗、校友的地位與影響力、學校在社區的地位、學校的傳統與聲望等等，這些因素比有形的設備還要重要。最高法院發現兩校之間存在顯著的差異，所以一致判決德州政府並沒有提供同等的教育機會，因此依據平等保護條款，德州必須允許非裔美國人進入德州大學法學院就讀。

維吉尼亞州在維吉尼亞軍事學院和維吉尼亞女子領導學院提供的教育機會並不同等。對於想要就讀這類教育課程的學生來說，維吉尼亞女子領導學院提供的教育機會是很有價值，但是對於想要接受維吉尼亞軍事學院的教育，又符合標準的女性來說，維吉尼亞女子領導學院提供的機會與優勢，完全不能和維吉尼亞軍事學院相提並論。維吉尼亞州提出的補救方案並不能改正違憲事實。維吉尼亞州政府並沒有提出夠有說服力的理由，能讓法院覺得不讓符合資格的女性參與維吉尼亞軍事學院著名的訓練是合理的。法院沒有理由相信，招收能達成維吉尼亞軍事學院軍校生的要求的女生，不會提升維吉尼亞軍事學院服務「更完美的美國」的能力，反而會摧毀該校。

## 分析與影響

上訴法院判決維吉尼亞軍事學院的招生政策，違反美國憲法第十四條修正案的平等保護條款。維吉尼亞軍事學院提出幾項補救方案。其中一項是維吉尼亞軍事學院會繼續只收男生，但會在別處為女生開辦同等的課程。維吉尼亞州選擇了這項方案，並建議在瑪麗鮑德溫學院設立維吉尼亞女子領導學院，提供最適合女性的教育方式。上訴法院也認定維吉尼亞軍事學院與維吉尼亞女子領導學院實質同等，也同意此項方案。

但是美國最高法院主張此項方案並不完善。維吉尼亞軍事學院與維吉尼亞女子領導學院在教學方法、生活環境、課程、體能要求、師資與財務狀況均有差異。就算維吉尼亞州想在維吉尼亞女子領導學院設置完全一樣的教育課程（並未付諸實行），也不可能複製維吉尼亞軍事學院的無形優勢，如學校的聲望以及頗具影響力的金主網絡。維吉尼亞軍事學院的違憲事實，要補救只能提供違憲事實所剝奪的優勢。另外設置一個不對等的教育環境招收女學生，並不是合適的補救方案。

## 教育機會多元化

維吉尼亞州提出多項理由，主張維吉尼亞女子領導學院是合適的補救方案。其中一項理由就是維吉尼亞女子領導學院能提升教育方法與教育機會的多元化。但是維吉尼亞州並沒有這樣的先例。事實上，維吉尼亞州教育制度從古到今呈現的情況正好相反，也就是說維吉尼亞州的學校完全只考量男學生的利益。等到女性可以就讀大學，維吉尼亞州在一八〇〇年代末成立了幾間女校，條件不如男校。到了一九七〇年代，這些學校已經成為男女合校，這與維吉尼亞州宣稱的教育多元化政策背道而馳。如果促進教育多元化是如此重要的目標，那維吉尼亞州為何要在一九七〇年代允許女性就讀旗艦大學維吉尼亞大學在內的學校呢？這樣不是在言行上踩倒車嗎？

法院需要維吉尼亞州提出極有說服力的證據，能證明維吉尼亞軍事學院只收男生的招生政策符合該州合法的政策。法院發現沒有證據顯示維吉尼亞州實現教育多元化，因此認定維吉尼亞州之所以主張維吉尼亞女子領導學院能促進教育多元化，只是為了因應訴訟，用似是而非的藉口掩飾歧視女性的行為。

## 女性與逆境訓練法

維吉尼亞州提出的另一個重要論點，就是女性無法承受維吉尼亞軍事學院以衝擊為主的逆境訓練。逆境訓練的目的是要強烈衝擊軍校生，讓軍校生對自己原有的價值觀與態度感到懷疑，最後放棄這些價值觀與態度。等到放棄之後，逆境訓練就會把學校認為民兵應該具備的價值觀與素質灌輸給軍校生。逆境訓練是一個持續不斷的過程，會導致軍校生身心極大壓力。維吉尼亞軍事學院傳喚的一位證人將逆境訓練比喻成美國海軍陸戰隊的新兵訓練營。逆境訓練非常嚴苛，維吉尼亞軍事學院超過一成五的一年級軍校生因為受不了而輟學，維吉尼亞軍事學院的學生都是自願就讀該校，如此看來這個比例相當高（Avery, 1996）。

維吉尼亞州主張既然女性無法承受逆境訓練，如果維吉尼亞軍事學院允許女性入學，該校的逆境訓練的本質就會改變，一旦改變就不可能復原，維吉尼亞軍事學院就不能達成培養民兵的使命了。維吉尼亞州的幾位專家也作證指出多數女性厭惡逆境訓練，也無法從中得益。在營房中生活對男性很重要，這種環境卻不適合用來訓練女性。維吉尼亞州的專家甚至認為就算維吉尼亞軍事學院開始招收女性，願意就讀的女性也是少之又少，因為女性不喜歡該校的訓練方式與生活型態。

維吉尼亞軍事學院也許該改變教育方法了。除了維吉尼亞軍事學院和色岱爾軍校（Citadel，南卡羅萊納州的一所軍校，大概在同一時間和維吉尼亞軍事學院被迫轉為男女合校）之外，幾乎沒有學校採用逆境訓練。美國各軍校的以往教育制度帶有逆境訓練的特質，有些軍校至今仍然保留這種特質。軍校領導人漸漸發現軍校生結構已有所改變，軍校生不願接受或者不需要逆境訓練，認為有效的軍事訓練不見得非要採取逆境訓練不可，因此軍校也廢除了逆境訓練比較嚴苛、瑣碎的部分（Avery, 1996）。

要是維吉尼亞軍事學院不願意改變，女性能不能承受該校的逆境訓練呢？最高法院列舉幾間美國聯邦軍校成功轉型的例子，證明維吉尼亞軍事學院如果願意招收女生，也有機會順利轉型。最高法院特別提到就讀美國軍校的女性的成就，有些女軍校生是以全班第一名的成績畢業，有些則是畢業後在軍旅生涯大放異彩。不過最高法院審理此案時，最好的證據尚未出現。後來在維吉尼亞軍事學院就讀的女軍校生當中，有一位在二〇〇〇年三月成為美國首位當上營長的女軍校生（Rosellini & Marcus, 2000）。顯然至少有一位女軍校生入學僅僅幾年，就在維吉尼亞軍事學院大放異彩。維吉尼亞州主張逆境訓練會妨礙女性成為領導者，顯然並不正確。

要探討女性接受逆境訓練能否成功，也可以看看是否有研究可以證明逆境訓練法對多數男性有益。最高法院沒有發現這樣的研究，因此認定維吉尼亞州拒絕女性就讀維吉尼亞軍事學院，所提出的證據只是一些一般概念與估計。維吉尼亞州主張這些一般概念與估計能代表多數女性，問題是多數女性並不想就讀維吉尼亞軍事學院。想要就讀的女性認為自己高於平均水準，想接受維吉尼亞軍事學院獨特的民兵訓練帶來的身心挑戰。維吉尼亞州的專家提出的行為事實與社會事實並沒有探討這些女性。

## 男性與女性的不同

從前將女性排除在高等教育之外，是基於「保護女性身體健康」的理由。舉例來說，法院提到根據古老的醫學書刊，高等教育對女性的生育能力會產生負面影響。一百年後，維吉尼亞州提出男女之間生理與心理的差異，想要證明維吉尼亞軍事學院的逆境訓練法適合男性，不適合女性。

初審法院認同這個主張，也參考維吉尼亞州的專家針對男性與女性的傾向提供的意見，做出結論。然而美國最高法院卻對這些概括的觀念以及所謂的傾向存疑。就算這些關於女性的一般概念正確，也不能以此為由，剝奪資質優異的女性在維吉尼亞軍事學院享有平等機會的權利。法院、維吉尼亞州和美國政府都同意男女之間的確存有差異，但是法院認為這種差異並不構成差別待遇的理由。初審法院應該仔細檢視這些一般概念，不能不經思索就全盤接受。

美國政府的專家也認為男女之間的確存有差異，不過他們分析這些差異之後，認為差異其實微乎其微。更重要的是在影響學習的心理因素方面，男性與女性的組內差異大於組間差異。也就是說平均而言，一群女性之中與一群男性之中的差異大於一群男性與一群女性之間的差異。一位美國政府的專家研究了探討男性與女性如何學習的心理學文獻，認為男女之間相同點遠比不同點多，男女之間的差異也不構成維吉尼亞州的主張的正當理由。

## 男性與女性的智力差異

艾琳諾·麥柯比和卡蘿·傑克林完成了一項最重要的性別差異研究。傑克林也是美國政府在本案傳喚的證人。麥柯比與傑克林（1974）在鉅細靡遺的性別差異研究報告中指出，男生在視覺空間能力與數學能力測驗得分平均高於女生，女生的口頭表達能力則優於男生。這份報告駁斥了關於男女差異常見的一些刻板印象，比方說女生比男生會傾聽，卻不如男生積極、會分析。

一九八六年，有人用更詳盡的統計分析重新檢視麥柯比與傑克林的研究（**Fausto-Sterling, 1985**）。這項新研究發現：麥柯比與傑克林所發現的男女差異其實並不明顯，男女在口頭表達能力的差異更是微乎其微。無論男女之間的差異存在與否，麥柯比、傑克林與佛斯特史達林都認為教育決策不應以性別為基礎（Avery, 1996）。男性與女性學習的方式非常類似，組內差異極高，必須分析個人的強項與弱點，才能準確預測個人在某個教育環境的學習表現。

先前的研究顯示女生的口語表達能力優於男生，男生的數學能力與空間能力優於女生，一項性別差異研究的綜合分析顯示先前的研究方法有瑕疵（Hyde, 1990），男女在這些方面的差異會隨著時間而減少。海德認為男孩在數學能力仍舊保有優勢，但是男女之間口語表達能力的差異已經消失。男性與女性在拼字、語言、機械推理、空間關係、語文推理與抽象推理之類的認知能力差異，在三十年來大幅降低（Feingold, 1988），數學能力的差異則是維持不變。

## 男性與女性生理與情緒的差異

維吉尼亞州的專家也主張，女性因為身體條件與競爭力不如男性，又比男性情緒化，抗壓力也不如男性，在維吉尼亞軍事學院求學恐怕不會順利。體力、情緒管理能力、競爭與壓力都是維吉尼亞軍事學院求學經驗的一部分，所以，這幾位專家認為女性如果就讀維吉尼亞軍事學院，學習表現恐不如男性。傑克林作證時也表示，女性在某些方面對於自己的學業能力與學業表現，不如男性有自信，而且競爭性的學習環境對於女生的積極程度會有不良影響（Avery, 1996）。然而，傑克林與麥柯比的研究，未能明確指出男性和女性在恐懼、焦慮、競爭力、主導能力與養成方面的差異。

關於這方面，維吉尼亞州主張女性的自尊低於男性，維吉尼亞軍事學院採用逆境訓練法，會導致這個問題惡化。舉例來說，逆境訓練法著重衝突，會造成壓力，剝奪隱私，將所有學生一視同仁，也不斷監督學生所有的行為。維吉尼亞州主張逆境訓練法的這些特質，會再度降低女性已經很低的自尊與自信。為維吉尼亞州作證的一位專家甚至表示，女性進入維吉尼亞軍事學院就讀，罹患厭食症機率較高（Avery, 1996）。

美國政府的專家並不同意，沒有實證證據能證明逆境訓練法可提升任何人的自尊與自信，也沒有實證證據能證明逆境訓練法，對有資格入學的女生的自尊的傷害大於男生（Avery, 1996）。最高法院也認同，不過有沒有研究能證明這一點？哈潑與馬歇爾（1991）的研究發現：十幾歲的女生自尊得分比男生低，但是其他研究發現：自尊變量深受個人受測時生活因素的影響。舉例來說，擁有全職工作或擔任全職學生的年輕女性的自尊，高於未就業或兼職工作的年輕女性（Stein, Newcomb, & Bentler, 1990）。想從事科學、工程領域等非傳統職業的年輕女性自尊也高於想擔任家庭主婦的年輕女性（Mau, Domnick, & Ellsworth, 1995）。雖然研究並未分析想就讀維吉尼亞軍事學院的女性，但從她們的教育目標看來，她們應該是屬於自尊較高的女性。維吉尼亞軍事學院優質的科學與工程課程，應該會吸引一些對這些領域感興趣的女性，顯然這些女性的自尊也比較高。

男性和女性自尊的差異其實微乎其微。一項針對十五萬五千多人的自尊研究分析發現，男性的自尊得分普遍高於女性，但是男性與女性的得分差異很小（Kling, Hyde, Showers, & Buswell, 1999）。更重要的是部分研究顯示，自尊對日後軍隊領導能力影響可能被誇大。切默斯、華森與梅（2000）邀請幾位軍事學教授，為一群來自各大學的軍校生的領導潛力評分。研究人員接著再評估這些軍校生的自尊高低與其他指標，並將結果與軍校生的領導潛力得分和在軍校生夏季訓練營的領導能力表現做比較，發現軍校生的自尊高低與教授評分還有在訓練營表現出來的領導能力無關（Chemers et al, 2003）。根據一項研究，美國海軍學院的五百三十位三年級軍校生當中，具有野心、謹慎、機智性（一個人的人際作風，能讓別人認為他很聰明）以及學習成就等特質的軍校生班級成績排名也較高（班級成績排名是未來領導能力的指標）（Lall, Holmes, Johnson, & Yatko, 1999）。

綜觀以上研究，維吉尼亞州宣稱「女性自尊較低，逆境訓練法又會降低女性自尊，這些都會嚴重妨礙女性成為成功的民兵」的說法值得商榷。維吉尼亞州提出性別的刻板印象，希望最高法院採納，但是這些刻板印象並沒有行為科學與社會科學根據。

維吉尼亞州主張逆境訓練法會導致衝突與剝奪隱私，加上軍校生又處於青春期晚期，難免會造成男學生和女學生之間的性緊張。上訴法院提出新聞媒體報導，顯示約會強暴、暴力犯罪與喝酒事件在男女合校的學校逐漸增加。上訴法院認同維吉尼亞州的主張，也擔心「女性參與（逆境訓練）會破壞……男女關係的禮節」（United States v. Virginia, 1995）。這種觀點仍然沒有事實根據，維吉尼亞軍事學院表示該校的男學生一向得體穩重，這種觀點跟該校的主張矛盾。

## 結論

一位研究人員批評維吉尼亞州的專家，指責他們不該向法院提出自己不甚了解的議題的事實，也不該依賴「偽科學觀點與過度簡化的解讀」（Epstein, 1997）。美國政府的專家指出，把女性擋在維吉尼亞軍事學院的大門之外，可能會延續「女性需要特別待遇才能成功」的刻板印象，也剝奪了女性跟男性競爭的自由與權利（Epstein, 1997）。只收男生的教育政策剝奪了男性和女性學習相處的機會，導致學生畢業之後，可能無法適應男女混合的工作與行業。

最高法院採納專家證詞，認為男女之間的差異與教育經驗無關，因此認定維吉尼亞軍事學院是根據關於女性的一般概念才拒收女生（Avery, 1996）。維吉尼亞州主張多數女性無法在維吉尼亞軍事學院順利求學，這也許是實情，但是多數男性也同樣無法在維吉尼亞軍事學院順利求學。維吉尼亞州也好，行為科學家、社會科學家也好，都無法依據學生的性別研判該生在維吉尼亞軍事學院的成功機率。

法院認為維吉尼亞州的專家依賴的「事實」其實只是長久以來讓女性屈從於男性的一些老掉牙刻板印象。最高法院要破除這些迷思，能提出的最佳行為事實與社會事實就是一些女性克服了刻板印象的包袱，在曾經是男性主導的領域中大放異彩的經驗、女性在聯邦軍校的成功求學經驗，還有就是並沒有行為事實與社會事實可以證明女性無法承受逆境訓練法。

**平等主義**

維吉尼亞軍事學院擔心招收女生可能會破壞該校的基石，也就是平等主義（公平對待所有人）。如前所述，學校必須採取措施加強隱私，而且學生必須接受的某些儀式也要變更或廢除。舉例來說，艾弗瑞（1996）提到該校有個欺負新生的做法（校方並未許可），就是強迫一年級新生裸體在公用淋浴間奔跑，淋浴間有些蓮蓬頭放著熱水，有些蓮蓬頭則放著冷水。當然男學生和女學生不可能同時參加這個儀式。學校招收女學生，就勢必要給女學生不同的待遇，這樣一來就會破壞維吉尼亞軍事學院的平等主義原則和團隊精神。維吉尼亞州宣稱所有軍校生都一視同仁，然而事實並非如此。舉例來說，維吉尼亞軍事學院擁有優良的運動校隊，校隊選手可以不必參加其他學生必須參加的體能訓練，參加校際體育比賽也可以不必上課（Avery, 1996）。就算所有學生都想參加校隊也不可能如願，因為總有學生不符合校隊標準，而且還要考量資金、美國全國大學體育學會（NCAA）規定等因素。既然男學生都有差別待遇，未來招收進來的女學生為何不能享有差別待遇呢？

## 摧毀維吉尼亞軍事學院

維吉尼亞州最後宣稱，維吉尼亞軍事學院如果招收女學生將會被摧毀。所有人都認同該校如果要招收女生，勢必在學生宿舍、體能訓練要求以及隱私上做出一些變革。維吉尼亞州主張這些變革會給學校帶來無法逆轉的改變，學校不會，也不能回復到原來的面貌。維吉尼亞州也認為招收女學生會全盤改變學校獨特的逆境訓練法，這樣一來，女學生原本追求的教育機會也會改變。女學生就讀的維吉尼亞軍事學院跟她們想要就讀的學校不一樣。維吉尼亞州認為為了保留維吉尼亞軍事學院的教育特質與特殊目標，還是不宜招收女學生。

最高法院不採納維吉尼亞州的觀點，提到從前專屬男性的領域，如專利法、醫學院與軍校，現在都有女性大放異彩。這些領域的人士對於開放女性加入也曾有過擔憂，法院表示這些擔憂後來都沒有成真。當然必須在隱私與體能要求方面做出變革（至少在軍校是如此），而且這些變革不但沒有導致機構毀滅，還強化了機構。女性能在這些地方成功，當然也能在維吉尼亞軍事學院成功。

最後，法院發現維吉尼亞軍事學院已經克服了入學作業的重大變革：

> 維吉尼亞軍事學院在一九六八年招收第一位非裔美籍學生。該校學生現在已經不會在各項慶典與運動賽事唱Dixie歌，也不會向邦聯旗幟和李將軍的墳墓敬禮。正如初審法院所述，維吉尼亞軍事學院建立了招收黑人學生的制度，提供少數族群（該校學生一向較為傳統，且絕大多數為白人）在學術與社會文化方面的協助。維吉尼亞軍事學院實施招收黑人學生的入學政策，初審法院認為這項政策絲毫不會妨礙維吉尼亞軍事學院完成其使命（United States v. Virginia, 1996, p.546, footnote 16）。

這些變革並不會妨礙維吉尼亞軍事學院完成培養民兵的使命。因此，維吉尼亞州擔心招收女生會導致學校毀滅，並不構成剝奪女性就讀維吉尼亞軍事學院的正當理由。

## 本章重點

在本案中，法官引用行為事實與社會事實解決違憲爭議，不過解決的是關於事實的爭議。舉例來說，女性能否承受維吉尼亞軍事學院的逆境訓練法？請社會學家與行為學家探討具有爭議的事實，就跟請他們研究我們在第六章探討的造成消費者混淆的機率是一樣的道理。不同之處在於行為科學與社會科學解決事實爭議之後，法官將事實爭議的結論拿來解決違憲爭議。

## 參考書目


Avery, D. (1996). Institutional myths, historical narratives and social science evidence: Reading the "record" in the Virginia Military Institute case. *Southern California Review of Law and Women's Studies, 5*, 189-386.

Chemers, M. M., Watson, C.B., & May, S. T. (2000). Dispositional affect and leadership effectiveness: A comparison of self-esteem, optimism, and efficacy. *Personality and Social Psychology Bulletin, 26*, 267-277.

Epstein, C. F. (1997). The myths and justification of sex segregation in higher education: VMI and The Citadel. *Duke Journal of Gender Law & Policy, 4*, 101-117.

Fausto-Sterling, A. (1985). *Myths of gender: Biological theories about women and men*. New York: Basic Books.

Feingold, A. (1988). Cognitive gender differences are disappearing, *American Psychologist, 43*, 95-103.

Harper, J. F., & Marshall, E. (1991). Adolescents' problems and their relationship to self-esteem. *Adolescence, 26*, 799-808.

Hyde, J. S. (1990). Meta-analysis and the psychology of gender differences. *Signs, 16*, 55-73.

Kling, K.C., Hyde, J.S., Showers, C. J., & Buswell, B. N. (1999). Gender differences in self-esteem: A meta-analysis. *Psychological Bulletin, 125*, 47-500.

Lall, R. Holmes, E. K., Brinkmeyer, K. R., Johnson, W. B., & Yatko, B. R. (1999). Personality characteristics of future military leaders. *Military Medicine, 164*, 906-910.

Maccoby, E. E., & Jacklin, C. N. (1974). *The psychology of sex differences*. *Stanford*, CA: Stanford University Press.

Mau, C., Domnick, M., & Ellsworth, R. A. (1995). Characteristics of female students who aspire to science and engineering or homemaking occupations. *Career Development Quarterly, 43*, 323-337.

Rosellini, L., & Marcus, D. (2000, April 10). A leader among men. *U. S. News & World Report, 128*, 46-48.

Stein, J. A., Newcomb, M. D., & Bentler, P. M. (1990). The relative influence of vocational behavior and family involvement on self-esteem: Longitudinal analyses of young adult women and men. *Journal of Vocational Behavior, 36*, 320-338.

United States v. Virginia. 44 F, 3d. 1229 (1995).

United States v. Virginia, 518 U.S. 515 (1996).

# 第八章　提供事實知識、教育知識支援法律判決

## 案例：目擊證人指認

小說中法庭故事的高潮就是——證人指認被告，通常還會加上一句：「就是他，我這輩子都忘不了那張臉！」目擊證人指認非常強而有力，因為我們都有類似的經驗。我們每天都會目擊生活中的大事小事，我們也大概跟證人一樣，對自己看到的事情印象深刻。斬釘截鐵指認別人的目擊證人，是訴訟當中最有力的證據。

不過，認知心理學家一直都明白很多事情不能只看表面。舉例來說，我們對錯覺都很熟悉，我們看到一個東西，其實可能只看到了物理性質的錯誤表象。並不是說目擊證人要是指認錯誤，就一定是因為錯覺（雖然這也有可能），也有可能是許多環境因素和認知過程相互作用，導致證人指認錯誤。

本章探討的案子是亞利桑納州控告查普爾（1983），就牽涉到目擊證人指證的問題。亞利桑納州最高法院請一位行為專家（認知心理學家）告訴陪審團，遇到查普爾案類似的情況，目擊證人指

認也很容易出錯。法院採納專家的專業證詞，等於假設一般的陪審團成員可能不甚了解能影響目擊證人指認的心理因素。法院認為唯有請一位專家說明其中的科學，陪審團才能充分了解這些因素。法院並未要求專家回答「本案的目擊證人是否正確指認被告」（見本書第六章）這個問題，甚至也不要求專家探討這個問題，而是留給陪審團決定。法院只是要求專家向陪審團說明可能影響目擊證人指認的因素，陪審團了解之後，就比較能判斷目擊證人的指認的可信度。

## 亞利桑納州控告查普爾

### 亞利桑納州最高法院

這場詭異事件的起源是梅爾．寇利，是一位居住在華盛頓特區的毒販，和堪薩斯城的幾位毒販有來往。寇利一向和一位住在鳳凰城附近的毒販比爾．瓦爾斯交易。事實上，寇利、瓦爾斯還有一個叫詹姆斯．羅根的人，曾經在亞利桑納州尤馬鎮附近因海洛因交易被捕。他們被捕之後很快獲釋，寇利就懷疑有人向當局告密。

寇利透過一個住在鳳凰城附近，叫做梅爾康．史考特的中間人做了不少毒品交易。史考特和瓦爾斯也很熟，最近才從堪薩斯城回來。史考特在堪薩斯城幫瓦爾斯牽線，完成了一筆毒品交易，買賣大麻，也許還有海洛因。這趟到堪薩斯城發生了一些糾紛，瓦爾斯不付錢給向他購買毒品的堪薩斯城毒販。這些毒販很不高興，威脅要採取行動把錢拿回來。寇利顯然也牽涉在內，也跟他的堪薩斯城同行同仇敵愾。

一九七七年十二月初，寇利打電話給史考特，說他想買三百磅左右的大麻，要請史考特替他牽線，答應付給史考特七百美元做為報酬。史考特在法庭上宣稱，他打電話給一兩位相熟的亞利桑納州毒販，他們都無法供應這麼大的量。史考特接著打電話給他的姊妹潘蜜拉・巴克。巴克是瓦爾斯的好友，兩人在幾次毒品交易合作過。史考特請巴克聯絡，看看他有沒有貨。巴克聯繫了瓦爾斯，向史考特回報說瓦爾斯有貨，也敲定了價錢。史考特向寇利回報，又叫巴克不要跟瓦爾斯說寇利或者來自華盛頓特區的毒販跟這次交易有關。

一九七七年十二月十日晚間，或者十二月十一日清晨，寇利從華盛頓特區抵達鳳凰城機場。史考特在機場和寇利碰頭，發現寇利還帶著兩位陌生人，一位叫迪伊，一位叫艾瑞克。史考特開車載著三人前往他的父母在亞利桑納州希格利附近一座農場上的拖車屋，史考特過去一直用這個拖車屋當成毒品交易的碰面地點。史考特拿到七百美元的佣金，服務的內容也包括提供場地。

寇利、迪伊和艾瑞克在拖車屋過夜，史考特則回到亞利桑納州梅薩的住處。隔天早上史考特回到農場，帶寇利去機場拿了一個棕色皮包。他們回到拖車屋，史考特看到寇利、迪伊與艾瑞克從袋中拿出四把手槍擦拭乾淨。史考特把其中一把拿起來看看。巴克也抵達拖車屋，後來和迪伊一同出發和瓦爾斯碰面，購買少量大麻。

那天早上，巴克聽見寇利、迪伊、艾瑞克說話，覺得寇利不打算付帳。巴克跟史考特說，她擔心瓦爾斯要是交了貨沒拿到錢會找她算帳，史考特叫她不用擔心，因為他們可能再也不會看到瓦爾斯了。

那天晚上，史考特和巴克在拖車屋和寇利、迪伊、艾瑞克碰頭。瓦爾斯帶了兩個人來，一位叫做愛德華多．奧提茲，另一位叫卡洛斯．艾西。奧提茲和艾西把大麻搬進屋裡，這時，巴克和寇利、艾瑞克、迪伊在屋裡，史考特則是坐在爸媽家的門廳，跟他們有一段距離。迪伊（也許是寇利）跟巴克說，等到大麻都搬進屋裡，巴克就要把自己鎖在浴室裡。

奧提茲和艾西把大麻全都搬進拖車屋的客廳裡了，迪伊叫瓦爾斯跟他一起到臥室數錢。他們往臥室方向走，巴克則是進入浴室。過了一會兒，巴克聽見幾聲槍響，就打開浴室門跑了出去。史考特在爸媽家的門廳也聽見了槍聲，看到拖車屋的一扇門打開了。艾西跑了出來，後面不曉得是艾瑞克還是迪伊追了出來。史考特看見巴克從拖車屋另一頭的門跑了出來，就回到拖車屋，看見瓦爾斯頭部中彈，死在臥室，奧提茲則是身上中彈，死在客廳。後來的彈道分析顯示凶器不是同一把槍，艾西則是腦後中彈，死在屋外。

迪伊和艾瑞克把大麻搬出屋外，搬到寇利叫史考特前一天買的車子上。史考特、艾瑞克和迪伊把三具屍體搬到瓦爾斯的車子的後車廂，又把車開到沙漠，淋上汽油，點火焚燒。他們把拖車屋清理乾淨，清除所有犯罪證據，也把屋裡的地毯燒掉了。他們接著離開犯罪現場，回到史考特在梅薩的住處。艾瑞克和迪伊詢問了前往堪薩斯城的方向，就開著載著大麻的汽車離開了。寇利付給史考特和巴克兩人各五百美元，接著打電話到機場，用詹姆斯．羅根的名字預訂前往華盛頓特區的機位。史考特回到拖車屋，徹底清理乾淨。後來，史考特也許是因為恐懼，也許是因為懊悔（也許兩者皆有），就尋求律師協助。後來，史考特和巴克都和檢方達成免罪協定（immunity deal）。

警長發現梅爾・寇利也涉案，馬上就拿到寇利的照片。一九七七年十二月十六日，警方拿了一些照片給史考特和巴克指認，寇利的照片也在其中。史考特和巴克都指認出寇利。警探接著又給史考特和巴克看一些照片，其中有幾張是寇利的同夥。史考特指著詹姆斯・羅根的照片，說這個人很像迪伊，不過他也不確定。根據紀錄，警方並沒有追問下去。警方給史考特看了一些照片，其中一張是本案被告多蘭・查普爾的照片，史考特並沒有認出照片裡的人就是迪伊，而且警方並沒有把這些照片拿給巴克指認。史考特和巴克兩人一度指認出艾瑞克的照片，不過他們並不確定，而且紀錄也沒有顯示他們是如何指認出來的。那張照片是寇利的姪子艾瑞克・佩里的照片。

警方繼續給史考特和巴克看照片，希望能指認出迪伊。一九七九年一月二十七日，警方給史考特看九張照片，這是警方第一次讓史考特同時看見艾瑞克・佩里（史考特和巴克之前已經指認過，只是並不確定）以及本案被告多蘭・查普爾的照片，不過詹姆斯・羅根的照片並不在其中。史考特看到這九張照片，馬上再度指認出艾瑞克的照片。大約十分鐘之後，史考特指認出查普爾就是迪伊。警方又給史考特看一張查普爾的照片，這張照片史考特上次看過，只是沒有指認出來，警方問史考特上次為何沒有指認出來。史考特說他不記得以前看過這張照片。史考特指認出迪伊之後，警方先不讓他和巴克說話，把相同的九張照片拿給巴克看。巴克指認出查普爾就是迪伊，也再次指認出艾瑞克。

多蘭．查普爾否認他就是行兇殺人的迪伊。在一場決定是否將他從伊利諾州引渡到亞利桑納州的聽證會上，幾位證人表示查普爾在一九七七年十二月，整個月人都在伊利諾州的開羅鎮，其中三位證人特別指出查普爾在十二月十一日案發當天人在開羅，同一批證人也在他被定罪的審判過程中作證。除了史考特和巴克的證詞之外，沒有直接證據與間接證據顯示查普爾涉案。史考特和巴克在案發之前都沒有看過查普爾，案發之後也只有在法庭上看到查普爾。查普爾之所以被捕受審，就僅僅是因為史考特和巴克在案發一年多之後指認出他的照片。

查普爾在法庭上表示史考特和巴克的指認有誤，因為：

1 史考特和巴克認錯人。他們從幾張照片中挑出錯誤的照片，接下來得照片指認和法庭指認都是反饋現象（feedback phenomenon），只是延續、重複同樣的錯誤。

2 照片指認距離案發已經有一段時間，而且整個指認過程又充滿焦慮與緊張，所以指認結果並不可靠。巴克和史考特都表示案發當時他們都非常恐懼，深怕遭到不測。巴克和史考特是唯一的證人，而且在刑事調查期間，艾瑞克和迪伊都逍遙法外，所以巴克和史考特在這段時間會覺得緊張恐懼。

3 史考特和巴克在案發當天都有抽大麻，知覺會受到影響，他們的照片指認不見得可靠。

4 史考特和巴克在一九七九年一月二十七日的照片指認是潛意識轉移（unconscious transfer）的結果。史考特之所以會看照片指認他就是迪伊，是因為他上次指認的時候也看過這張照片（那時史考特看到查普爾的照片，並沒有指認查普爾就是迪伊）。

5 法庭上的指認只是重複一開始的錯誤。

6 艾瑞克的照片出現在一堆照片裡會加強記憶轉移（memory transfer），也增加指認錯誤的機率。

7 詹姆斯．羅根的照片（看起來很像查普爾）並沒有再次拿給證人看。

8 證人指認是依據後來得到的資訊，這種後來得到的資訊會影響記憶。

9 史考特與巴克在法庭指認時展現出來的篤定與自信與指認的正確程度毫無關係，是其他因素的結果。

查普爾也提供了一位目擊證人指認專家的證詞，反駁史考特和巴克的證詞。這位專家是認知心理學家，專門研究視覺、記憶與回想。初審法院不採納這位專家的證詞，查普爾認為初審法院不採納的決策是錯誤的。

根據規定，法官如果要採納專家證詞，那這份證詞必須能夠協助法官了解證據，或者判斷具有爭議的事實。反過來說，就是要知道訴訟的主題是否屬於常識，一般教育程度的民眾也能跟證人一樣得出結論。重點並不在於陪審團沒有專家證據能否得出結論，而是陪審團沒有專家證詞，也沒有熟悉訴訟主題的專家提供意見，還能不能盡可能做出明智的判斷。我們最後認定初審法院不採納專家證詞是錯誤的。

司法早就明白目擊證人證詞難免會有一些問題，但是一般陪審員不見得有所警覺。根據實證資料，很多陪審員都會以直覺判斷目擊證人證詞的可信程度，心理學研究卻發現這種判斷是錯誤的。就算假設一般教育程度的陪審團團員不需要專家證詞，也知道目擊證人指認不見得可靠，查普爾的專家還是可以提醒陪審團，很多變數都能影響目擊證人指認的正確度，而且目擊證人指認關係到本案的事實。

## 遺忘曲線

大部分的陪審員都明白記憶會隨著時間流失，但是每個人的遺忘曲線（Forgetting Curve）並不同。遺忘發生得很快，接著又會保持平穩。立即指認會比隔了很長一段時間再指認可靠許多。因此史考特在調查開始時看到羅根的照片，覺得羅根很像迪伊。這個指認結果大概比十三個月後，史考特從幾張照片中指認出查普爾的照片要來得可靠。同樣的道理，史考特在一九七八年三月二十六日（案發四個月後）第一次看到查普爾的照片，照理說這時候他應該比較能夠指認，卻沒有指認出來，這個事實非常重要。

## 壓力與知覺

研究顯示，一般人普遍認為大家比較容易記得帶來壓力的事件，所以承受壓力的時候看到的事情，後來的記憶會更準確。然而實驗證據顯示壓力會導致知覺錯誤，也會扭曲後來的回憶。

## 潛意識轉移

證人把自己在一個情境看到的人，誤認為是另一個情境看到的人，這種現象就叫做潛意識轉移。證人看到幾張照片都沒有指認出來，後來又看到這幾張照片的其中一張，就可能認為這張照片的主人翁就是嫌犯，卻沒有想到自己是因為之前看過這張照片，覺得眼熟才會指認出來。

## 事後資訊同化

實驗證據證實，證人常會把自己在事件發生之後得到的錯誤資訊，與事件本身混淆，因而影響指認結果。另外一個問題在於反饋，本案的兩位證人是親人，指認迪伊時有經過討論。討論會強化他們的指認結果，也經常會提高他們指認的確定程度。兩人後來又數次接受警方安排，看了大量的照片，也有可能出現這樣的情形。並不是說警方有意影響指認過程。事實證明警方非常謹慎，避免指認過程受到影響。但是警方七度安排兩人指認，讓兩人看了兩百多張照片，跟他們討論的時候難免會透露一些意見，告訴他們警方預計的指認結果。

## 指認的自信程度與正確度

證人對自己指認結果的自信程度與實際的正確度，並沒有關係。這項因素也與本案的證據有關，因為史考特與巴克在法庭上作證時，都說對自己的指認是百分之百確定。他們在證人席上展現的態度想必是絕對自信。

一般陪審團團員並不知道與指認、記憶相關的一些變數，專家證人可以針對這些作證。初審法院不讓陪審團接觸有關目擊證人證詞的科學研究，等於剝奪陪審團衡量證據強度的機會，迫使陪審團在沒有充分知識的情況下找尋真相。這樣一來，陪審團就無法儘量了解關係到證據的主題。專家證詞可以協助陪審團解決事實引發的爭議，例如：

1 證據照片顯示羅根和查普爾外貌相似，史考特向警方表示羅根的照片很像迪伊。史考特第一次看見查普爾的照片，並沒有認出那是查普爾。綜觀上述，史考特說羅根的照片很像迪伊，這句話算不算是指認？史考特一年之後又從幾張照片中指認出查普爾，他一年前的指認會不會比較正確？陪審團如果有機會聽取專家解釋遺忘曲線，會比較容易解答這些問題。

2 史考特和巴克否認曾經在一九七九年一月二十七日指認之前談論迪伊的長相，假設陪審團不採納這個說法（陪審團有權不採納），那巴克指認查普爾是不是受到意見和事後資訊的影響？我們認為一般陪審團團員並不知道意見和事後資訊也會影響指認結果。

3 羅根和查普爾長相有些相似。案發後不久，史考特就和警長的幾位副手討論過羅根的照片。史考特說他不記得有看過查普爾的照片，但是其實他在案發後幾個月之內就看過。史考特在一九七九年一月二十七日指認查普爾的照片，是不是受到記憶轉移的影響？迪伊長得和查普爾、羅根很像，他們的照片引發的記憶轉移會不會比史考特看過不只一次的照片形成的記憶轉移強烈？

4　羅根剪短頭髮之後拍的照片很像查普爾，史考特在案發後不久又指認出這張照片，只是不太確定，警方後來在一九七九年一月請史考特指認時並沒有給他看這張照片。史考特和巴克指認出查普爾的那一次，警方提供的照片適不適當？

5　兩位證人對於自己的指認極有自信，這個自信跟指認的正確程度有無關係？科學研究顯示兩者並無關連，但是多數人都認為有。

上述的這些問題都是來自紀錄當中的證據事實，以及依據這些證據事實的合理推論。主審法官認為陪審團能從他們的一般經驗，還有透過反詰兩位目擊證人，得到解決這些事實爭議所需的所有資訊。

這個結論很難成立。舉例來說，陪審團知道案發後一段時間的指認比較不可靠，但是陪審團一定不知道遺忘曲線現象，也不知道證人在案發之後的指認就算不太確定，也可能比隔了一段時間之後斬釘截鐵的指認正確多了。同樣的道理，詰問證人也不可能證明目擊證人可能是受到他人意見的影響，才會把罪犯的外貌特徵說錯。在這裡我們再次看到，有些論述因為違反常識，會讓人覺得不可信，但是實驗資料可以證明這些論述是正確的。

初審法院認為陪審團不需要參考專家證詞，也能判斷目擊證人指認結果的可靠程度，最高法院對這個沒有意見，但是本案出現一些不尋常的事實，因此陪審團極有必要參考專家證詞。從上述的案例可以發現，在事實背後還有許多實質問題，參考專家證詞對於解決問題極有助益。因此我們認為初審法院排除專家證詞的命令在法律上並不正確。

## 分析與影響

我們在本書第六章和第七章看到如何運用行為知識與社會知識，解決案件中的一項事實爭議。這個案子的審判過程中，如果有專家提供案件事實資訊，那專家就會探討史考特和巴克的指認結果正不正確。但是法院並沒有請專家針對目擊證人提出意見，而是請專家教育陪審團在類似情況下，哪些因素會影響目擊證人的指認結果。接著，再由陪審團決定本案的指認結果受到哪些因素影響，如果的確有影響，還要判斷對於指認結果的正確程度影響有多大。

### 目擊證人可靠程度的專家證詞

查普爾被判有罪的關鍵在於史考特和巴克指認出他的照片，這點毫無爭議。查普爾向亞利桑納州最高法院提出幾項論點，認為證人的指認結果並不正確。查普爾表示，史考特與巴克的指認並不正確，因為指認過程引發了知覺與記憶的一些問題。查普爾要求法院傳喚專家作證，讓陪審團了解知覺和記憶如何影響指認結果的正確程度。

檢方則是認為專家提供的資訊，無法幫助陪審團判斷目擊證人指認結果是否正確。既然專家不會針對史考特和巴克的指認結果的正確程度提出科學意見，那專家的證詞還有什麼用？法院不同意檢方的觀點。法院無法確定一般陪審團團員，對於目擊證人指認的相關問題了解多少，而實證研究顯示很多陪審團團員對於這個問題都有錯誤的觀念。因此，法院認為讓陪審團接觸有關目擊證人指證的科學知識，陪審團就能運用這個資訊判斷證人的可信度，也能提升陪審團的決策。

## 專家證詞的重要性

法院的決定會產生重大影響，因為部分研究顯示陪審團認為目擊證人證詞非常有說服力。洛夫特斯（1974）請一群模擬陪審員審理一個只有間接證據（未能直接證明被告有罪）的案子。在這種情況下，只有一成八的陪審員認為被告有罪。洛夫特斯後來把同樣的間接證據再加上目擊證人指認被告的證詞，定罪率就攀升至七成二。其他研究顯示多數模擬陪審員就算知道證人是在不良環境下目擊犯罪事件，還是相信目擊證人的證詞（Wells, Lindsay, & Ferguson, 1979）。

專家出庭作證會產生怎樣的影響？模擬陪審員聽取專家針對目擊證人正確程度、武器聚焦效應（weapon focus）（後面會說明）、壓力、目擊證人信心、指認程序等因素的證詞之後，對於目擊證人的證詞就會比較存疑（Leippe, 1995）。在某些情況下，陪審員聽取專家解釋目擊證人指認的相關問題，定罪率會比沒有聽取專家意見的陪審員低（Loftus, 1980）。

## 專家證詞解釋清楚的心理因素

### 時間與遺忘曲線

法院考量的第一個因素是，從案發到證人指認出查普頓的這段時間的長度（超過一年）。法院援引遺忘曲線，一種認知心理學家所熟知的現象（Ebbinghaus, 1913/1964）。一般人在事情發生之後，馬上就會開始遺忘，一旦開始遺忘，一開始遺忘速度都會很快，後來才會緩和下來，不過遺忘一直都是持續的。這是非常重大的發現，而且是在多種實驗情境中發現的（Rose, 1992）。研究很長一段間隔時間的遺忘曲線比較困難，要追蹤研究對象好幾年需要大筆經費，要讓研究對象持續參與好幾年也並不容易，這些都是科學家極難克服的障礙。一位名叫斯奎爾（1989）的研究人員克服了這些障礙。他測試了一群自願受試者對於十五年前的電視節目的記憶，發現遺忘是一個漸進又持續的過程，實驗室以較短的時間間隔做實驗，也得到同樣的結果。法院認為陪審團要是能了解遺忘曲線的概念，也許會認為史考特在案發不久之後所做的指認（羅根的照片看起來很像迪伊），會比他和巴克一年後做的指認更可靠。

### 壓力、知覺與記憶

專家要跟陪審團説明的第二項因素就是，壓力對知覺與記憶的影響。一般人通常認為壓力能提升人的知覺，增強人對於事件的記憶。事實上，根據專家所提出的研究，壓力會扭曲記憶，導致正確回憶更為困難。受到虐待的人以及目睹創傷事件的人有些會有學習障礙和記憶障礙的問題（Bremner & Narayan, 1998; Sapolsky, 1996），經歷過特別有壓力或是情緒激動的事件的人，也有類似的問題（McEwen, 1998）。

一般人比較容易記得事情的重點，比較不容易記得枝微末節。舉例來說，一群受試者觀看一場恐怖車禍的幻燈片，對於車禍的重點（如傷者的情況）比較有印象，對於比較不顯著的細節比較沒印象（Christianson & Loftus, 1987）。另一項研究發現，一群人目睹持械搶劫事件的記憶情形也雷同，他們清楚記得武器的特徵（這種現象稱為武器聚焦），但是對於搶劫案其他的細節沒有太多印象，比方說對搶匪就沒有印象（Loftus, Loftus, & Messo, 1987）。顯然武器激起了證人相當大的情緒，所以證人的注意力多半集中在武器上，就沒注意到其他的細節，這也是情有可原。在本案中，整起事件造成史考特和巴克極大的創傷，所以他們的注意力就集中在罪案的其他細節（例如武器，或是想著自己不要涉入槍戰），沒有注意到行兇者的外貌特徵。

史考特與巴克都承認在案發當天抽大麻，所以，法院也應考量大麻對他們的知覺與記憶的影響。大麻的主要活性成分是四氫大麻酚（THC），四氫大麻酚進入大腦之後，會與特定的感受器結合。大腦的海馬體（hippocampus）擁有最多的感受器（Hubbard, Franco, & Onaivi, 1999）海馬體是把感覺訊息編碼以及製造、儲存記憶的中樞（Pope & Yurgelun-Tod, 1996）。研究顯示重度大麻使用者的記憶、注意力與學習都會減退。這些效應是持續不斷的，抽大麻的人就算連續二十四小時沒抽，也有可能出現這些效應（Pope & Yurgelun-Tod, 1996）。記憶減退的其中一個症狀就是記憶擾亂增加（Adams & Martin, 1996）。舉例來說，一個人記住清單的內容，在短時間之內把清單內容背出來，結果卻說出清單上沒有的東西。大麻也會導致暫時混亂（temporal disintegration）（Melges, Tinklenberg, Hollister, & Gillespie, 1970），就是一個人想做一件事，卻無法想起、協調與索引與此事相關的記憶。舉例來說，梅吉斯等人安排研究對象攝取不同劑量的四氫大麻酚，再請他們解答簡單的數學題目（把一些數字加減，得出預先決定的結果），也要求他們大聲把自己做的事情背出來。結果顯示服用四氫大麻酚的研究對象解題表現，明顯不如服用無效對照劑的研究對象，背誦自己做的事情時，思考、說話都相當混亂。大麻對於大腦功能的影響相當廣泛，並非僅限於記憶減退。大麻也能減弱知覺、改變邊緣視野（peripheral gaze）、延緩反應時間、削弱決策能力、降低運動力、降低空間記憶、鎮靜、引發睡意、降低個人處理需要分散注意力、維持注意力的事情的正確度，以及降低專注能力（Adams & Martin, 1996; Hubbard et al., 1999; Pope & Yurgelun-Tod, 1996）。

阿貝爾（1970）也證實大麻會影像情境依賴學習（state-dependent learning）。所謂情境依賴學習，就是一個人如果要回想所學內容，那回想的環境最好與當初的學習環境類似，才比較容易回想。阿貝爾安排一群研究對象抽大麻，再請他們閱讀、記憶一段文字。有些研究對象要在大麻效力尚未減退，還在興奮的時候（也就是他們當初學習的環境）回想那段文字，有些研究對象則是要在清醒時（與當初學習環境不同）回想那段文字。結果大麻效力尚未減退就必須回想的研究對象表現優於在清醒時回想的研究對象。諷刺的是，史考特和巴克如果在接受警方偵訊的時候抽了大麻，作證能力也許會比較好。

我們不知道史考特與巴克案發當天抽了多少大麻，大麻的某些效應和劑量有關，所以，我們不確定史考特和巴克經歷了多少先前所述的效應。不過他們抽了大麻，再加上兇殺案的確造成很大壓力，所以他們從一堆照片中指認迪伊的能力確有可能受到影響。

**潛意識轉移**

第三項因素是潛意識轉移，也就是證人在第一個情境看到一個人，又在第二個情境看到第二個人，卻誤以為第二個人就是他在第一個情境看到的人。證人的潛意識把某個時空的一個人轉移成記憶裡的另一個人，有些時候，這種現象會讓證人把一起罪案中無罪的旁觀者指認成犯罪者。洛夫特斯（1976）實驗室研究就出現這種現象。她拿幾張犯罪現場在場人士的照片給研究對象看。有些在場人士是旁觀者，只有一位是犯罪者。幾天之後，她再請研究對象從一堆照片中指認出犯罪者的照片。如果犯罪者的照片也在其中，研究對象指認的正確率就很高（正確率達八成四）。但是如果把犯罪者的照片拿掉，換成一位無罪的旁觀者的照片，那八成四的研究對象都會把那位旁觀者誤認為犯罪者。的確，指認錯誤的研究對象當中，二成四從一堆照片中選了一張既不是犯罪者，也不是旁觀者，而是後來加進去的新面孔的照片。雖然我們無法確定史考特與巴克是否經歷了潛意識轉移，不過依據本案事實判斷，確有發生潛意識轉移的可能。

## 事後資訊同化

所謂事後資訊同化，是說證人把事後得到的資訊誤認為是事件本身的一部分。舉例來說，研究人員給研究對象看了一系列的犯罪現場的幻燈片，接著又敍述犯罪事件，有些敍述內容與幻燈片的內容矛盾（Heath & Erickson, 1998）。後來研究人員發現：研究對象常把聽到的錯誤資訊誤認為是他們在幻燈片中看到的資訊。研究對象如果能夠自由回想幻燈片內容（而不是被人要求回想），就比較不受錯誤資訊影響。如果錯誤資訊牽涉到事件重點，而不是枝微末節，研究對象也比較不會被誤導（Heath & Erickson, 1998）。

還有一項相關的因素叫做反饋現象，是社會心理學研究發現的現象（Rosenthal, 1966; Wells & Bradfield, 1998）。在查普爾一案中，史考特與巴克可能從調查人員身上得到一些暗示，影響他們在接下來的指認過程的表現。調查人員不見得是刻意暗示。我們都非常善於察覺別人的頭輕輕點一下，或者說話的語調稍微變化。做出這些舉動的人可能並不知道這些舉動的重要性，也許根本沒發覺自己做出這些舉動。看到的人可能也沒發覺自己看到這些暗示，但是這些暗示會產生反饋，證人看了就會知道調查人員希望自己指認誰。反饋不見得都很微妙。舉例來說，法院發現史考特與巴克可能互相討論過他們在指認過程的表現。

## 指認的自信與正確程度

法院考量的最後一個因素是，指認的自信程度與正確程度的關係，法院認為兩者並無關連。

法院的觀點是正確的，但是研究證據顯示，自信程度與感覺到的正確程度確有關係。意思是說證人對自己的指認結果越有自信，陪審員與證人就越有可能相信指認結果是正確的，這是探討陪審團資訊處理的社會科學文獻中最持久的發現。幾項綜合評論也顯示，陪審員堅信最有自信的證人說出來的證詞最正確，也認為這些證人會高估自己的正確程度（Deffenbacher, 1980; Penrod & Cutler, 1995; Sporer, Penrod, Read, & Cutler, 1995）。的確，證人展現的自信程度，是陪審團衡量證人的可信度的最重要的標準（Cutler, Penrod, & Stuve, 1988）。查普爾案的陪審團如果知道證人也有可能弄錯，對於史考特和巴克的指認結果的正確程度也許會有不同的看法。

## 目擊證人指認問題的影響

哈柏與哈柏（2000）評論多項目擊證人指認實驗（犯罪者也在待指認的行列），指出目擊證人有二成五的機率，會從行列中指認出一個不在犯罪現場的人，或者指認出一個無罪的旁觀者。在指認實驗中加上武器、暴力、壓力、旁觀者、事後資訊，還有在目擊事件之後隔了很久才展開指認作業，那正確指認率就不到五成。如果原始事件（例如犯罪事件）發生的環境並不理想（例如牽涉到武器與暴力），證人又受到引導，認為犯罪者就在待指認的行列當中（而實際上犯罪者並不在行列當中），目擊證人有九成的機率會指認一個無罪的人。在這種情況，證人應該承認自己無法指認犯罪者（因為犯罪者也並不在行列當中）。證人聽到錯誤資訊，以為犯罪者也在行列之中，當然會覺得一定要指認一個人，問題是證人不可能見過這個被他指認的人。

指認的問題也不僅止於罪案的證人，認知問題也能影響陪審團對證人指認結果的看法。塞爾茲、洛佩斯與文努迪（1990）訪談真正的陪審員，發現陪審員並不知道，也不了解很多因素都能影響指認的正確程度。哈柏與哈柏（2000）評論許多研究，發現潛在的陪審員都認同（有些還是強烈認同）如果證人很有自信、犯罪事件牽涉到武器，而且犯罪事件會造成個人創傷，或比日常生活的事情更為暴力，那證人的記憶就會比較正確。潛在的陪審員也認為記憶是穩定的，可以不受事後資訊影響，認為人的臉孔很容易記住，認為目擊證人的證詞能忠實呈現事情經過，認為把同樣的內容再講一次能提升可靠程度，也認為記憶就像影片，可以隨意倒帶（Haber & Haber, 2000）。

## 美國司法部回應

根據琳西與波祖洛（1999）的研究，錯誤定罪的頭號原因就是目擊證人指認錯誤。有鑑於許多定罪的案件經過DNA檢驗之後都翻案，美國司法部（DOJ）下令針對翻案後獲得釋放的人進行研究，結果發現一項驚人的數據：遭到錯誤定罪的人有八成是被目擊證人指認（Connors, Lundregan, Miller, & McEwan, 1996）。美國司法部看了這項數據，要求國家司法研究所（National Institute of Justice）召集一群心理學家、檢察官、辯護律師與執法人員，制訂通用全國的指認規範（Wells, Malpass, Lindsay, Fisher, Turtle, & Fulero, 2000）。這群專家大致參考亞利桑納州在本案參考的心理學文獻，最後制訂了一套適用全國警察局的作業程序（Technical Working Group for Eyewitness Evidence, 1999）。規範要求如下：

1. 執法人員接觸證人，應該與證人友善相處。證人可能因為自己目睹的事件而受到創傷，對於隨之而來的調查程序又覺得缺乏人性。調查人員如果願意花些時間，考量證人的需求，證人會比較樂意合作，協助調查。
2. 調查人員應該讓證人自由敘述所見所聞，避免不當催促。標準的執法單位訪談應由調查人員主導。如此一來證人就處於被動，調查人員必須只問正確的問題，從證人口中問出相關資訊（Wells et al., 2000）。
3. 調查人員應該問證人開放式的問題，而不是引導式的問題。這是因為研究顯示，問題的型式可能影響證人的口供，影響的方式往往非常細微。舉例來說，調查人員問「汽車相撞的時候速度多快？」得到的答案會跟問「汽車互相面對的時候速度多快？」非常不同（Loftus & Palmer, 1974）。直接請證人說出他看到的事情，比較容易得到正確的敘述內容。
4. 調查人員應該請證人不要猜測。有些證人為了當個好證人，碰到不知道、不記得的事情就會自行猜測（Wells et al., 2000）。
5. 待指認的行列當中應該只有一位嫌犯。如果嫌犯超過一位，就會增加錯誤指認的機率。如果行列當中除了嫌犯之外，其他都不是犯罪者（就是充數的人），那就算證人指認錯誤，也不會造成傷害。
6. 行列當中充數的人應該符合證人描述的犯罪者的外貌特徵。把嫌犯跟其他外貌不相似的人排在一起，當然容易造成偏差，也增加嫌犯被證人指認的機會，對嫌犯並不公平。

7 調查人員應該告訴證人，嫌犯不一定會在行列當中。如此一來，證人萬一不確定該指認哪一個，也不必硬要指認一個。這樣也能避免無罪的人被錯誤指認。

8 調查人員應該先問證人有多確定，再告訴證人指認結果的正確程度。這樣能避免證人對於自己的指認結果過度自信。

## 本章重點

未來研究可以發現，依照這些規範的執法機關錯誤指認的機率，會不會比未依照這些規範的機關小。不過本章的重點已經得到證實：行為科學家與社會科學家，能提供司法決策者行為事實與社會事實，協助決策者做出最佳決策。

## 參考書目

Abel, E. L. (1970). Marijuana and memory. Nature, 227, 1151-1152.

Adams, I. B., & Martin, B. R. (1996). Cannabis: Pharmacology and toxicology in animals and humans. *Addiction, 91*, 1585-1614.

Arizona v. Chapple, 135 Ariz. 281 (1983).

Bremner, J. D., & Narayan, M. (1998). The effects of stress on memory and the hippocampus throughout the life cycle: Implications for childhood development and aging. *Developmental Psychopathology, 10*, 871-886.

Christianson, S. A., & Loftus, E. F. (1987). Memory for traumatic events. *Applied Cognitive Psychology, 1*, 225-239.

Connors, E., Lundregan, T., Miller, N., & McEwan, T. (1996). *Convicted by juries, exonerated by science: Case studies in the use of DNA evidence to establish innocence after trial*. *Alexandria*, VA: National Institute of Justice.

Cutler, B. L., Penrod, S. D., & Stuve, T. E. (1988). Juror decision making in eyewitness identification cases. *Law and Human Behavior, 12*, 41-55.

Deffenbacher, K. A. (1980). Eyewitness accuracy and confidence: Can we infer anything about their relationship? *Law and Human Behavior, 4*, 243-260.

Ebbinghaus, H. (1964). *Memory: A contribution to experimental psychology*. New York: Dover. (Original work published 1913).

Haber, R. N., & Haber, L. (2000). Experiencing, remembering, and reporting events. Psychology, *Public Policy, and Law, 6*, 1057-1097.

Heath, W. P., & Erickson, J. R. (1998). Memory for criminal and peripheral actions and props after varied post-event presentation. *Legal and Criminological Psychology, 3*, 321-346.

Hubbard, J. R., Franco, S. E., & Onaivi, E. S. (1999). Marijuana: Medical implications. *American Family Physician, 60*, 2583-2593.

Leippe, M. R. (1995). The case for expert testimony about eyewitness memory. Psychology, *Public Policy, and Law, 1*, 909-959.

Lindsay, R. C., & Pozzulo, J. D. (1999). Sources of eyewitness identification error. *International Journal of Law & Psychiatry, 22*, 347-360.

Loftus, E. F. (1974). Reconstructing memory: The incredible witness. *Psychology Today, 8*, 116-119.

Loftus, E. F. (1976). Unconscious transference in eyewitness identification. *Law and Human Behavior, 2*, 93-98.

Loftus, E. F. (1980). Impact of expert psychological testimony on the unreliability of eyewitness identification. *Journal of Applied Psychology, 65*, 9-15.

Loftus, E. F., Loftus, G., & Messo, J. (1987). Some facts about "weapon focus." *Law and Human Behavior, 11*, 55-62.

Loftus, E. F., & Palmer, J. C. (1974). Reconstruction of automobile destruction: An example of the interaction between language and memory. *Journal of Verbal Learning and Verbal Behavior, 13*, 585-589.

McEwen, B. S. (1998). Protective and damaging effects of stress mediators. *New England Journal of Medicine, 338*, 171-179.

Melges, F. T., Tinklenberg, J. R., Hollister, L. E., & Gillespie, H. K. (1970). Marijuana and temporal disintegration. *Science, 168*, 1118-1120.

Penrod, S., & Cutler, B. (1995). Witness confidence and witness accuracy: Assessing the forensic relation. *Psychology, Public Policy, and Law, 1*, 817-845.

Pope, H. G., & Yurgelun-Todd, D. (1996). The residual cognitive effects of heavy marijuana use in college students. *Journal of the American Medical Association, 272*, 521-527.

Rose, S. P. R. (1992). *The making of memory: From molecules to mind*. New York: Anchor Books.

Rosenthal, R. (1966). *Experimenter effects in behavioral research*. New York: Appleton-Century-Crofts.

Sapolsky, R. M. (1996). Why stress is bad for you. Science, 273, 749-750.

Seltzer, R., Lopes, G. M., & Venuti, M. (1990). Juror ability to recognize the limitations of eyewitness identifications. *Forensic Reports, 3*, 121-137.

Sporer, S. L., Penrod, S., Read, D., & Cutler, B. (1995). Choosing, confidence, and accuracy: A meta-analysis of the confidence-accuracy relation in eyewitness identification studies. *Psychological Bulletin, 118*, 315-327.

Squire, L. R. (1989). The course of forgetting in very long-term memory. *Journal of Experimental Psychology: Learning, Memory, and Perception, 15*, 241-245.

Technical Working Group for Eyewitness Evidence. (1999). *Eyewitness evidence: A guide for law enforcement* [Booklet]. Washington, DC: U.S. Department of Justice, Office of Justice Programs.

Wells, G. L., & Bradfield, A. L. (1998). "Good, you identified the suspect": Feedback to eyewitnesses distorts their reports of the witnessing experience. *Journal of Applied Psychology, 83*, 360-376.

Wells, G. L., Lindsay, R. C. L., & Ferguson, T. J. (1979). Accuracy, confidence, and juror perception in eyewitness identification. *Journal of Applied Psychology, 64*, 440-448.

Wells, G. L., Malpass, R. S., Lindsay, R. C. L., Fisher, R. P., Turtle, J. W., & Fulero, S. M. (2000). From the lab to the police station: A successful application of eyewitness research. American *Psychologist, 55*, 581-598.

# Part 3

# 使用行為事實知識與社會事實知識的相關問題

# 第九章　法律不願意參考相關事實知識

## 案例：了解陪審團指示

探討陪審團決策的研究顯示，一般的陪審員不太懂法律，也不太了解我們的司法體制如何運作，他們了解的法律概念似乎是以法律常識為基礎（Finkel, 1995）。可惜這種法律概念通常都不是來自事實，而是來自大眾媒體，來自個人對資訊的感覺與記憶，接收到的資訊的解讀又受到各種態度與偏見影響。

要改正這些錯誤觀念，法院可以告知陪審團整個審判過程、陪審團在審判中扮演的角色，還有陪審團決策所依據的法律。法官在審判一開始會向陪審團宣讀指示（也就是初步指示），在審判的結尾也會向陪審團宣讀指示（也就是實質指示）。陪審團也有一份書面指示，可以帶進陪審團室，當作審議的參考。本章要探討的案子是美國上訴法院受理連續性侵殺人犯約翰·韋恩·蓋西的上訴，蓋西主張陪審團不了解法官指示的一個重要內容。

在這個案子裡，辯方提供法院一份社會科學研究，宣稱可以證明蓋西的主張正確。法院參考其他行為科學與社會科學研究，發現陪審員通常只了解法官指示的一半內容。如果說全美各地的法院要證實相關事實，都要參考行為科學與社會科學，那本案的法院為何不採納蓋西的主張呢？回答這些問題，就會探討本章的重點。

## 蓋西控告威爾柏恩

### 美國第七巡迴上訴法院[*]

約翰．韋恩．蓋西在一九七二年至一九七八年間，引誘年輕男子到他在芝加哥附近的住處從事同性性行為，至少三十三位到了他家就再也沒出來。蓋西將年輕男子綁起來或是用手銬銬住，再把他們勒死或悶死。二十八具屍體被扔在蓋西住處下面的狹小空間，一具屍體埋在車道下面，其他的都被扔進河裡。蓋西擁有一間營造廠，他叫工人挖壕溝，往狹小空間扔石灰。蓋西的妻子抱怨臭氣沖天，蓋西還是繼續殺人，直到一位十五歲的少年失蹤。這位少年告訴母親，他要和一位營造廠老闆見面，洽談夏季打工的事，之後就失蹤了。兩天之後，蓋西的卡車被人發現停在少年與營造廠老闆約定見面地點的外面，蓋西因此被捕。

蓋西的住處起出多具遺骸，有些嘴裡還塞著破布，全國為之譁然。蓋西把他的「豐功偉業」全部說給警方聽，他說他會做出這些事情，是因為他還有另一個人格叫「傑克」。陪審團判決蓋西三十三項謀殺罪成立，蓋西以精神錯亂為由抗辯，陪審團不接受。同一個陪審團以十二項謀殺罪將蓋西判處死刑。

陪審團將被告判處死刑，接下來要經過一個判刑程序，檢方必須舉證證明加重刑罰因素（也就是加重刑事案件被告罪責的因素）存在。如果陪審團一致認為至少一項加重刑罰因素存在，就可以將被告判處死刑。如果陪審團一致認為足以排除死刑的減刑因素（也就是減輕刑事案件被告罪責的因素）不存在，法院就應該將被告判處死刑。換句話說，除非陪審團一致認為足以排除死刑的減刑因素不存在，否則法院就應該將被告判處徒刑。只要有一位陪審員認為被告具備一項減刑因素，法院就不能將被告判處死刑。

在判刑程序開始時，初審法院給陪審團下列指示：

如果你們經過審議，一致認為足以排除死刑的減刑因素不存在，那你們就應該將被告判處死刑，並在裁決書上簽名。如果你們經過審議，並未一致認為足以排除死刑的減刑因素不存在，那你們就應該將被告判處徒刑，並在裁決書上簽名。

【*】本案最初是由伊利諾州初審法院審理，後來上訴到伊利諾州最高法院，蓋西又上訴到美國聯邦地方法院與美國上訴法院。

這份書面指示內容完全正確。陪審員在審議期間，手邊都有這份書面指示可以參考，還有法官向他們宣讀的其他指示。但是法官向陪審團宣讀的內容和書面指示不一樣，至少書記官的紀錄和書面指示不一樣。法庭紀錄顯示，指示內容的第二句變成：「如果你們經過審議，一致認為足以排除死刑的減刑因素存在，那你們就應該將被告判處徒刑，並在裁決書上簽名。」

這句口頭指示內容也是正確的，但是指示內容並不完整，因為並沒有告訴陪審員如果審議當中意見相左該怎麼辦。不過，初審法院認為正常的陪審員都不會誤以為他們的意見一定要一致才行。初審法院在蓋西案判刑階段的一開始，就指示陪審團判刑的要件。法官指示其中一句如下：「如果你們無法一致同意足以排除死刑的減刑因素不存在，那你們就應該將被告判處徒刑，並在裁決書上簽名，而法院也會將被告判處徒刑。」辯護律師在此同時特別提出怎樣才算「一致同意」：

> 審判長接下來會告訴你們，你們一定要一致同意，才能判處蓋西先生死刑。你們十二位都必須同意，才能判處蓋西先生死刑，只要有一位認為蓋西先生是因為情緒失控才會犯下罪行，只要有一位認為不該判處蓋西先生死刑，只要有一位不管基於何種理由，認為蓋西先生應該拿來研究，只要有一位反對判處蓋西先生死刑，那你們就必須判處蓋西先生徒刑，或者要求法官判處徒刑。

這段話完全符合伊利諾州法律，辯護律師說了之後，檢方也沒有抗議。檢方並沒有要求陪審團在減刑因素上一定要取得共識。陪審團接獲初步指示之後，因為沒有看到新的證據，所以馬上又得到最終指示（實質指示）。律師沒有拿出新的證據，而是根據五個禮拜的審判過程提及的證據予以論述。

總而言之，這個情況就是司法過程出現口誤。當時法庭上沒有人注意到，辯護律師沒有對於書面指示遭到誤讀提出抗議。陪審團在審議期間手邊都有完整無誤的指示內容。書面指示內容很短，重要資訊並沒有淹沒在長篇大論裡。陪審團如果擔心意見不合的後果，手邊都有正確解答可以參考。陪審團審議不到兩個鐘頭，就做出十二項罪名全部判處死刑的裁決。

陪審團的時間太少，無法針對加重刑罰因素達成共識，就算只有一人堅持本案構成減刑因素，其他人也沒有時間推翻此人的堅持。所以陪審團審議大概沒有想到眼前的問題，也就是他們從一開始就必須一致同意才行。以當時的情況，陪審團不可能是在不當場地做出裁決。律師可能必須在單獨隔離席中分析指示內容的語法，找出細微的語意，陪審團則無須如此。陪審團在審議過程中，會反覆討論對於指示內容的不同解讀，會傾向根據審判期間的所見所聞，加上對於指示內容的常識了解做出裁決，而不會在訴訟程序上吹毛求疵。

陪審團無法了解指示內容的官樣文章，這並不是新聞。奇怪的是相關人士完全沒有參考能證明「陪審團不了解指示內容的官樣文章」的行為科學研究與社會科學研究，這些研究的發表時間都比蓋西後來引用的研究來得早。蓋西引用的研究是探討一群到法院報到的潛在陪審員。這群陪審員了解案情之後，又得到根據一九八七年伊利諾州死刑案件範例指示制訂的指示。指示內容跟蓋西案陪審團得到的指示類似，不過並非完全相同。接下來研究人員問這群陪審員一連串問題，看看他們對指示內容的理解程度。

與蓋西的論點最有關係的幾個問題如下：

問題四：一位陪審員認為伍茲先生犯下謀殺罪時才二十五歲，這項事實構成排除死刑的減刑因素。但是其他十一位陪審員不同意，堅稱年齡並不構成減刑因素。這位陪審員認為除非全體陪審團同意年齡減刑因素，而且投票通過裁決死刑，否則她不能考慮減刑因素。她最後投票贊成死刑。這位陪審員是否依照法官指示？

四分之一的研究對象回答「是」，研究人員發現多達三分之一的研究對象並不了解法官指示的一項重點。

問題五：一位陪審員認為伍茲先生對家人很好，應該構成排除死刑的減刑因素，但是其他十一位陪審員不同意，堅稱陪審員不應該把被告和家人的良好關係當成減刑因素，除非全體陪審團都同意這構成減刑因素。這位陪審員也接受這個說法，投票贊成死刑。這位陪審員有沒有依照法官的指示？

結果四成五的研究對象答錯。蓋西認為以錯誤率來看，書面指示很難讀懂，陪審員聽到的口頭指示有誤，閱讀書面指示也無法改正錯誤。

伊利諾州主張研究數據有誤，認為研究對象可能了解指示內容，卻誤解了研究人員問的問題。問題有些含混不清的地方。舉例來說，研究對象知不知道「問題五」是在問：「一位陪審員被其他陪審員說服是否合法」？「問題四」與「問題五」牽涉的減刑因素都沒有出現在指示內容裡。有些研究對象可能認為這些問題是在問「減刑因素是否合理」，而不是「法官指示有沒有要求要一致同意」。伊利諾州也提及主導這項研究的研究人員是狂熱的反死刑份子，而且這項研究是由一間負責死刑訴訟辯護的機構贊助，因此不管研究人員有多謹慎，研究結果都有可能受到影響。

如果這項研究的效度經過證實，而且研究也成立，我們就會允許蓋西的要求，給他舉辦公聽會。但是這項研究並沒有支持蓋西的論點，要了解原因，不妨考慮這個問題：百分之二十五的錯誤率是大還是小？這種問題沒有答案。大小是跟什麼比較呢？假設是和較低的錯誤率比較，那就表示換一種說法指示，陪審團的理解程度就會提升。也就是說，實際理解程度必須與可達成的理解程度比較，而不是和理想理解程度比較。但是這項研究並沒有探討用不同的字眼指示，陪審員的理解程度有多高。這項研究並未顯示換一種說法指示會更好。相較之下，比較早期的研究（蓋西並未引述）測試了多種不同的說法，看看哪一種效果最容易理解，也看看更改字眼能提升多少理解度。

換句話說，陪審員聽不懂法官指示，背後可能有許多原因：（一）指示的用詞遣字不佳，含有太深奧、太專門的字眼，內容又含糊不清；（二）指令提到比較複雜的規則，第一次看可能很難看懂；（三）指令牽涉到本來就很複雜的概念；（四）陪審員不了解自己不熟悉的概念。如果是原因（一），那政府必須負責改善，但是如同接下來所述，憲法在這裡的作用也不大。相較之下，原因

（二）的成因是因為美國最高法院宣布的憲法義務，與伊利諾州法律混在一起（例如考慮減刑因素就不在伊利諾州法律的範圍），比較複雜。美國最高法院法官有時會抱怨這些規則太複雜，死刑案件的高逆轉率也反映了這個問題。但是如果這套晦澀難懂的規則是美國憲法的要求，那就只能說難以理解是必須付出的代價，不能說憲法的規則實行起來是違憲的。原因（三）複雜的概念也是一個因素，研究對象被一個第一次接觸的複雜概念的問題轟炸，當然無法給出能讓律師滿意的答案。不能因為外行人無法回答關於之前接到的指示的問題，就認定美國憲法要求法官請陪審團使用難以解釋的觀念是自找麻煩。還有原因（四）個人問題。我們之所以會有長篇大論的論述，法官之所以要提供口頭指示與書面指示（遇到陪審團提出問題還要再度指示），陪審團之所以要審議，都是因為我們很難理解抽象的概念（大部分的陪審員都生活在具體的世界裡）。陪審員第一次聽見指示「沒搞懂」，在後面的流程可能會比較了解。

總而言之，不能因為研究對象因為原因（二）、（三）和（四）答錯問題，就認為法官給陪審團的指示有問題。美國憲法設置陪審團制度，就必須容忍這個制度的缺失。指出一項缺失，不管這個缺失再怎麼強烈，也不能削弱美國憲法的授權。就算我們看了這項研究，發現政府必須負一些責任〔原因（一）〕，聯邦法院也不能刪除政府給陪審團的指示。因為美國自開國以來，法官給陪審團指示就是用法律措辭，這對於陪審團的理解程度難免產生不良影響。因為這個理由，法官給陪審團指示並非違憲。

兩百年來，陪審團制度一直都有個特點，那就是不會過問陪審團實際的決策方式。這個特點在兩百年前很重要，現在也一樣重要。陪審員要是主動表示自己聽不懂法官的指示，就不能在法庭上發言。就算全體陪審團都簽署書面證詞（affidavits），表示審議過程很混亂，又缺乏資訊，被告也不能以此為由推翻對自己不利的裁決。法院不會過問陪審團是否了解法官指示，也不會過問陪審團的決策過程，而是假設陪審團都了解，也願意遵守法官指示。這並非破掉的泡沫，只有在缺乏更好的證據才適用，而是法規，是陪審團制度的基本前提，不是在探討陪審員的能力與心態。陪審團審判制度有個重要假設，那就是陪審團會遵照承審法官的指示。要是不遵照，那初審法院提供陪審團指示就沒有意義，上訴法院以陪審團遭到不當指示為由推翻刑事判決就更沒有意義。

行為科學與社會科學挑戰了陪審團制度的許多前提。舉例來說，研究這個主題的人認為陪審團太重視目擊證人的證詞，不夠重視其他證據。儘管如此，司法制度一向相信陪審團有能力區分好的證據與不好的證據，所以法院不但允許陪審團做裁決，也不考量能提升陪審團決策品質的實證研究。陪審團很難把垃圾科學與真正有用的科學區分開來，除了不太能聽懂審判過程的專家證詞之外，這個缺陷是可以容忍的。陪審團不應做出折衷裁決（compromise verdict），有時卻還是會做出折衷裁決。陪審團有時也做出互相矛盾的裁決，可能是因為行為不理性，或者不遵守法官指示。有時候陪審團的舉動也不太理性。發生這些情況，法官可以駁回陪審團的裁決。儘管如此，法院還是不會拋棄陪審團制度的前提。

並不是說法官撰寫指示的時候不用留心。多音節又難懂的字眼會降低司法品質。伊利諾州一九八七年的標準指示內容其中有一項有四個否定：「如果你們考量了所有證據之後，並沒有一致認為本案沒有足以排除死刑的減刑因素，那你們應該簽署裁決，要求法院做出死刑以外的判決。」如果把指示改寫成：「如果你們經過充分討論之後，你們當中的任何一人認為本案具有減刑因素，將被告判處死刑會是過度處罰，那你們必須做出徒刑裁決」，對所有人來說不是都比較清楚嗎？很多陪審員看這個簡化的指示還是看不懂，因為文字當中的概念一點都不簡單，而且「過度」、「減刑」這種字眼也不會出現在陪審員的日常生活中。

既然沒有完美的審判，也就沒有完美的指示。如何把法律用最佳方式解釋給坐在陪審團席上的外行人聽，說到底還是州議會與初審法院該解決的問題，不該留到多年後由廝殺成一團的聯邦管閒事份子解決。陪審團是解決紛爭的一種工具，而不是一個中途站，把審判期間的爭議變成以陪審團為主題的社會科學爭議，轉送到更高階層的主體。蓋西一案的陪審團得到的指示，就在美國憲法設定的廣大範疇之內。

## 分析與影響

美國最高法院判決，法官應該提供陪審團指示，避免武斷、任意判處死刑。武斷、任意判處死刑構成殘酷又異常的處罰，違反美國憲法第八條修正案，因此構成違憲。為了避免任意、武斷的司法決策，陪審團在決定被告的生死時，必須行使經過指導的決定權（guided discretion）。根據最高法院主張，法官提供陪審團指示，陪審團就能行使經過指導的決定權。法官的指示解釋了「一致同意」、「加重刑罰因素」、「減刑因素」之類的概念。

蓋西主張，本案的陪審團並不了解伊利諾州的死刑指示，對「一致同意」和「減刑因素」的部分尤其不了解，因此對伊利諾州的死刑指示提出異議。根據法律規定，全體陪審員必須同意犯罪事實或被告必須有至少一項特質構成加重刑罰的條件。這個條件必須很明確具體，比方說犯罪事實非常殘忍，或者被告未來有危害社會之虞，且經由檢方證實，不構成合理懷疑。如果陪審團認定有加重刑罰的條件，就必須判斷犯罪事實或被告本身是否具有構成減刑條件的特質。減刑因素是一種理由，比方說年輕、智能不足等等，可以作為不判處死刑的理由。只要有一位陪審員主張有一項減刑因素比加重刑罰因素重要，那被告就不能被判處死刑。法官的指示也許會列出幾項可能的減刑因素，不過陪審員還是可以考量被告提出的有關犯罪事實，與被告本身的任何可以當成減刑因素的事實，就算不在法官列舉的減刑因素當中也無所謂（Lockett v. Ohio, 1978）。這些因素叫做「未列舉減刑因素」（unenumerated mitigators）。加重刑罰因素需要全體陪審團一致同意，減刑因素則不需要。被告必須擔負證明減刑因素存在之責任。

蓋西案的法官顯然把減刑相關指示唸錯了一部分，他說：「如果你們經過審議，一致認為本案具有減刑因素，足以排除死刑判決，那你們必須簽署徒刑的裁決。」他應該說：「如果你們經過審議，並未一致認為本案不具有減刑因素，足以排除死刑判決，你們必須做出徒刑的裁決，並在裁決書上簽名。」上訴法院必須判斷法官的口頭指示，會不會導致陪審團搞不清楚自身的責任。法院提出幾項理由，說明明智的陪審員不會搞不清楚。

第一，陪審團聽見了法官以及兩造律師的初步陳述。上訴法院認為這些陳述表達了正確法律觀念，而且初步陳述之後緊接著就是最終陳述（誤讀是在此時發生）。第二，法院發現陪審團的審議時間很短。顯然陪審團對於「加重刑罰因素存在」以及「減刑因素不存在」沒有什麼爭議。法院相信如果有爭議，陪審團也已經經過充分審議，解決了他們對於法官指示的誤解與爭議。審議並不代表陪審團了解法官指示的所有細微之處，卻可以達到對法律的常識了解，陪審團在達到常識了解之後，可以做出決策。最後，陪審團擁有書面指示可以參考，法官誤讀的地方，書面資料都有正確內容可以參考。陪審團聽不懂法官的口頭指示，只要看書面指示就好。

蓋西主張，指示內容是書面還是口頭都不重要，法官有沒有誤讀也不重要，因為指示內容本身就難懂。有趣的是上訴法院並沒有強烈反駁這一點，蓋西和他的律師一定覺得怒不可遏。法院並不諱言，陪審團很難搞懂法官指示的官樣文章內容。法院不用聽蓋西說，也不用參考蓋西引述的研究，就知道這個事實。的確，法院覺得很奇怪，很多行為科學與社會科學文獻都能證明陪審團接到的指示相當難懂，蓋西怎麼都沒有引用呢？

上訴法院檢視蓋西引述的研究，覺得並不滿意。第一，法院發現這項研究的對象是一群潛在的陪審員，不是真正的陪審員。所以這項研究的結論，不見得能與真正的陪審員在真正的死刑案件的表現相提並論。第二，研究對象是接受書面測驗，法院認為有些研究對象可能無法閱讀、解讀測驗問題。法院也列舉理解測驗的一個例子，證明測驗確有含糊不清的地方。第三，就算法院也同意這項研究和先前的實證研究一樣，都能證明陪審員不太了解法官指示，這項研究也沒有提供比較易懂的指示。也許伊利諾州的死刑指示沒有辦法寫得簡單易懂一些，不過就算可以，那要簡單易懂到什麼程度，才不會構成違憲？換句話說，修改過的指示內容，如何才能提供現在的指示內容所缺乏的經過指導的決定權？

伊利諾州質疑主導這項研究的社會科學家的動機，以及贊助這項研究的機構的動機。法院採納伊利諾州的意見，質疑這項研究的價值。伊利諾州表示，主導研究的科學家是狂熱的反死刑份子，贊助研究的機構又是專門為死刑犯辯護。法院採納伊利諾州的主張，認為研究結果可能受到偏見影響。

法院根據規範推論，對這項研究的價值提出最強力的反駁。憲法規定法官必須給予陪審團指示，這個指示在法院的口中是要解釋一套晦澀難懂的規則。法院認為陪審團無法理解規則並不是憲法的錯。如果說因為憲法的這項規定，導致陪審團無法理解規則，那這只能說是我們的陪審團制度必須付出的成本。

法院考量長久以來的陪審團與法官給予陪審團的指示，再度根據規範推論。法院發現法官給予陪審團的指示一定要用法律術語撰寫，難免造成誤解，這並不表示指示內容違憲。法院也發現根據我們的法律與法律傳統，司法制度並不會批評陪審團的決策與決策方式，只有極少數情形例外。如果法官可以批評陪審團決策，那我們的司法制度就不需要陪審團這個骨幹了。為了避免陪審團受到干預，法院必須假設陪審團都了解，也都願意遵守法律。因此上訴法院認定「既然沒有完美的審判，也就沒有完美的指示」。美國憲法與美國政府都不能保證審判與法官指示能達到完美，法官指示令人費解並沒有違憲。

## 陪審團對法官指示的理解程度的行為科學與社會科學

行為科學與社會科學研究證明，陪審團的確無法理解法官指示，而且研究結論非常明確。上訴法院對於這類研究知之甚詳，所以看得出來蓋西引述的研究有一項缺失，就是沒有測試改寫過後的法官指示，看看研究對象的理解程度會不會增加。

看看蓋西案的法官指示（上訴法院的判決書也提到這一段）：

> 如果你們經過審議，一致同意本案沒有足以排除判處被告死刑的減刑因素，就應該做出死刑裁決，並在裁決書上簽名。如果你們經過審議，無法一致同意本案沒有足以排除判處被告死刑的減刑因素，就應該做出徒刑裁決，並在裁決書上簽名。

如果你看不懂這段指示，也不需要難過，因為很多人跟你一樣看不懂。這段文字其實是個很好的例子，能凸顯出陪審團面對的問題有多嚴重。沒錯，大部分的陪審員都不需要與死刑指示搏鬥，但是法官給陪審團的指示，一般來說都有很多晦澀難懂又抽象的法律概念與法律術語，語法也很難懂，文法又不佳，這些都會導致對法律外行的陪審員看不懂指示內容（Elwork, Sales, & Alfini, 1977,

1982; Sales, Elwork, & Alfini, 1977; Severance & Loftus, 1982; Severance, Greene, & Loftus, 1984）。

各州政府為了改善指示的品質，曾經採用範例指示。範例指示一般都是由一群律師、法官組成的州政府委員會指導下撰寫，不過撰寫範例不見得都是為了讓陪審團更能看懂。撰寫範例的首要目標，是要確定一州之內的所有初審法院都使用相同的指示。把犯下相同罪行的幾位被告交給接獲不同指示的陪審團審判，當然不公平。不正確、不連貫的指示是上訴的一大原因（McBride, 1969），司法系統撰寫這些範例，就是為了要減少此類上訴案件（Tiersma, 2001）。但是負責撰寫範例的委員會的首要原則就是一致性與法律正確性，只有少數例外（見Tiersma, 2001）。撰寫出來的範例如果比較容易看懂，那只能說是運氣好，可不是常有的事。

從行為科學與社會科學文獻，可以找出許多範例指示品質不佳的例子。舉例來說，艾爾沃克等人（1977）研究密西根州的範例指示內容，把一群得到範例指示的陪審員，與另外一群完全沒有得到任何指示的陪審員拿來比較，發現兩組在理解能力測驗的表現竟然差不多。塞弗倫斯與洛夫特斯（1982）做了一系列研究，也得到類似結論。另外一項研究也發現，得到範例指示的陪審員，與沒有得到任何指示的陪審員理解程度相同（大約百分之三十五）。查洛與查洛（1979）請一群待選陪審員聆聽幾段民事案件的範例指示的錄音，用更淺顯的文字改寫，結果，研究對象只能正確改寫指示內容最重要的部分的百分之五十四。史卓恩與布坎南（1976）的研究發現：陪審員不了解佛羅里達州刑事訴訟某些範例指示百分之三十的內容。艾爾渥斯（1989）的研究發現一群模擬陪審員接到加州的刑事訴訟範例指示，結果也跟沒接到差不多。

不過，有一項研究（Luginbuhl, 1992）倒是發現：陪審團比較了解北卡羅萊納州的範例指示，平均來說，陪審團了解大約百分之五十的法官指示（Elwork, Sales, et al., 1982）。如果陪審員本來就熟悉範例指示的一些概念，那接到範例指示就會重溫這些概念，對範例指示的理解程度也最高（Tanford, 1990）。有關各類陪審團指示的理解程度的研究結果，請參考利伯曼與沙爾斯（1997）的研究。

研究也發現陪審團對於死刑指示的理解程度也是一樣糟。舉例來說，一項研究發現研究對象接到加州的死刑案件的法官指示之後，只有一成二的研究對象能正確說出「減刑」的意思（Haney & Lynch, 1994），只有一成五的研究對象能正確說出「加重刑罰」的意思。戴蒙與李維（1996）的研究發現稍高的理解程度，只有百分之三十五至六十的研究對象，不了解伊利諾州死刑指示其中一部分。

會有這些理解率的差異，背後有很多原因。衡量陪審團對法官指示的理解程度的實驗各有不同，不同之處包括指示的類型、證據的複雜程度、模擬的逼真程度、研究對象的類型（是真正的陪審員還是模擬的陪審員）、研究對象的教育程度、是否允許審議、其他程序操作（如寫筆記、預先指示，以及提供研究對象書面指示）、衡量方式（如衡量理解程度的方式），以及研究對象參加實驗之前的既有知識（見Lieberman & Sales, 1997）。

以我們對司法的概念，會認為陪審團都了解法官指示牽涉到的法律。如果陪審團不了解法官指示，陪審團的裁決就會以非法律因素為基礎，而不是以法律為基礎。幸好行為科學家與社會科學家參考了心理語言學的一些簡單原理，改寫了法官指示，大幅提升了陪審團的理解程度。心理語言學是研究大腦如何接收、了解與產生語言的一門學科。

舉例來說，艾爾沃克等人（1977，亦見Elwork, Alfini, & Sales, 1982）安排研究對象接收一連串原版的法官指示，再接受理解能力測驗，得到百分之五十一的理解率。研究人員再根據心理語言學的原理，將指示內容予以改寫，理解率就上升到百分之八十（Elwork, Alfini, & Sales, 1982）。查洛與查洛（1979）、塞弗倫斯與洛夫特斯（1982）以及塞弗倫斯等人（1984）也都使用過心理語言學原理，把各種刑事與民事的法官指示改寫得簡單易懂（有關運用心理語言學原理改寫法官指示的詳細步驟，見Elwork, Sales, et al., 1982）。

研究發現改寫死刑指示也能提升陪審團的理解程度。法蘭克與阿波蓋特（1998）安排一群待選陪審員觀看一段影片，內容是一位真正的法官敘述一件真正的兇殺案。研究人員給一半的研究對象聽審判過程中法官給陪審團的指示，給另一半的研究對象，聽經過語言學家改寫，語意更為清楚的法官指示。結果聽見實際指示內容的研究對象，答題正確率大約是百分之五十，聽改寫版的研究對象答題正確率為百分之六十九（Frank & Applegate, 1998）。在法蘭克與阿波蓋特的研究中，待選陪審員最難理解的就是與死刑相關的法官指示，這個發現與許多死刑指示的研究結果相符。未來的研究可以探討法官指示可以改寫到多淺顯易懂。

## 不願意依賴科學

雖然我們從過去的行為科學研究與社會科學研究，無法得知法官給陪審團的指示可以改寫到多易懂的地步，不過，從這項研究還是可以看出陪審團的理解率非常低，而且藉助科技可以提升理解率。那麼，法院在決策時，為何沒有引述這項研究呢？

第一，法官擔心判決在上訴法院遭到逆轉（Steele & Thomburg, 1988）。如前所述，法官給陪審團的指示多半涵蓋州議會通過的法令，或者是上級法院的判決（Tiersma, 2001）。所以這些都是正確的法律陳述。改寫法官的指示會造成法官的困擾，因為法官改寫過後的指示可能與州議會、上級法院的原意不符。同樣的道理，法官把指示內容逐字唸給陪審團聽，會比用比較易懂的語言解釋給陪審團聽來得安全。改寫法官指示可能導致判決在上級法院遭到逆轉（Tiersma, 1993）。被告或是訴訟的一方可以在上訴時抗議陪審團受到錯誤法律指示。

這些論點都有研究可以佐證。研究發現懷俄明州六十二位州法官與聯邦法官當中，百分之五十八表示陪審團有時候不明白法官指示，百分之二十三表示陪審團經常不明白法官指示。這些法官一致認為，用簡單的英文改寫指示能提升陪審團的理解程度，不過百分之五十五還是認為指示的法律正確程度比易懂程度重要（Young, 2000）。

第二，斯蒂爾與索柏格（1988）提出一個冷嘲熱諷的理由。他們說之所以不願意把法官指示寫得更簡單易懂，是因為陪審團看不懂，有些律師就能從中得利。如果律師知道法律並不站在自己的客戶這一邊，那客戶最大的希望就寄託在陪審團不懂法律，做出對自己有利的裁決。陪審團不了解法律的要求，就會不理法官指示，以情緒與常識逕自做出裁決。

第三，就算陪審團的理解程度能大幅提升，那又要提升到多高才夠呢？是六成，七成，八成，九成，還是百分之百呢？理解程度的門檻是適用個別陪審員，還是全體陪審團呢？門檻是適用法官在審判過程的每一個指示，還是最重要的指示，還是一部分或是全部的指示呢？如果指示的某些部分比較重要，法院又該如何判斷哪個部分比較重要，是要依據實證研究還是規範？萬一律師對某項指示的重要程度有異議怎麼辦？陪審團要是不甚了解法官指示的重要部分，卻完全了解其他部分，法院又該怎麼辦？要回答這些問題，多半要看理解程度的變化，會不會影響審議品質與審議結果，需要更多實證研究才會知道。

第四，多數法院都認為理解的問題可以透過審議過程解決，也可以透過審判過程其他法律陳述（如律師結辯）解決。舉例來說，蓋西案的上訴法院發現陪審團只審議了兩個小時，因此認定陪審團並沒有不清楚指示內容。審議時間那麼短，只能證明陪審團對自己的決策很有自信，不代表他們知道法律、了解法律。法院也寫道，並非所有陪審員都會誤解指示內容，因為初審法院與雙方律師都在法庭上做出正確的法律陳述。沒有實證研究探討陪審團在審判過後的理解程度，也無從得知法庭上的陳述對陪審團理解程度的影響。

薩克頓（1998）的研究顯示法院的假設並不正確。薩克頓研究一群真正的陪審員在真正的刑事與民事案件之後，對法官指示的理解程度。這群陪審員表示他們的審議時間百分之三十四都在討論法官指示，顯然他們並不了解法官指示。事實上，陪審員也的確感到困惑，他們接受理解能力測驗，結果平均只答對百分之六十六的問題，顯示他們在審判期間接收到的資訊，並不足以改正他們的誤解。

美國最高法院也主張陪審團都了解，也願意遵守法官指示（見案例 Richardson v. Marsh, 1987; United States v. Lane, 1986）。就算最高法院認為有些案子是陪審團不太了解法官指示，也不願意批評陪審團。在柏伊德控告加州（Boyde v. California, 1990）一案，最高法院認為除非有證據顯示陪審團有不了解法官對於死刑減刑因素指示的合理可能（reasonable likelihood），否則最高法院不會介入。法院在後來的案件也依循這個想法，現在所有的法院判斷陪審團有無誤解法官指示，都會依循「合理可能」的標準。在柏伊德一案，最高法院認為就算法官指示語意模糊，審判過程也應該會釐清陪審團的誤解。的確，最高法院一向認為：整個審判過程就能修正陪審團對法官指示的誤解。最高法院認為陪審團能從審判的過程得到「對於法官指示的常識了解」（Johnson v. Texas, 1993）。這幾個案子都發生在薩克頓（1998）的研究發表之前。

從最高法院最近的幾項判決，可以看出最高法院仍然認為陪審團都了解，也願意遵守法官指示，最高法院最近的一個案子就是明證。朗尼．威克斯因為在例行的交通攔檢中殺害一位州警察，在維吉尼亞州被判處死刑（Weeks v. Angelone, 2000）。陪審團開始審議之後，遞給法官一個問題，請法官解釋一下剛才說的一項指示。諷刺的是，最高法院接到一個在維吉尼亞州被判死刑的人的上訴，此人認為他的陪審團也是對同一項指示感到困惑，所以做出任意、武斷的裁決（Buchanan v. Angelone, 1998）。法官指示內容如下：

在決定裁決死刑之前，州政府必須證明他的謀殺（他的家人）的犯行確屬蓄意、令人髮指、違反人性的重大惡行，犯行包括對前述四位被害人，或是四位當中的任何一位的虐待、心神剝奪或加重毆打。

如果你們參考州政府提出的證據，發現前段文字敘述的條件的確成立，那你們就必須做出死刑裁決。如果你們看了所有證據，認為不應該判處被告死刑，那就應該做出無期徒刑裁決。

布坎南主張這項指示只提及加重刑罰因素（如令人髮指、違反人性的重大惡行），卻完全沒提減刑因素（布坎南拿出了他有精神疾病的證據）。他覺得陪審團會把指示解讀成「如果陪審團認為州政府證明了至少一項的加重刑罰因素成立，那就應該判處被告死刑。只有陪審團認為沒有一項加重刑罰因素成立，才能判處無期徒刑」。這兩個解讀都不正確，如果陪審團是這樣解讀，那就是誤解法官指示。

布坎南的主張遭到最高法院多數否決。他們認為法官的指示已經將減刑因素還有減刑因素對陪審團裁決的影響解釋得相當清楚，特別強調陪審團能察覺、也能了解「可」（例如：如果證據顯示確有加重刑罰因素，陪審團可判處被告死刑）與「應」（例如：如果證據證明確有減刑因素，陪審團應判處被告無期徒刑）的差異。最高法院也指出，陪審團幾天下來在法庭上聽見關於「布坎南不該被判死刑」的證詞與論述，不可能都沒注意到。因此，陪審團在判處布坎南死刑之前，應該已經了解法官指示，也考量過減刑因素的證據，這個假設具有合理可能。

如前所述，最高法院在威克斯一案又遇到同樣的指示。最高法院已經認定布坎南一案的陪審團能了解這項指示，現在看到威克斯一案的陪審團問承審法官下面的問題，大概會覺得有些懊惱：

> 如果我們認為朗尼・威克斯二世至少符合一項條件，那我們身為陪審團是不是要負責判處死刑？還是說我們應該決定要判處死刑還是無期徒刑（就算他符合一項條件）？法律是怎麼規定的？還請說明！

最高法院在布坎南一案表示這種誤解不會發生，現在卻發生了。從陪審團的問題看來，顯然陪審團不確定是只要他們認為至少一項加重刑罰因素成立，就該判處威克斯死刑，還是說就算他們認為加重刑罰因素成立，還是可以判處無期徒刑？最高法院雖然承認陪審團有些微的可能誤解這項指示，還是重申他們認為陪審團都了解，也都願意遵守法律。

最高法院假設陪審團能了解法官指示，研究人員就來測試這項假設。一項研究發現，一百五十四位死刑案件的模擬陪審員當中，平均有百分之四十認為威克斯一案的法官指示的意思是說「只要檢方能證明至少一項加重刑罰因素成立，就必須判處被告死刑」（Garvey, Johnson, & Marcus, 2000）。威克斯一案的法官收到陪審團的問題，就要求陪審團把指示內容重讀一遍。在這項研究裡，研究人員也要求一部分的研究對象重讀同樣的指示內容。結果只是讓研究對象的理解程度更糟，現在百分之四十六的研究對象認為：「只要罪大惡極、道德敗壞的加重刑罰因素確實成立，就該判處被告死刑」(Garvey et al., 2000)。後來，研究人員把威克斯一案中辯方要求的正確答案（也就是「就算加重刑罰因素確實成立，陪審團還是可以考量減刑因素，判處威克斯無期徒刑」）告訴研究對象，平均理解度就升高至百分之七十四（Garvey et al., 2000）。

第五，實證研究的結果可能與規範互相矛盾。在本案中，法院可能因為蓋西惡行重大，所以不採納他引述的研究，也不採納探討陪審團對法官指示的理解程度的行為科學與社會科學研究，這是陪審團認為蓋西應該得到伊利諾州最嚴厲的法律制裁。從上訴法院的意見的字裡行間可以看出，考量蓋西的罪行，陪審團也許不需要法官指示也能決定該如何制裁蓋西，更不用講究這個指示能不能看懂。最高法院認為就算把法官指示改寫到完全能看懂，陪審團的決議也不會改變。

第六，最高法院不採納行為科學與社會科學，也有可能是因為推翻蓋西案的判決會導致很多被告以「陪審團誤解法官指示」為由，質疑所有刑事案件審判的公平性。這個對於刑事司法體系來說的確是個惡夢，因為一時沒有解決方法。雖然有一些方法可以讓法官指示變得更易懂（Elwork, Sales, et al., 1982），至今也沒有人把這些方法用在刑法與民法的法官指示上。

最後，如果州政府成立改寫委員會，那應該召集哪些人呢？當然是律師和法官，但是如果只有律師和法官，那改寫的範例指示比原先的也好不到哪裡去。那應該請語言理解的專家改寫指示嗎？顯然答案是肯定的。行為科學家與社會科學家才有專業能力改寫，也才有專業能力進行實證研究測試，證明改寫過後的版本的確比較正確易懂。但是除非各州與聯邦政府的改寫委員會願意支付研究費用，否則大概永遠不會有人改寫，法院也會繼續不採納「陪審團不了解法律」的相關研究。

## 提升真正的陪審團理解程度的希望

提升陪審團理解程度並非不可能。美國有些州（如亞利桑納州、加州、愛達荷州與密西根州）已經要求將法官指示改寫到容易看懂的程度（Tiersma, 1993, 2001）。不過這幾州並沒有要求進行理解能力測試，所以我們不確定新規則對於陪審團的理解程度與裁決有沒有重大影響。少數幾州也允許研究人員研究真正的陪審團，以改善整體陪審團制度與法官給陪審團指示的品質。舉例來說，薩克頓（1998）得到懷俄明州最高法院許可，測試陪審團在真正的刑事與民事訴訟結束後（如果審判長、律師與陪審團同意的話），對於最近修改的範例指示的理解程度。不過我們不知道懷俄明州最高法院支持這項研究，會不會改變該州的法官指示。

最後，有時候被告針對法官給陪審團的指示提出抗議，法院最後做出對被告有利的判決。舉例來說，曾經有個陪審團問審判長，如果判處一個人無期徒刑，是不是代表這個人永遠不可能得到假釋？法官回答陪審團不應考量被告有沒有資格獲得假釋，只要考量無期徒刑與死刑的字面意義（plain meaning）就好。事實上，陪審團的顧慮是其來有自。辯方向美國最高法院提出一份全州意見調查，顯示多數人認為被判無期徒刑的被告最後都會獲得假釋。最高法院認為陪審團很有可能不知道無期徒刑就表示沒有假釋機會，所以最後做出對被告有利的判決（Simmons v. South Carolina, 1994; 亦見 Kelly v. South Carolina, 2002; Shafer v. South Carolina, 2001）。在這個案子，最高法院的決策顯然受到行為科學與社會科學研究影響。

## 本章重點

有時候，法院並不採納行為科學家與社會科學家眼中最好的做法。法律限制與法律條文背後的規範限制，都會導致法律決策不能採納行為事實與社會事實。在這種情況，科學家可以向州議會、國會提供充分資訊，催生法院日後必須遵守的新法律（如本書第五章）。不過即使在這些法律領域，為了法律價值、政治價值、道德價值與宗教價值，可能必須遵從忽視、違反行為事實與社會事實的法律與規則。我們的結論是：行為科學家與社會科學家應該做他們最拿手的事，就是做出最好的研究，讓法律決策者知道參考研究結果可以了解各種情境的人類行為。

## 參考書目


Boyde v. California, 494 U.S. 370 (1990).

Buchanan v. Angelone, 522 U.S. 269 (1998).

Charrow, R. P., & Charrow, V. (1979). Making legal language understandable: A psycholinguistic study of jury instructions. *Columbia Law Review, 79*, 1306-1374.

Diamond, S. S., & Levi, J. N. (1996). Improving decisions on death by revising and testing jury instructions. *Judicature, 79*, 224-232.

Ellsworth, P. C. (1989). Are twelve heads better than one? *Law and Contemporary Problems, 52*, 205-224.

Elwork, A., Alfini, J. J., & Sales, B. D. (1982). Toward understandable jury instructions. Judicature, 65, 432-433.

Elwork, A., Sales, B. D., & Alfini, J. J. (1977). Juridic decisions: In ignorance of the law or in light of it? *Law and Human Behavior, 1*, 163-189.

Elwork, A., Sales, B. D., & Alfini, J. J. (1982). Making jury instructions understandable. Charlottesville, VA: Michie.

Finkel N. J. (1995). *Commonsense justice*. Cambridge, MA: Harvard University Press.

Frank, J., & Applegate, B. K. (1998). Assessing juror understanding of capital sentencing instructions. *Crime and Delinquency, 44*, 412-413.

Gacy v. Welborn, 994 F. 2d. 305 (1993).

Garvey, S. P., Johnson, S. L., & Marcus, P. (2000). Correcting deadly confusion: Responding to jury inquiries in capital cases. *Cornell Law Review, 85*, 627-655.

Haney, C., & Lynch, M. (1994) Comprehending life and death matters. *Law and Human Behavior, 18*, 411-436.

Johnson v. Texas, 509 U.S. 350 (1993).

Kelly v. South Carolina, 534 U.S. 246 (2002).

Lieberman, J. D., & Sales, B. D. (1997). What social science teaches us about the jury instruction process. *Psychology, Public Policy, and Law, 3*, 589-644.

Luginbuhl, J. (1992). Comprehension of judges' instructions in the penalty phase of a capital trial. *Law and Human Behavior, 16*, 203-218.

Locket v. Ohio, 438 U.S. 586 (1978).

McBride, R. L. (1969). *The art of instructing the jury*. Cincinnati, OH: W. H. Anderson.

Richardson v. Marsh, 481 U.S. 200 (1987).

Sales, B. D., Elwork, A., & Alfini, J. J. (1977). Improving comprehension for jury instructions. In B. D. Sales (Ed.), *Perspectives in law and psychology: Vol. 1. The criminal justice system* (pp. 23-90). New York: Plenum Press.

Saxton, B. (1998). How well do jurors understand jury instructions? A field test using real juries and real trials in Wyoming. *Land and Water Law Review, 33*, 59-189.

Severance, L. J., & Loftus, E. F. (1982). Improving the ability of jurors to comprehend and apply criminal jury instructions. *Law and Society Review, 17*, 153-198.

Severance, L. J., Greene, E., & Loftus, E. F. (1984). Toward criminal jury instructions that jurors can understand. *The Journal of Criminal Law and Criminology, 75*, 198-233.

Shafer v. South Carolina, 532 U.S. 36 (2001).

Simons v. South Carolina, 512 U.S. 154 (1994).

Steele, W. W., & Thornburg, E. G. (1988). Jury instructions: A persistent failure to communicate. *North Carolina Law Review, 67*, 77-119.

Strawn, D. U., & Buchanan, R. W. (1976). Jury confusion: A threat to justice. *Judicature, 59*, 478-483.

Tanford, J. A. (1990). The law and psychology of jury instructions. *Nebraska Law Review, 69*, 71-111.

Tiersma, P. M. (1993). Reforming the language of jury instructions. *Hopstra Law Review, 22*, 37-78.

Tiersma, P. M. (2001). The rocky road to legal reform: Improving the language of jury instructions. *Brooklyn Law Review, 66*, 1081-1119.

United States v. Lane, 474 U.S. 438 (1986).

Weeks v. Angelone, 528 U.S. 225 (2000).

Young, R. M. (2000). Using social science to assess the need for jury reform. *South Carolina Law Review, 52*, 135-240.

# 第十章　相關事實知識不存在

## 案例：制止警察非法行為

本章要探討第二個牽涉到美國憲法第四條修正案的美國最高法院的案子。第一個案子是第二章探討的維洛尼亞校區案，這個案子很特別，因為我們通常不會把藥檢看成是一種搜索。籌畫美國憲法的人在起草第四條修正案時，一定沒想到藥檢也等同搜索。

我們在本章要探討美國政府對里昂（United States v. Leon, 1984），這個案子牽涉到比較傳統的搜索，是警方搜索一名嫌犯的住家與汽車。法官簽發搜索票，警方搜索之後發現證據，嫌犯艾伯特·里昂就遭到逮捕、定罪。經過搜索、查扣證據之後，這才發現法官弄錯了，不應該簽發搜索票。根據美國憲法第四條修正案的證據排除法則（exclusionary rule），依據無效的搜索票展開的搜索行動得到的證據，不能在法庭上使用。這個規定的宗旨是要防止警方使用非法手段安排地方執法官（也就是審判權有限的法官或負責有限司法職權的官員）或法官簽發搜索票。

最高法院必須判斷本案適不適用證據排除法則。警方依據搜索票展開搜索是合法行為，所以，如果將證據排除在外，不曉得對警方將來的作為會有什麼樣的影響。可惜的是，最高法院這次決策完全沒有社會科學可以參考。決策者需要的資訊，科學家不見得都能提供。就算把問題交給科學研究，也要花時間設計出合適的研究，還要蒐集資料、分析資料，最後還要把研究結果整理成最適合決策者使用的形式。本章的重點是：雖然行為事實與社會事實可以提升法律決策的品質，卻不見得每次要用都能拿到。

# 美國政府控告里昂

## 美國最高法院

一九八一年八月，一位祕密線人（可靠程度不明）向一位警察舉報，說他認識的兩個人阿曼多與帕西在他們位於加州柏班克的住處，販賣大量古柯鹼與安眠酮。線人也說他大約五個月前看到帕西在住處販賣安眠酮，當時他也看到帕西的一個鞋盒裡放著大筆現金。他還說阿曼多與帕西家裡通常只放少量毒品，其他的毒品都存放在柏班克的另一個地方。

柏班克警方依據線報，展開大規模調查，首先鎖定柏班克住宅，後來又鎖定另外兩處住宅。警方發現停在柏班克住宅的幾部汽車的車主是阿曼多．桑切斯。桑切斯曾經因為持有五十磅的大麻遭到逮捕。汽車的駕駛走進屋裡，沒多久又拿著一個小紙袋走了出來。又把車開走了。警方調閱德爾·卡斯蒂洛的緩刑紀錄，發現卡斯蒂洛登記的雇主電話號碼是艾伯特·里昂的電話號碼。里昂在一九八〇年因毒品被捕，他的一位朋友當時告訴警方，里昂也經常將毒品引進美國。

在調查開始之前，柏班克警方發現一位線民曾經告訴格蘭岱爾市的一位警察，說里昂在他的格蘭岱爾市的住宅存放大量安眠酮。柏班克警方調查發現里昂在柏班克還有第二個住所，他現在就住在那裡。警方後來看見幾個人抵達第一個柏班克住所，又拿著幾個小包離開。這些人裡面至少有一位之前涉及毒品交易。警方在兩個住所以及柏班克的一處公寓看到一些活動，又看到桑切斯、史都華、卡斯蒂洛與里昂的汽車的一些活動，警方也看到桑切斯與史都華搭上飛往邁阿密的不同班機。兩人後來一起回到洛杉磯，也同意警方搜索他們的行李。警方只搜到少量大麻，就允許他們離開機場。

柏班克警察局一位資深且訓練有素的毒品調查員，根據以上這些還有其他的線索，準備申請搜索票，以便搜索登記在桑切斯、史都華、卡斯蒂洛與里昂名下的住所與汽車。申請搜索票是為了搜索許多項目，警方認為這些項目與調查對象的毒品交易活動有關，幾位地方檢察官審核這項牽涉廣泛的申請。

法官在一九八一年九月簽發了一份表面有效的搜索票（就是從表面看來有效的搜索票），警方搜索之後在兩個住所起出大量毒品，又在第三個住所起出少量毒品，在三個住處以及史都華與卡斯蒂洛的汽車也發現其他證據。大陪審團將桑切斯、史都華、卡斯蒂洛與里昂以涉嫌持有、販賣古柯鹼等罪名起訴。

桑切斯、史都華、卡斯蒂洛與里昂提出聲請，要求法院排除警方依據搜索票搜索所查扣的證據，法院認定搜索票無效，因為不具有簽發搜索票的理由，因此依據無效搜索票搜索取得的證據，必須依照美國憲法第四條修正案的證據排除法則予以排除。證據排除法則禁止政府使用非法搜索取得到的資訊。政府認為雖然搜索票事後被法院認定無效，搜索行動本身合理，也並不違法，因此請求最高法院修改憲法第四修正案的證據排除法則，不要排除警方搜索得來的證據。

本案牽涉到依據搜索票搜索得來的有形且可信的證據。搜索票是由超然中立的法官簽發，但是最後被法院判定有瑕疵。研究人員最近才開始研究證據排除法則對於重罪犯被捕之後的處置的影響。加州的一項研究發現，因觸犯重罪被逮捕的人當中，百分之零點六至二點三五因為證據排除原則，最後未被起訴或未被定罪。檢方特別倚重物證的某些案件的估計值更高。由此可見，因觸犯毒品重罪的人當中，累計大約有百分之二點八至七點一最後因為證據排除法則未被起訴或未被定罪。這些相對很小的百分比背後，是非常多的重罪犯因為遭到非法搜索、非法扣押而獲釋。

雖然看了這些數據，我們每次看到案件中出現重大且蓄意違反美國憲法第四修正案的情形，而導致證據被排除，我們也不會真正質疑使用證據排除法則是否正確（以違反美國憲法第四修正案的方式取得的證據雖然不能為檢方所用，還是可以用在其他用途〔比方說質疑被告親口說出的證詞〕）。但是一個證據法則如果導致陪審團不能接觸明顯相關且可靠的證據，那使用這個法則必須具備正當理由，而且僅限於制止官員犯法時才能使用。舉例來說，如果警方知道不合法的搜索票會導致證據不被法院接受，應該就會遵守法律。但是如果警方是本著善意，或者違法行為情節輕微，那使用證據排除法則，有罪的被告得到的利益就會違背刑事司法制度的基本概念。如果不分青紅皂白，一律使用證據排除法則，就會引發對法律與司法的不敬。不過到目前為止，我們並沒有發現構成憲法第四修正案的證據排除法則的善意例外（good-faith exception）的事證。

司法根據多年來使用證據排除法則的經驗，發展出權衡各方權益的做法（成本效益法）。現在檢方請求我們修改證據排除法則，也就是要我們權衡各方權益。法官簽發搜索票，等於是站在超然立場詳細審查。警方查緝犯罪活動，經常身處競爭激烈的環境，只能匆促判斷。相較之下，由法官來判斷比較可靠，比較能避免不當搜索。因此我們非常偏好由法官簽發搜索票再進行搜索，我們認為在不確定、不明朗的案件，持有搜索票再進行搜索在法庭上比較容易成立，沒有搜索票就可能不成立。聰明人可能會思考警方的書面證詞，是否構成簽發搜索票的相當理由，但是我們比較偏好搜索票，也就是對於法官的判斷有著相當的尊重。

不過尊重法官並非毫無限度。法官認定有相當理由，並不表示我們不能調查警方呈交法官的書面證詞當中蓄意或無意的作假。警方的書面證詞必須有充分根據，顯示相當理由存在，法官才能簽發搜索票。光憑警方的書面證詞陳述的理由是不夠的，法官必須保持超然中立，不應淪為警方的橡皮圖章。法官接到警方申請搜索票，如果不能保持超然中立，反而甘當警方的副手，就沒有資格授權違憲的搜索行動。就算警方申請搜索票時提供了不只一份簡單扼要的書面證詞，上訴法院還是可以認定搜索票無效，因為雖然應該尊重法官，但是法官在判斷是否具有相當理由時，沒有通盤分析情況，或者因為搜索票的形式在某些方面不恰當。

我們在本案中沒有發現法官蓄意不理會，或是推翻憲法第四條修正案的證據，也沒有發現證據顯示這些執法人員應該得到「證據被排除」這種最極端的制裁。雖然有人主張有些法官淪為警方的橡皮圖章，認為這樣一來法院就不能過濾警方的作為，但是這個問題只是少數。最重要的是，法院沒有理由認為將依據搜索票搜索得來的證據排除在外，對於簽發搜索票的法官能起到很大的嚇阻作用。證據排除法則對於廣大群眾來説有嚇阻作用，但是對於有權簽發搜索票的法官顯然沒有嚇阻作用。法官並不是執法團隊的副手，法官是中立的司法官員，刑事訴訟的結果與法官無關。所以採用證據排除法則並不能嚇阻法官，也不能讓法官明白自己的錯誤，日後不要再犯。如果法官甘願成為警方的橡皮圖章，或者無法做出成熟的判斷，那應該受到加強督導，或是革職處分，會比採用證據排除法則更能補救。

如果說將依據無效搜索票搜索得來的證據排除在外，會有什麼嚇阻效果，那就是改變警方的行為與政策。也許有人認為採用證據排除法，則能達到憲法第四條修正案的目的，能嚇阻警方在未來提供不當的書面證詞(也就是警方申請搜索票卻無法提出相當理由，或者警方故意向願意充當橡皮圖章的法官申請搜索票)。法官認定有相當理由，簽發了搜索票，警方搜索後查扣證據，結果卻因搜索票被判無效，導致證據被排除，這樣，警方在日後也會更加留意搜索票的格式，向法官提出可能有誤的地方。但是這種觀點純屬臆測。因此，最高法院認為排除證據應視個案而定，除非遇到特殊情形，排除證據能達到證據排除法則的目的，否則不應輕易排除證據。

這裡要探討的問題是，如果違規的官員當時認為自己的行為，並沒有違反憲法第四條修正案，那使用證據排除法則能不能發揮嚇阻作用？研究人員不管贊成還是反對證據排除法則，迄今都無法確認證據排除法則能發揮嚇阻效果。就算證據排除法則能有效嚇阻警方的不當行為，鼓勵所有執法人員遵守憲法第四修正案，也不能用來阻擋合理的執法行為。

證據排除法則如果要拿來嚇阻，就等於認定警方的過失是出於蓄意，至少也有疏忽，而且警方的過失剝奪了被告的權益。之所以要排除警方以不當行為取得的證據，是為了告誡這些警察以及未來的警察要更加謹慎看待被告的權利。如果警方的行動是出於善意，那就沒有嚇阻的必要。如果證據排除法則的目的是要嚇阻警方的非法行為，那除非警察知道（或者應該知道）根據憲法第四條修正案，搜索行動構成違憲，否則不應排除證據。如果以客觀角度看，警察的行為是合理的，那把證據排除在外並不能達成證據排除法則目的。排除證據不會影響他未來的行為，唯一的影響大概就是會讓他不願意善盡職責。

合理程度是個客觀標準。很多人反對證據排除法則的「善意例外」原則，他們認為這樣一來，警察只要主觀認定自己出於善意，就可以沿用「善意例外」原則。規定警察的行為必須是客觀上的合理，才構成證據排除法則的例外，這樣，證據排除法則仍然可以用來鼓勵全體執法人員遵守憲法第四條修正案。有了客觀標準，警察就必須充分了解法律禁止的事項。證據排除法則要能有效發揮嚇阻作用，關鍵在於：警察訓練課程必須讓警察明白憲法第四條修正案所立下的限制，要求警察不能逾越這些限制。

警察出於客觀善意展開搜索，事先如果有取得法官簽發的搜索票，搜索行動也未超出搜索票的範圍，就更是如此了。搜索票是司法委託警察展開搜索或逮捕，警察也有義務執行搜索票上的條款，因此應該有個規則，明訂警察依照搜索票的條款搜索得來的證據，就會被初步認定是該名警察本著善意行動的結果。通常遇到這種情況，警察並沒有不法行為，所以也不需要嚇阻。法官必須負責判斷警察的指控構不構成相當理由，如果構成相當理由，法官就必須簽發符合憲法第四條修正案所規定的格式的搜索票。在一般情況，警察不會質疑法官對於相當理由的判斷是否合理，也不會質疑搜索票的格式是否適當。一旦法官簽發了搜索票，警察就再也不能過問搜索票合不合法了。警察受罰不是因為自己犯錯，卻是因為法官犯錯，這樣並不能遏止違反憲法第四條修正案的行為。

警察依據搜索票展開搜索、查扣證據是合理行為，如果搜索票被判定無效，證據遭到排除，帶來的好處相當有限，幾乎等於零，卻要付出相當大的成本。成本與效益完全不成正比。這並不表示警察只要取得搜索票，依據搜索票的條款行事，查扣的證據就不應該被排除。只是說警察相信法官對於相當理由的判斷，還有相信法官簽發的搜索票格式正確，應該要符合客觀合理的標準。

分析完之後，接下來就要調查依照後來被判無效的搜索票查扣證據的警察的主觀想法。如果要調查這個，各州法院與聯邦法院為了要研究警察的想法，就要錯置大量司法資源在徒勞無功的事情上面。因此要判斷警察的搜索行為是否出於善意，只要探討訓練有素的警察知不知道雖然有法官授權，搜索還是違法的。要判斷這個問題，可以考量所有因素，包括警察申請搜索票，是不是曾經遭到另一位法官拒絕。顯然在某些情況，警察沒有合理理由認為搜索票簽發的過程合法。除了要考量負責執行搜索票的警察的客觀合理程度之外，還要考量取得搜索票（或者提供法官資訊，協助法官判斷有無簽發搜索票的相當理由）的警察的客觀合理程度。

把這些原則運用在本案的事實上，不難看出下級法院的判斷並不成立。在這個案子裡，沒有人指控法官沒遵守超然中立的立場，所以除非警察交給法官的書面證詞不實或有缺失，或者警察客觀上沒有理由認定有簽發搜索票的相當理由，否則不應排除證據。被告之中，只有里昂主張沒有一個訓練有素的警察會認為有搜索他住家的相當理由。重要的是，其他被告並沒有提出同樣的主張。警察申請搜索票，顯然不只是拿出簡單扼要的書面證詞而已。書面證詞敘述了詳細調查的結果。在這種情況下，警察相信法官對相當理由的判斷，在客觀上是合理的，所以並不適用排除證據的極端制裁。

## 協同意見【*】

最高法院認為，搜索票是由超然中立的法官簽發，警察依照搜索票查扣證據的行為在客觀上也是合理，所以雖然取得證據的方式違反憲法第四條修正案，聯邦刑事訴訟與州刑事訴訟也不應把證

---

【*】所謂協同意見，是指一位或者一位以上的法官提出和多數法官的主要意見相同的意見，不過也提出一兩個主要意見沒有考慮到的問題。

據排除在外。最高法院的判決等於是在憲法第四修正案寫下新的篇章。新規定維護了刑事司法制度的合法利益，也沒有犧牲憲法第四修正案保障的個人權利。協同意見也強調這個決定難免只是暫定。

最高法院縮小了證據排除法則的範圍，因為根據經驗判斷，警察依據搜索票搜索如果在客觀上合理，那證據排除法則能起的作用就不大。在這裡非用經驗判斷不可，最高法院也根據資訊，做出正確的判斷。所有的法院要蒐集立法事實（也就是解決法律問題所需的事實）的相關資訊，難免都有能力未及之處。儘管如此，不管最高法院握有的資訊再怎麼不完整，還是要負責裁決本案的問題，不能逃避責任。

在這裡必須強調，法院對於證據排除法則在某種案件的影響的經驗推斷只是暫定，最高法院依據的假設不能拿來當成鐵律。這些假設現在要拿到州政府與聯邦政府執法單位的真實世界測試，最高法院會注意測試結果。如果從經驗中發現，證據排除法則的善意例外原則，造成警察不再遵守憲法第四條修正案，也就是說與現在的假設背道而馳，那麼，最高法院就必須重新考慮先前的決定。最高法院先前的決定是依據對於警察行為的預測，這些預測都沒有經過測試，如果測試後發現預測錯誤，那最高法院就一定要重新考慮。從最高法院對於證據排除法則的判決可以歸納出一個原則，那就是司法對於證據排除法則的影響的看法會變，所以證據排除法則的範圍也會變。

## 分析與影響

美國憲法第四條修正案全文如下：

人人具有保障人身、住所、文件及財物的安全，不受無理之搜索和拘捕的權利；此項權利，不得侵犯；除非有可成立的理由，加上宣誓或誓願保證，並具體指明必須搜索的地點，必須拘捕的人，或必須扣押的物品，否則一概不得須發搜捕狀。

之所以會制訂這項修正案，是因為早期美國人住家遭到英國軍人搜索的經驗。為了確保政府不會再對人民與住家與財產有不合理的搜索、查扣行為，起草美國憲法的人，明文禁止政府出現這類行為，除非政府有相當理由認為搜索能查獲不法行為的證據。所謂相當理由，就是導致正常人認為犯罪事實已經發生或將要發生的條件。相當理由必須以事實為基礎，光憑直覺不足以取得搜索票。

政府官員要搜索住家與財產，通常都必須先向法官申請搜索票。官員必須向法官說明為何必須展開搜索，說明是以書面證詞的形式呈現，所謂書面證詞，就是一份經過宣誓的陳述，內容要說明證據，包括警方的發現、警方掌握的物證、證人或線人向警方透露的資訊，還有警方搜查想找出的物證。法官接著必須判斷官員提供的證據，是否構成簽發搜索票的相當理由。

可惜在美國的歷史上，地方官員、州政府官員還有聯邦官員，都曾經不遵守這個調查程序。為了處理警方行為不當，導致搜索票不當簽發，美國最高法院在一九七四年制訂了證據排除法則，強化憲法第四條修正案所保障的人權。最高法院規定，政府蒐證過程如果違反憲法第四條修正案，政府就不能在訴訟當中使用該證據。制訂證據排除法則，是希望警察發現蒐集來的證據被法院以搜索票不當取得、不當執行為由予以排除，將來會認真提供更真實可靠的書面證詞。

## 證據排除法則的嚇阻效應

證據排除法則有沒有達成當初設計的目的？目前沒有探討這個問題的實證研究，所以最高法院也不知道，不過還是有很多案例可以證明，證據排除法則並沒有達成當初設計的目的。最高法院發現很多案子到最後沒有起訴、沒有定罪，因為承審法官依據證據排除法則將證據排除在外。因此，最高法院認為「證據排除法則能嚇阻警方不當行為」的說法純屬臆測。

有些反對證據排除法則的人認為，看這些案例就覺得應該廢除證據排除法則，因為罪犯可以因為訴訟程序的細節就全身而退（Markman, 1997）。這些案例反映了一個事實，那就是執法人員認為用不當手段蒐集證據、希望法院採納的風險，大於證據被法官排除的風險。執法人員為何要冒這種險？心理學的抗拒理論（reactance theory）可能是答案。一般人覺得自由受到限制，就會產生抗拒心理，會採取比平常更極端的做法反抗（Brehm & Brehm, 1981）。把抗拒理論應用在執法上，警察認為法院侵犯了他們的合法調查範圍，可能感到很厭惡。警察為了要宣示自主，就不理會搜索、查扣的法規。因此根據抗拒理論，證據排除法則可能會造成警察出現反彈行為。

就算證據排除法則具有嚇阻效果，如果警察取得搜索票並沒有不當行為，那還應不應該排除證據呢？警方是出於善意取得搜索票，依據搜索票展開搜索，本身並沒有犯錯，後來發現搜索票不應簽發，算不算是證據排除法則的例外？最高法院認為在里昂案使用證據排除法則並不合理。在本案中，警察出於善意，向法官申請搜索票，認為這樣並沒有侵犯憲法第四條修正案賦予里昂的權利。警察會這樣想，在客觀上也是合理。警察認為他掌握的證據足以證明犯罪事實已經發生或即將發生，構成簽發搜索票的相當理由。是法官應該察覺警察沒有相當理由。沒有相當理由就簽發搜索票，是法官的過錯，並不是申請搜索票的警察的過錯。在里昂案中，法官應該察覺到因為線人的可靠程度無法確認，而且線人的線報太舊（最高法院是以「失去時效」形容），所以並沒有相當理由可以簽發搜索票。法官一旦簽發搜索票，警察就只能按照搜索票的內容行動。如果警察是出於善意申請搜索票，那就一定也認為法官是出於善意簽發搜索票，所以警察並沒有不當行為，也不需要動用證據排除法則改正。需要改正的是法官的行為，但是正如最高法院所言，證據排除法則無法改正法官的行為。

## 可能相關的社會科學研究

最高法院表示，本案缺乏判決需要參考的行為事實與社會事實，不過就算缺乏資訊，最高法院還是得做出判決，通常，法院不能等到所有相關的行為事實與社會事實都齊備了才做出判決。協同意見也清楚寫道，最高法院的判決只是暫定。行為科學研究與社會科學研究發現一些關於嚇阻作用的實證事實，最高法院在未來案件中衡量成本效益也要考慮這些實證事實。

這些研究是在最高法院在本案做出判決之後才發表。證據排除法則是否真能嚇阻警察在申請搜索票過程當中的不當行為？要回答這個問題，先參考幾項探討研究。這幾項研究探討警察與新進警員對搜索、查扣相關法令的了解程度。如果警察不了解法律對他們的要求，那法律就無法嚇阻警察。奧菲爾德（1987）與芝加哥警察局緝毒組的二十六位警察進行結構式訪談，發現警察查扣的證據如果被法院判定排除，八成五的警察說他們都會接到通知，八成七說他們通常或總是知道證據被排除的理由。奧菲爾德（1987）其他的研究結果也顯示證據排除法則確有嚇阻作用。警察查扣的證據如果被排除，警察就必須在檢討會議上向長官說明為何證據被排除。如果證據被排除發生兩次（小案件除外），警察就會遭到降級或調職。證據排除法則影響的層面還不僅於此。州檢察官辦公室也會派出律師審查所有搜索票是否合法，警察也要參加搜查、查扣法規的訓練課程（Orfield, 1987）。二十六位警察都表示贊同證據排除法則，超過五成表示證據排除法則常常、經常、非常頻繁的讓他們免於展開他們誤以為合法的搜索行動。奧菲爾德（1987）根據研究結果，認為證據排除法則確能嚇阻警察的非法行為。

奧菲爾德（1987）倒也發現幾個令人不安的事實。他問二十六位警察，警察為了拿到搜索票，會不會「稍微隱匿事實（或者嚴重隱匿事實）」，製造相當理由？結果七成六的警察說「會」。在另一項針對辯護律師、檢察官與法官的研究中（Orfield, 1992），八成一的受訪者表示他們覺得警察在排除證據的聽證會上有時會改變證詞（比方說說謊），以免證據被排除。六成七認為警察的上級也允許這種說謊行為，三成八認為警察的上級甚至鼓勵這種行為。八成受訪者認為法官就算認為證據是非法搜索的結果，也不會把證據排除在外（Orfield, 1992）。從這些結果看來，證據排除法則並不如奧菲爾德所主張，能有效嚇阻警察的不法行為。關於這個主題還有幾項比較詳細的研究，如斯洛柏金（1996；亦見Reitz, 1996，給斯洛柏金的回覆）與麥克克魯格（1999；從心理學角度探討警察的說謊行為）。

赫弗南與羅芙利（1991）的研究也發現：證據排除法則嚇阻作用有限。他們給五百名警察看了根據最高法院判決所設計的假想的搜索與查扣案件，問這些警察假想案例中警察的行為是否合適？如果換做自己，會不會也跟假想案例中的警察一樣展開搜索？五百名警察也接受選擇題測驗，測試他們對搜索、查扣相關法令的了解程度。在假設問題方面，警察的回答正確率（知道怎樣才算合法搜索）是五成七。律師的回答正確率是七成三。在選擇題方面，警察的回答正確率只有四成八。這個研究有個最負面的發現，就是受過訓練，對搜索、查扣法規最熟悉的警察多半也表示，自己明知道假設案例中警察的行為違反了搜索與查扣的法規，還是會照做。這些警察受過訓練，比較懂法律，卻不見得願意遵守法律（Hefferman & Lovely, 1991）。

如果證據排除法則對很多警察來說都沒有嚇阻作用，那如何才能增強證據排除法則的效用呢？換句話說，哪些因素最能讓警方遵守證據排除法則呢？首先就是要讓警方明白法律的要求。廣川（2000）訪問了大西洋城地區六所警校的教師，發現如果警察幹部訓練能教導警察了解法律，教導警察在不確定如何執法時該如何審慎行動，新進警察就非常容易遵守證據排除法則。但是新進警察只佔全體警察的一部分。要確保在職警察都遵守法律，還是要持續不斷訓練。舉例來說，佩林、卡德威爾、柴斯與費根（1998）請一群警察回答關於執行搜索與查扣法令的假設性問題，結果答對的機率為百分之五十，顯示警察沒有受到良好訓練，不然就是不了解訓練課程內容。我們接下來探討警察遵守法律的情形，還會考量第三個原因，那就是警察受到良好的訓練，卻還是不願意遵守證據排除法則。

第二，有效訓練需要有效溝通。佩林等人（1998）的研究顯示，百分之六十的警察認為搜索與查扣的法令太複雜。如果警察覺得法令太難懂，那直接用法律術語把法令講給警察聽，警察也聽不懂。有效訓練一定要用有效的溝通方式，使用的訓練方法必須是經過實驗證明有效才行。

第三，學習先前的錯誤也是學習經驗的重要部分。警察申請搜索票如果出現不當行為，那警察必須知道哪些行為是違法的，會導致怎樣的後果（例如會導致證據不被法院採納）。佩林等人（1998）的研究顯示，將近百分之三十的警察，並沒有從法官或檢察官處得知排除證據聽證會的結果。這些警察大部分（但並非全部）會從別的管道得知結果，卻可能還是不知道他們的行為有何不當。其實應該讓警察知道他們的行為有何不當，警察日後才能改進。

第四，奧菲爾德（1987）研究一群警察，發現有些警察發覺自己查扣的證據遭到他人用證據排除法則反擊，會感覺失望，因為他們查案付出了許多時間與精力。奧菲爾德認為證據排除法則能有效防範警察的不當行為，因為警察在日後的搜索與查扣案件都會更遵守法律，避免再度失望。至於警察在怎樣的情況會覺得失望或是悲傷、沮喪，這些感覺會如何影響警察日後遵守證據排除法則，則是值得深入研究。

第五，警察之所以遵守法律，可能是因為想要遵從他人。所謂「遵從」，就是我們看了他人的行為與想法，就改變自己的行為與想法（見Eagly & Chaiken, 1993）。兩項經典心理學研究都證明了這個現象。

其中一項實驗是謝里夫（1935）所進行，他請幾位自願參與者進入黑暗的房間，請他們估計一個光點移動的距離，並且大聲說出來。其實光點完全沒有移動，參與者看到的是一種叫做自動運動現象（autokinetic phenomenon）的錯覺，也就是光線在黑暗中看起來好像自己會動。參與者一開始的估計結果差異很大。不過試了幾次之後，參與者的估計越來越相像，也就是說如果一個人覺得光點移動了八英吋，聽到其他人認為光點只移動了一兩英吋，就會下修自己的估計值。參與者發覺其他人的估計值較高，也會上修自己的估計值。

阿希（1951, 1955, 1956）進行了第二項經典實驗，研究遵從行為。他的研究與謝里夫的研究有點不同，他是直截了當給參與者看測試的目標。他拿幾張卡片給參與者看，上面畫了幾條不同長度的線。其中一張卡片上有一條線，叫做標準線。第二張卡片上有三條線，一條和標準線一樣長，另外兩條長度與標準線明顯不同。他請參與者從三條線中選出一條和標準線一樣長的線。參與者是分成幾組進行實驗，參與者並不知道同組的其他人就是研究人員（同謀者），等到輪到同謀者選出與標準線等長的線，他們就選出一條錯誤的線（也就是和標準線長度不同的線）。這個實驗要探討的問題是，參與者看到同謀者選擇了顯然是錯誤的答案，自己會怎麼選擇呢？結果將近四成的參與者跟同謀者一樣，選出明顯錯誤的答案。

一般人會順從他人，背後有很多理由，警察面對證據排除法則的行為，也有可能是出於相同的理由。法蘭屈與雷分（1959, Raven, 1965）研究握有權力的人（發動者）和沒有權力的人（目標團體）之間的順從關係。他們發現發動者可以動用幾種權力控制他人，其中一種就是合法性。目標團體如果認為發動者握有合法權力，能指揮目標團體的行為，那發動者就握有合法權力。在這個例子中，目標團體認為發動者握有社會賦予的某些權責，可以對他人發號施令（Eagly & Chaiken, 1993）。「你是經過正當程序選舉或奉派的官員，所以我會照你的話去做」，有時候我們會忘記這一點，但是警察其實也是平民，也跟一般老百姓一樣希望看到大家遵守法律。警察大概比一般人都了解指揮系統的重要，知道服從上級的指揮與規則，能提升公共安全與社會和諧。這個指揮系統的層峰是美國最高法院，最高法院說的話就是美國的法律，所以警察就會遵守。

順從合法性也可以說是順從權威，這個案子的權威就是法律。米爾葛蘭（1963, 1974）針對這個主題進行一項經典研究。他向研究對象謊稱要他們參與一項學習實驗，要探討處罰對學習與記憶的影響。隔壁房間坐著一位學習者（其實是一位研究人員），每次學習者犯錯，研究對象（這項一九六三年的研究所有研究對象均為男性）要用越來越強的電流電擊學習者。研究對象問問題，學習者就故意答錯。當然學習者並沒有真的遭受電擊，不過場面非常逼真，所以研究對象都以為學習者每次答錯都會被自己電擊。

研究對象看見學習者被綁在裝有電極的椅子上，有些實驗還讓研究對象體驗輕微的電擊，體會一下學習者的感受（強度比較低就是了）。學習者答錯次數越多，受到的電擊就越強烈，研究對象可以聽到學習者痛苦哀嚎。研究對象是透過一個控制面板電擊學習者，電擊的強度最低為十五伏特，最高為四百五十伏特，每十五伏特為一個間隔。按鈕上貼有電擊強度標示，從最輕的「輕度電擊」到最嚴重的「危險：重度電擊」。最強的兩種電擊的按鈕上面標示著「XXX」。研究人員告訴研究對象，學習者受到電擊雖然很難受，不過身體組織並不會受到永久傷害。

實驗開始時，研究對象電擊學習者並沒有太多遲疑。實驗持續進行，學習者一直答錯，所以電擊強度越來越強，研究對象開始表示也許應該就此打住。畢竟他們也聽見學習者害怕得大叫，要實驗結束，因為太痛苦了。研究對象表示不願意繼續，就會受到研究人員責備，說一定要繼續。令人驚訝的是，百分之六十五的研究對象都用了最強的電流電擊學習者（Milgram, 1963）。

米爾葛蘭（1974）認為研究對象在實驗中發現了一個權威層級，也發現自己位在底層，穿著實驗室白袍的那群人則在頂層。研究人員處於優勢，有權對研究對象發號施令，研究對象處於劣勢，就必須服從權威。米爾葛蘭主張，研究對象覺得自己是達成研究人員願望的工具。權威與權力的角色一旦界定清楚，一般人會非常服從權威，也許警察遵守證據排除法則，也是同樣的道理。

合法性與服從權威有個重點，就是哪個團體在他人眼中具有合法性，有權威要求他人順從或服從。如果警察認為美國最高法院或是法律具有權威，那不管最高法院的命令在他們眼中是否合理，他們都會服從。但是如果警察認為他們警察局的同僚有權威發號施令，這些同僚又經常逾越法律界線，警察就不願意遵守證據排除法則，或者不願意遵守法律。警察就算發現同僚出現不當或不法行為，也要三緘其口，大概就是因為這個原因。警察當然知道高層權威要求他們行為舉止都要符合道德與法律。但是如果權威人士就在他們旁邊，好比說站在他們背後的長官，或者警局的搭檔，可以立刻制裁他們，馬上帶來嚴重後果，權威人士要他們更改報告內容，以便申請搜索票，他們大概只會沉默不語。

警察服從的規範也會影響警察的行為。所謂規範就是一個團體的做法、習慣或根深蒂固的價值觀。我們知道一般人會順從所屬團體的規範（Eagly & Chaiken, 1993）。團體成員的團體認同越強，就越順從團體的規範。按照這個道理，警察願意遵守搜索的規則，因為這個規則是他們最親近的執法單位的規範，或者是他們認同的其他團體（如全國執法單位）的規範。一個人希望能得到同儕接納，所以願意遵守團體規範。如果團體的規範是要遵守法律，那些不遵守法律、選擇性執法、無能到不懂法律的警察，就有可能失去同僚的尊敬，不為團體所接納。不過正如先前所述，如果團體規範並不要求警察謹守法律，那警察可能比較不會遵守證據排除法則。

警察會順從還有別的原因。舉例來說，警察可能因為資訊原因（informational reason）願意遵守證據排除法則（French & Raven, 1959; Raven, 1965），也就是相信、服從他們從警察訓練課程學到的搜索程序相關的法院與政策制訂者的專業知識。警察在訓練課程可以學到法律、政策的基本原理、邏輯與哲學，當然還有運作技巧，並將所學運用在工作上。

警察也可能因為服從而遵守規範（Eagly & Chaiken, 1993）。也就是說雖然警察可能不認同某條法律或政策，還是會拋開個人疑慮，依照指示執法。警察會服從，也許是因為責任感與職業精神，因為他們曾經宣誓要遵守法律，或者因為個人操守，這幾項因素相加，就算警察覺得法律或政策並不合理，也還是會遵守。警察可能不認同證據排除法則，但是基於上述原因，還是會遵守法院制訂的規則，以取得有效搜索票。

警察遵守規範也可能是因為願意接受規範（Eagly & Chaiken, 1993），也就是說警察願意遵守法律與政策，是因為覺得法律和政策是正確的。也許這項法律與政策符合他們的價值觀、道德觀與正義感，或者與他們當警察的經驗吻合。警察覺得證據排除法則是一個好政策，因為可以防止人民受到壞警察影響，也可以督促警察要注意自己交出的工作成果一定要有相當品質，符合申請搜索票的條件。

法蘭屈與雷分（1959, Raven, 1965）發現，握有權威的人還可以透過其他權力影響他人。其中一種就是獎賞權力，也就是一個目標團體如果照著發動者的意思去做，發動者給予獎賞的能力。這種關係是以獎賞為基礎，法院跟執法單位說：「照著我們的意思去做，我們就會獎賞你。」也就是說，按照我們的規則申請搜索票，我們就會把你依據搜索票查扣的證據當成法庭證據。最高法院認同證據排除法則的「善意例外」原則，也是這個道理。最高法院認為里昂案的警察有按照規定，所以查扣的證據是可以採納的。最高法院不會因為法官沒有按照規定，就用排除證據來懲罰警察。警察遵守法律，除了得到搜索票之外，還有可能得到其他獎賞，如加薪、升遷、表揚等，還有可能得到無形獎賞，例如把工作做好的成就感，還有人民因為感激而表達的善意。

發動者要讓目標團體照著自己的意思去做，還可以用一種與獎賞權力相反的權力，就是強制權力。發動者用強制權力，處罰目標團體，藉此影響目標團體（French & Raven, 1959; Raven, 1965）。這種關係是建立在強制上，發動者跟目標團體說：「你們要是不照我的話去做，我就處罰你們。」最高法院之所以要制訂證據排除法則，這也是主要原因。憲法第四條修正案明文禁止不當搜索與查扣，警察無視憲法第四條修正案，最高法院認為應該不允許警察在法庭上使用不當取得的證據，藉此懲罰警察，強制警察改變行為。警察局威脅要把不遵守證據排除法則的警察調職，也是運用這種強制權力。

這些因素在警察局的實際運作情形，還有警察局要如何運用有關遵從的社會科學知識，減少警察的不當行為，這些都是未來研究的主題，也是執法單位與行為科學家、社會科學家合作的領域。我們知道很多行為科學與社會科學文獻，都可以當作雙方合作的參考，也可以催生直接相關的研究，說明證據排除法則在何種環境才能達到原先設定的目標。

第六，最高法院在里昂案表示，除非缺乏「更有效的制裁手段」才能使用證據排除法則，也就是說，如果有比證據排除法則更能嚇阻警察不當行為的方法，最高法院就會考慮使用。其他的制裁方法包括疑似遭到非法搜索，權利受到侵害的人，可以向負責搜索的警察提出民事訴訟，還有警察局做出處罰（如扣薪、停職、降級），甚至刑事訴訟。研究人員應該探討其他制裁方式的可行性與效果，再與使用證據排除法則的結果比較。

## 成本效益分析

法院衡量要不要排除非法取得的證據，必須分析社會的成本效益。不採納可能導致被告定罪的證據，要付出的成本相當明顯，那就是有罪的人可能會無罪開釋。對社會的利益則是可以嚇阻警察未來的不當行為。但是警察的行為如果是出於善意，那又要怎麼嚇阻呢？這樣，就沒有警察不當行為需要嚇阻了。排除警察本著善意取得的證據，唯一受益的就是罪犯，可以逃過處罰，或者得到較輕的判決。

最高法院在成本效益分析還要考量一個因素，就是盲目使用證據排除原則，可能導致一般人不尊重法律與司法單位。如果警察並沒有不當行為，證明犯罪事實的證據卻被排除，因為證據排除法則的「善意例外」條件不存在，所以犯罪者不用受審，警察與社會大眾難道不會對法官、法律制度還有法律失去尊敬嗎？這項假設可以用實證研究直接測試。舉例來說，研究人員可以給幾組研究對象（比方說警察與各年齡層的成人）看一些案例，看警察與法官在簽發搜索票過程當中的不當行為，還有法院決定採納或排除警察查扣的證據的判決，藉此分析研究對象對於警察、法官、法律制度與證據排除法則的態度。

## 本章重點

法律決策者如果有已經證實的行為事實與社會事實可以參考，當然比較有益，但是有時候相關研究還沒有展開。已證實的行為事實與社會事實可以從三個管道取得：（一）純粹探討人類行為的研究；（二）專為探討法律情境中的人類行為進行的研究；（三）訴訟當事人要求進行的研究。第一種研究在行為科學與社會科學中不斷推出，因為不管在任何時候，人類行為總有未解之謎。結果就是：法律決策者需要一些已證實的事實的時候，不見得能拿到。第二種研究則是發現法律與法律制度衍生出許多關於人類行為的有趣問題。如同最高法院在本案所述，這種研究發表之後，法律決策者就可以利用。這種研究可能有些問題，因為可能稍微偏頗或嚴重偏頗（見本書第九章最高法院對於蓋西所委託的研究的意見）。這種研究有其必要，但是必須審慎進行，也要小心參考。

## 參考書目

Asch, S. E. (1951). Effects of group pressure upon the modification and distortion of judgments. In H. Guetzkow (Ed.), *Groups, leadership, and men* (pp. 177-190). Pitsburgh, PA: Carnegie Press.

Asch, S. E. (1995). Opinions and social pressure. *Scientific American*, 193, 31-35.

Asch, S. E. (1956). Studies of independence and conformity: I. A. minority of one against a unanimous majority. *Psychological Monographs, 70* (9, Whole No. 416).

Brehm, S., & Brehm, J. W. (1981). *Psychological reactance: A theory of freedom and control. New York*: Academic Press.

Eagly, A. H., & Chaiken, S. (1993). The psychology of attitudes. Fort Worth, TX: Harcourt Brace Jovanovich.

French, J. R. P., & Raven, B. (1959). The bases of social power. In D. Cartwright (Ed.), *Studies in social power* (pp. 150-167). Ann Arbor: University of Michigan.

Heffernan, W. C., & Lovely, R. W. (1991). Evaluating the Fourth Amendment exclusionary rule: The problem of police compliance with the law. *University of Michigan Journal of Law Reform, 24,* 311-369.

Hirokawa, C. F. (2000). Making the "law of the land" the law of street: How police academies teach evolving Fourth Amendment law. *Emory Law Journal, 49*, 295-372.

Markman, S. J. (1997). Six observation on the exclusionary rule. *Harvard Journal of Law and Public Policy, 20*, 425-434.

McClurg, A. J. (1999). Good cop, bad cop: Using cognitive dissonance theory to reduce police lying. *University of California at Davis Law Review, 32*, 389-453.

Milgram, S. (1963). Behavioral study of obedience. *Journal of Abnormal and Social Psychology, 67*, 371-378.

Milgram, S. (1974). *Obedience to authority: An experimental view*. New York: Harper & Row.

Orfield, M. W. (1987). The exclusionary rule and deterrence: An empirical study of Chicago narcotics officers. *University of Chicago Law Review, 54*, 1016-1069.

Orfield, M. W. (1992). Deterrence, perjury, and the heater factor: An exclusionary rule in the Chicago Criminal Courts. *University of Chicago Law Review, 63*, 75-161.

Perrin, L. T., Caldwell, H. M., Chase, C. A., & Fagan, R. W. (1998). If it's broken, fix it: Moving beyond the exclusionary rule. *Iowa Law Review, 83*, 669-764.

Raven, B. H. (1965). Social influence and power. In I. D. Steiner & M. Fishbein (Eds.), *Current studies in social psychology* (pp. 371-382). New York: Holt, Rinehart & Winston.

Reitz, K. R. (1996). The police: Testifying as a problem of crime control. A reply to Professor Slobogin. *University of Colorado Law Review, 67*, 1061-1073.

Sheriff, M. (1935). A study of some social factors in perception. *Archives of Psychology, 27*, 1-60.

Slobogin, C. (1996), Testifying: Police perjury and what to do about it. *University of Colorado Law Review, 67*, 1037-1060.

United States v. Leon, 468 U.S. 897 (1984).

# 第十一章　法庭上提交的事實知識與訴訟主題無關

## 案例：死刑的歧視效應

對抗種族歧視的大戰已經在議會、法院與街頭展開。美國最高法院審理過住宅、投票、就業、教育與死刑的歧視問題。關於死刑的歧視問題，最高法院判決如果死刑判決並非武斷，是經過深思熟慮的決定，而且並不是犯下某種罪行就一定要判處死刑，那死刑就不算違憲。有些人認為黑人被判處死刑的人數比白人多，最高法院倒是沒研究過這個問題。如果真是如此，那這種判刑差異就違反了美國憲法第十四條修正案的平等保護條款，殘忍又異常的處罰也違反了美國憲法第八條修正案。

長期反對死刑的「全國有色人種權益促進會法律辯護基金會」，安排了一項研究，探討喬治亞州大約兩千個死刑案件的起訴決定與判決模式，結果並沒有顯示出白人與黑人得到的判決有大幅差異（Baldus, Pulaski, & Woodworth, 1983），倒是顯示出如果被害人是白人，那被定罪的殺人犯被判死刑的機率要比被害人是黑人大的多。「全國有色人種權益促進會」在喬治亞州三十件死刑案件提起上訴，引用這項研究作為死刑判決含有種族歧視的證據。「全國有色人種權益促進會」希望至少一個案子能經過上訴程序到達美國最高法院，結果願望成真，這個案子就是麥克萊斯基對肯普（McClesky v. Kemp）（1987）。

本書作者選錄這個案子，是要探討一個行為科學家與社會科學家把事實知識呈現給法律決策者時，有時會遇到的一個基本問題，那就是法官會認定行為事實知識與社會事實知識與案件的事實議題無關。在本案中，麥克萊斯基的律師團在法庭上提出一份研究，顯示死刑案件中陪審團的決策帶有種族歧視，被害人是白人時尤其明顯。最高法院並不想聽這種論述。最高法院是想知道麥克萊斯基這個人在初審判決是不是受到蓄意的種族歧視（也就是最高法院所稱「有目的的歧視」），而不是很多案子都有種族歧視的情形。

## 麥克萊斯基對肯普

### 美國最高法院

麥克萊斯基在喬治亞州的富頓郡被判兩項持械搶劫與一項謀殺罪名成立。他是因為搶劫一家家具店，過程當中殺害一位白人警察而被定罪。法庭證據顯示他是和三位同夥合謀搶劫，四個人都持械。麥克萊斯基從家具店的前門進入，其他三位從後門進入。麥克萊斯基控制住前面的顧客，強迫他們臉朝下躺在地上，另外三人控制住後面的員工，用膠帶把他們綁起來。他們持槍逼迫經理把家具店的現金、經理的手錶，還有六塊錢美金交出來。店家啟動靜音警鈴，一位警察接到之後從前門進來，走在家具店中間的走道時，歹徒兩度開槍，兩槍都擊中警察，其中一槍擊中臉部，警察當場斃命。

幾個禮拜後，麥克萊斯基因為一起不相關的事件被捕，他坦承犯下家具店搶案，但是否認開槍射殺警察。檢方在法庭上拿出證據，顯示擊中警察的兩發子彈，至少有一發是從麥克萊斯基案發當時所拿的點三八口徑羅西左輪手槍射出。檢方也傳喚兩名親耳聽見麥克萊斯基坦承射殺警察的證人。

陪審團裁決麥克萊斯基的謀殺罪名成立。根據喬治亞州法律，在宣判階段，陪審團除非發現被告除了謀殺罪之外，還符合下列加重刑罰因素之一，否則不能將被告判處死刑：

- 被告曾有重罪被判刑的前科。
- 被告是在犯下重罪或加重毆打罪同時犯下謀殺罪。
- 被告是在犯下竊盜或一級縱火罪同時犯下謀殺罪。
- 被告犯下謀殺罪時使用危及一人以上的生命安全的武器或工具，蓄意在公共場合嚴重危害一人以上的生命安全。
- 被告是為了自己，或是為了賺取他人的金錢或具有金錢價值的報酬而犯下謀殺罪。

- 遭到被告殺害的司法人員、前任司法人員、地方檢察官或律師，或前任地方檢察官或律師是在執行公務期間被害，或者因為執行公務被害。
- 被告引導、指示另一人謀殺被告，或者代替、受雇於另一人而謀殺被告。
- 被告的謀殺罪行包含虐待、精神虐待，或加重毆打被害人，因此惡行重大、令人髮指且泯滅人性。
- 被害人是正在執行公務的警官、監獄員工或消防隊員。
- 被告是在監獄服刑或警官羈押期間犯下謀殺罪，或者是逃脫監獄或羈押時犯下謀殺罪。
- 被告是為了逃避、干預或抗拒自己或他人遭到合法逮捕或監禁而犯下謀殺罪。

陪審團認定麥克萊斯基符合兩項加重刑罰因素：謀殺罪是在持械搶劫期間犯下，而且被害的警官是在執行公務期間遇害。

陪審團衡量是否做出死刑裁決，還要考慮麥克萊斯基的行為有無減刑因素。麥克萊斯基倒是沒有提出減刑因素的證據。陪審團建議將麥克萊斯基以謀殺罪判處死刑，以持械搶劫罪判處連續的無期徒刑。依據喬治亞州法律，如果陪審團認定法定加重刑罰因素存在，又建議判處死刑，那法官就必須判處被告死刑。

麥克萊斯基提起上訴，列舉十八項理由，其中一項是喬治亞州的死刑判決程序帶有種族歧視，違反美國憲法第八條修正案與第十四條修正案。麥克萊斯基也提出一項統計研究，宣稱喬治亞州的死刑判決會因為被害人的種族而有所不同，也或多或少會因為被告的種族而有所不同。這項研究其實是兩項複雜的統計研究，探討一九七〇年代喬治亞州兩千多起的謀殺案件。原始數據顯示案件當中有百分之十一是被告因殺害白人而被判處死刑，但是只有百分之一是被告因殺害黑人而被判處死刑。原始數據也顯示被告的種族會導致相反的結果：百分之四的黑人被告被判處死刑，而百分之七的白人被告被判處死刑。

這項研究也把案件按照被告的種族與被害人的種族分類，發現黑人被告與白人被害人的案件有百分之二十二是死刑判決，白人被告與白人被害人的案件有百分之八是死刑判決，黑人被告與黑人被害人的案件有百分之一是死刑判決，而白人被告與黑人被害人的按鍵有百分之三是死刑判決。研究也發現檢察官在百分之七十的黑人被告與白人被害人案件、百分之三十二的白人被告與白人被害人案件、百分之十五的黑人被告與黑人被害人案件，還有百分之十九的白人被告與黑人被害人案件求處死刑。

研究人員把數據大量分析，計入兩百三十個變量（也就是除了種族因素之外，判決差異可能形成的其他理由）。從其中一個統計模型可以看出，就算計入三十九個非種族變量，因為殺害白人被判死刑的機率也是殺害黑人被判死刑的機率的4.3倍。根據這個模型，黑人被告被判死刑的機率是其他被告的1.1倍。這項研究的結論就是像麥克萊斯基這種殺害白人的黑人被告被判死刑的機率是最高的。

研究結果其實有點複雜。含有兩百三十個研究變量的統計模型依據估計的謀殺罪的加重程度，把案件區分成八個不同的範圍，結果發現種族偏見在中間範圍的案件最為明顯。正如麥克萊斯基的專家作證時所言：如果案件存有許多加重刑罰因素，大家一致認為應該判決死刑，種族歧視效應就會消失。只有在中間範圍的案件，決策者握有生殺大權，也有自行決定的空間，種族因素才會構成影響。依照這個模型，百分之十四點四黑人被害人的中間範圍案件是死刑判決，百分之三十四點四白人被害人的案件是死刑判決。

麥克萊斯基主張喬治亞州的死刑法規，違反美國憲法第十四條修正案的平等保護原則。他主張種族歧視對喬治亞州的司法有兩個影響：殺害白人要比殺害黑人更有機會被判死刑，而且黑人殺人犯比白人殺人犯更有機會被判死刑。他認為他是殺害白人的黑人被告，從研究結果即可看出他因為自己的種族與被害人的種族受到歧視。被麥克萊斯基指控歧視的對象從最廣義來看，涵蓋喬治亞州死刑判決程序的每一個份子，從求處死刑的檢察官、裁決死刑的陪審團，到制訂死刑法律，即使涉嫌歧視也仍然維持死刑的喬治亞州政府。

被告指控他人違反平等保護條款，必須提出蓄意歧視的證據，還要證明蓄意歧視導致自己受到不平等待遇。因此，麥克萊斯基提出的平等保護條款要能成立，必須證明他的案件當中的決策者對他蓄意歧視。他完全沒有提出與他的案件相關的證據，能證明他是因為種族歧視被判死刑，而是只提出這項研究，他主張研究數據足以證明種族歧視，不用參考某一個案件的事實，研究的結論適用喬治亞州所有死刑案件，至少是那些被告是黑人、受害者是白人的案件。

麥克萊斯基的邏輯有問題。要判決死刑，每一個判處死刑的決定都是由陪審團做出，而每個陪審團的組成份子都不一樣。美國憲法也規定陪審團必須考量相當多的因素，從被告的特質到構成死刑的犯罪事實都要考慮進去，因此，把一般統計數據的推論應用到審判過程的某一項決策與判決並不合適。

舉例來說，這項研究探討幾百個陪審團的決策的綜合效應，推論出一州的政策，問題是每個陪審團的組成份子都不一樣。光憑研究這些獨特的團體做出的決策，很難得知州政府一貫的政策。研究檢察官的決策，也不見得能得知州政府一貫的政策。一郡的地方檢察官是由該郡選民選出。個人對於是否起訴、用什麼罪名起訴的見解不同，這些決策也牽涉到非常多不同的事實，把一州所有地方檢察官的決策拿來加總平均相對來說並無意義。用全州的統計資料推論檢察官的政策，可能根本與事實無關。一個富頓郡（麥克萊斯基就是在此地受審）的統計數據案件數量，遠遠少於全州的統計數據。就算這項研究整體來說在統計學上成立，研究的取樣太小，所以研究結果的參考價值也有限。正如麥克萊斯基的專家在作證時所言，為了探討一般的影響而設計出來的統計模型並不能預測個人的經驗。舉個例子說明這段話的意思，就是平均來說，被害人如果是白人，被告被判死刑的機率就比較高，但是從統計數據無法判斷某個案會不會出現這樣的結果。就算是這項研究進行的複雜多元回歸分析（multiple regression analysis），也只能證明死刑判決確有受到種族因素影響的風險，而且種族因素也有可能影響某個判決，只是影響程度比較輕微，並不能證明種族歧視的確發生。

麥克萊斯基引用這項研究還有另一個問題，就是州政府沒有機會反駁。基於國家政策的考量，法院不能傳喚陪審團出庭，要求陪審團解釋當初裁決的動機與考量。同樣的道理，政府給予檢察官充分的自主權，可以自行決定起訴與否，所以法院也不能傳喚檢察官出庭解釋好幾年前將被告求處死刑的理由。如果每次有人指控檢察官，檢察官就必須出庭說明，那檢察官就要耗費大量精力與注意力，無暇顧及更急迫的任務，就是執行刑法。要求檢察官反駁一項分析眾多檢察官以前作為的研究，跟要求檢察官反駁他人立即提出的異議大不相同。再說，除了這項研究之外，法院並未發現更強而有力的證據，所以不需要傳喚檢察官出庭說明。麥克萊斯基會被判死刑，是因為有一個合法且無庸置疑的理由：那就是他的罪行構成美國憲法與喬治亞州法律判處死刑的要件。

考量麥克萊斯基提出的研究，應該也要考量他提出的異議。他是質疑喬治亞州刑事司法制度中心的決策。社會最基本的義務就是保護人民的生命安全，要保護人民的生命安全，最基本的做法就是用刑法制裁謀殺。要執行刑法，司法人員需要自行斟酌判斷。自行斟酌判斷是刑事司法程序的重要環節，所以要證明司法人員濫用自行斟酌的權力，必須要有非常明顯的證據。因此，最高法院認為麥克萊斯基提出的研究，不足以證明麥克萊斯基案的決策者帶有種族歧視。

麥克萊斯基也主張這項研究證明整個喬治亞州都帶有種族歧視。他主張喬治亞州制訂死刑法規，而且明知道死刑判決疑似存有歧視，還是維持死刑。但是歧視牽涉到的不只是意圖（包括意志與了解後果）而已，還牽涉到決策者（本案的決策者是喬治亞州議會）選擇或確認某種做法，因為這種做法可以對某個團體產生負面影響。麥克萊斯基的主張要能成立，他必須證明喬治亞州議會之所以制訂死刑、維持死刑，是因為這樣做能達到種族歧視。並沒有證據可以證明喬治亞州議會制訂死刑是為了達到種族歧視。

麥克萊斯基引用歷史資料，想證明喬治亞州是蓄意歧視。他提出的證據主要著眼喬治亞州在美國南北戰爭期間與戰爭過後的法律，當然判決的歷史背景也可能當作蓄意歧視的證據，但是除非歷史證據與遭到質疑的判決年代相近，否則歷史證據就沒有價值。美國的確有種族歧視的歷史，這點無可否認，但是我們不能把許多年前政府的行為當成現在意圖的證據。

麥克萊斯基也無法證明州議會之所以維持死刑法規，是為了延續研究所顯示的因種族歧視而不成比例的判決。的確，麥克萊斯基完全沒有拿出能證明這一點的證據。州議會有權自行斟酌選擇該州適用的刑法與刑罰，喬治亞州議會制訂、維持死刑也有合法理由，我們不認為喬治亞州有種族歧視的意圖，因此將麥克萊斯基引用平等保護條款的上訴予以駁回。

麥克萊斯基也主張，研究顯示喬治亞州的死刑判決制度違反美國憲法的第八條修正案，以及各州必須遵守美國憲法第十四條修正案的正當程序條款。第八條修正案禁止殘酷又異常的處罰。最高法院先前審理過的第八條修正案案件都只探討死刑執行的方式（以電椅處死或公開槍決），判斷是否過於殘酷，不符合憲法的要求。最高法院發現第八條修正案的第二項原則，也就是犯罪的處罰必須與犯罪行為成比例。第八條修正案在這個領域的基本概念是處罰必須顧及人的尊嚴。我們在使用第八條修正案時，必須牢記在日漸成熟的社會，行為標準也會不斷演進，所以使用憲法修正案也必須參考新的行為標準。

因此要判斷是否違憲，必須衡量遭到質疑的制裁方式是否符合當代的價值觀。最高法院認為憲法禁止殘酷且異常的處罰很有意義，因為人道的司法制度開啟了民智。要衡量制裁方式是否符合當代標準，應該避免主觀判斷，而採用能反映社會大眾對於制裁方式的態度的客觀指標。第一個客觀指標就是各州議會的決策，因為州議會的判斷就能充分反映當代標準。另外也要考量陪審團的判決決策，因為這也是當代價值觀之重要且可靠的客觀指標。

按照這個分析，是不是所有殺人案件的死刑判罰都是殘酷異常，違反美國憲法第八條修正案？美國人很久以來都能接受將殺人犯判處死刑。我們相信州議會能衡量該州的情況，判斷人民對於死刑以及死刑的社會制裁功能的道德共識。在缺乏更有說服力的證據的情況下，我們自然認為用死刑處罰殺人犯確有正當理由，也並未構成違憲。的確，美國三十七個州有死刑法規，聯邦法律也規定劫機致死也可判處死刑。

負責判刑的人可自行決定一個人是生是死，這種自行決定權必須有所限制，而且握有決定權的人必須得到充分指示，才能把完全武斷、任性判決的機率降到最低。喬治亞州的司法系統將定罪程序與判決程序分開，這樣陪審團就能得到判決所需的所有相關資訊，不用擔心與被告犯罪事實無關的證據會影響陪審團的判決考量。法律規定陪審團必須認定至少一項加重刑罰因素存在，才能將殺人犯判處死刑，也允許被告提出所有能證明減刑因素相關的證據，說服陪審團不要判處死刑。這些程序需要仔細研究犯行的性質以及犯罪者的特質與行為傾向，因此，雖然陪審團還是握有一些自主權，行使自主權也要遵守一些明白客觀的標準，以免判決出現歧視。喬治亞州的司法制度也多增設了一道重要的防線，防堵武斷、任性的判決。法律規定被判死刑的被告可享有自動上訴喬治亞州最高法院的權利。這項法規要求法院審查每個判決是否帶有非理性與偏見因素，是否有證據可以證明陪審團認定的加重刑罰因素確實存在，還有判決與類似謀殺案件的判決相比，是否不成比例。為了協助法院審查判決，承審法官填寫了一份關於審判過程的問卷，內容包含詳細的問題，如被告律師辯護的品質、種族因素是否影響審判過程等等。

總而言之，美國憲法允許宣判者在一定範圍內自行斟酌，決定是否判處死刑。第一，判處死刑有一道法律門檻，低於門檻就不能判處死刑。依據這些規定，州政府必須制訂合理標準，以便決策者判斷被告的案件的情形是否符合門檻。如果社會共識認為死刑與某項犯行不成比例，州政府就不會將犯下該項犯行的人處以死刑。第二，各州政府不得禁止宣判者考量可能導致宣判者不判處被告死刑的相關因素。在這個方面，州政府不能引導宣判者的決定，但是必須允許宣判者考量被告提供的所有相關資料。麥克萊斯基主張他受到的判決與他的犯行不成比例，在傳統上來說這並不成立。他並沒有否認他在預謀的搶劫過程當中犯下殺人罪，最高法院認為殺人罪判處死刑並不違憲。

麥克萊斯基又主張他受到的判決與其他謀殺案件的判決不成比例。最高法院並不同意。喬治亞州最高法院受理自動上訴，發現麥克萊斯基的死刑判決與喬治亞州其他的死刑判決相比，並非不成比例。最高法院在判決書中加上一個附錄，引述十三件類似的謀殺案。最高法院也認為司法程序也引導宣判者的自主判斷，所以就憲法而論，並不需要審查比例原則。麥克萊斯基未能提出證據，證明喬治亞州死刑制度的運作相當武斷、任性，光是提出其他類似案件的被告沒有被判死刑，並不足以證明他的死刑判決構成違憲。宣判者有酌情從寬處理的機會，並不表示死刑判決就是武斷、任性。麥克萊斯基的死刑判決是依據喬治亞州的判決程序做成，這個判決程序要求陪審團自行斟酌被告罪行的本質以及被告本人的特質，因此，麥克萊斯基的死刑判決並不是陪審團惡意與反常的決策。因此根據美國憲法第八條修正案的定義，麥克萊斯基的死刑判決並非不成比例。

麥克萊斯基主張喬治亞州死刑判決可能有種族考量，所以喬治亞州死刑制度的運作武斷又任性，所以他被判死刑是過重處罰。但是，就連他的專家也並未主張他的統計數據能證實種族考量確實影響死刑判決，或者麥克萊斯基的死刑判決就是受到種族考量影響。根據專家所言，麥克萊斯基的案子落在灰色地帶，最有可能的是他的死刑判決確實受到不當考量的影響。分析這類案件，顯然不能確定真正影響判決的因素，統計數據最多只能顯示某個因素影響了某些決策。當然，陪審團在刑事案件的決策確有可能受到種族歧視影響。其他的偏見也有可能影響其他刑事審判。問題在於要影響到什麼程度才構成違憲。最高法院認為，麥克萊斯基引述的研究顯示的機率，並不能證明種族歧視影響死刑判決到違憲的程度。

無法估計的陪審團審判權，是整個刑事司法制度重要的基本原則。陪審團是刑事案件被告的基本屏障，保護被告的生命與自由不受種族、膚色歧視侵害。判決死刑的陪審團代表刑事案件被告所處的社會，透過分散決策權確保公平，代表社會做出生與死的終極判決。

陪審員帶著不同人性特質與經驗前來審議，別人並不知道他們經驗的範圍，大概也無從得知。陪審團思考是否判處死刑，必須集體判斷某一個刑事案件被告的特質。這種集體判斷通常很難解釋，這並不奇怪。但是陪審團決策一向無法預測，並不表示陪審團的裁決就一定合理，反而是陪審團做出困難且人性的判斷，超越了法典，為法律制度帶來自行決定權、公正與彈性的精神。

麥克萊斯基主張，美國憲法不允許喬治亞州的死刑判決制度的決策者擁有自行決定權。他的主張與我們的刑事司法制度當中自行決定權的基本角色相反，刑事司法制度的自行決定權對於刑事案件被告相當有利。陪審團可以拒絕做出死刑裁決，也可以拒絕將被告定罪，或者以較輕微的罪行定罪。陪審團的裁決如果對被告不利，可能會被承審法官或上訴法院推翻，但是陪審團的寬容裁決就是最終裁決，不能再審。同樣的道理，美國法律也賦予檢察官自行決定權，視被告情況予以裁奪。檢察官有權不起訴，有權提供認罪協商（plea bargain），也可以在任何案件不求處死刑。當然有權寬容就等於有權歧視，但是死刑制度如果不允許自行斟酌寬容處理，那就會與法律的刑事司法概念背道而馳。

麥克萊斯基引述的研究，最多也只能證明判決者的自主決定似乎和種族有關，美國的刑事司法制度難免會出現一些明顯的判決差異。麥克萊斯基引述的研究顯示的差異，絕非刑事司法制度的重大系統缺陷。其實麥克萊斯基引述的研究，反而證實喬治亞州的制度對於可判處死刑的各級謀殺罪的判罰符合比例原則。這個制度把案件依照「極有可能判決死刑」與「極不可能判決死刑」分類，介於中間的案件則是不確定是否會判決死刑。

每一種定罪、判刑的方法都有缺點，也都有誤用的可能。沒有一個完美的程序可以判斷哪些案件需要動用政府權力判處死刑。雖然有這些瑕疵，但是定罪、判刑的方法如果具備一些保護措施，可以盡可能做到公正，那就符合憲法的要求。自行決定權是我們的刑事訴訟程序的基礎，最高法院不認為沒有解釋就代表不公正。刑事訴訟程序設有一些保護措施，能將種族偏見降到最低，陪審制度在我們的刑事訴訟制度又具有基本價值，而且自行決定權又對刑事案件被告有利，因此最高法院認定麥克萊斯基引述的研究並不能證明種族偏見影響喬治亞州的死刑判決程序到違憲的地步。

麥克萊斯基的主張，讓我們認真思考我們整個刑事司法制度的基本原則。美國憲法第八條修正案除了適用死刑之外，也適用所有其他刑罰。所以，如果麥克萊斯基「種族偏見對於死刑判決有不當影響」的主張成立，那最高法院很快也會遇到關於其他刑罰的類似主張。的確，已經有研究顯示，有期徒刑的刑期長度似乎會因為種族而有所差異。麥克萊斯基主張他是因為與案件無關的種族因素才被判死刑，按照這個道理，判決只要出現無法解釋的差異，被告也可以宣稱是因為自己屬於少數族群，甚至可以牽扯到性別。再說也沒有合理的理由能證明只有種族偏見、性別偏見才會造成判決差異。如果依據美國憲法第八條修正案，武斷、任性的判罰可以當作試金石，那任何武斷的因素（如被告的臉部特徵，或被告或被害人外表的迷人程度）都可以被被告拿來當成「判決不公」的藉口，至少理論上可以，畢竟統計研究都證實這些因素可能影響陪審團決策。從這些例子可以看出，麥克萊斯基質疑的種類沒有限制。美國憲法並未規定為了要讓含有死刑的刑事司法制度運作，州政府必須排除任何由與案件無關的因素導致的判決差距。

麥克萊斯基的主張最好交給立法機關，最高法院沒有責任，坦白說甚至也無權判斷哪一種罪行應該如何處罰。是立法機關那些民選的民意代表才有憲法賦予的權力，回應人民的意志與道德價值。立法機關比較有資格依據當地的狀況，衡量統計研究的結果，立法機關的做法也比較有彈性，是法院所不能及。

## 分析與影響

麥克萊斯基主張喬治亞州的死刑判決受到種族（被害人的種族與被告的種族）影響，違反美國憲法第十四項修正案的平等保護條款。麥克萊斯基也主張在這種情況下判決的死刑，判決因種族而有差異，所以構成殘酷且異常的刑罰，也違反了美國憲法第八條修正案。

## 美國憲法第十四條修正案

### 將麥克萊斯基引用的研究運用在麥克萊斯基案

麥克萊斯基提出一項探討喬治亞州死刑判決的社會科學研究，想證明他的憲法賦予的權利受到侵害（**Baldus et al., 1983**）。這項研究使用多元回歸，可以根據兩項以上的自變量（可能影響應變量價值的變量）預測應變量（要測量的變量）的價值。多元回歸還有一些在研究當時尚未問世的相關研究方法是重要的研究工具，可以探討一個現象背後的原因，因為現象往往不會只有一個成因。舉例來說，想要研究某種抗癌藥物的效果，可以把服用新藥（自變量）的研究對象的癌細胞數量（應變量），拿來與沒有服藥的研究對象的癌細胞數量比較。從這種簡單的研究設計就能看出藥物效果，但是還有一些問題未能回答。癌症病人的復原狀況除了受到藥物影響之外，還會受到很多因素影響（如遺傳因素、癌症病史、先前接受的治療、年齡、性別、種族、社經地位、使用醫療保健的方便程度、互助團體與營養）。研究人員進行回歸分析，可以看出這些因素佔病人復原的比重是多少。麥克萊斯基引用的研究使用多元回歸分析，找出最能預測死刑判決的因素。研究分析了三十九項因素（如謀殺罪是否在另一項重罪犯案期間同時犯下、使用的武器種類、殺人犯與被害人之間的關係以及殺人犯的前科）對判決的影響。

從一堆案件（法律判決）擷取的資料能不能證明一個人受到歧視（個案決策）？我們要記得麥克萊斯基主張他受到歧視。他並不是代表喬治亞州所有死刑犯提出異議。最高法院認為麥克萊斯基要證明他的平等保護權利受到侵害，他必須證明他的死刑判決是蓄意種族歧視的結果。但是他沒有針對這一點提出直接證據，就只提出一項研究而已。最高法院認為研究不能當成證據。第一，最高法院認為就算這項研究能證明喬治亞州的判決存有差異，也不能證明麥克萊斯基也受到差別待遇。最高法院認為每個檢察官的決策、每個被告、每個案件、每個陪審團都是獨特的。第二，陪審團考慮是否判處死刑，要考慮的因素不計其數，遇到每個被告、每個案子，陪審團要考慮的因素都不一樣。最高法院也主張依照政府政策，法院不能要求陪審團解釋自己的決策，不管案件牽涉到最輕微的犯行，還是最嚴重的犯行都一樣。法院也不能要求檢察官解釋他們自己或其他檢察官為何要起訴，或者為何不起訴犯下死罪（就是一旦定罪，就可判處死刑的罪行）的被告。要檢察官解釋他們先前的起訴決定與行為就已經夠困難了，要他們解釋其他檢察官的行為根本不可能。因此，最高法院認為根據平均值得出的研究結果不能用來解釋個案的因素，也不能用來解釋麥克萊斯基案的因素。這項研究頂多只能證明喬治亞州陪審團的判決可能受到種族因素影響。有種族歧視的風險，並不代表麥克萊斯基案得到的判決就是種族歧視的結果。

法院沒有考慮到法律數據一向都是用來預測個案的情形。舉例來說，保險公司可以根據團體數據設定個人保險費率。醫生也可以根據類似病例建議病人動手術。最高法院審理此案為何不用這種數據呢？最高法院的答案是一般性研究並不能判斷麥克萊斯基是否受到蓄意歧視。喬治亞州最高法院認為麥克萊斯基並未受到種族歧視，提到法院評估了十三個「大致類似的謀殺案件」，最高法院也認同喬治亞州最高法院的主張，這看似合理卻很奇怪。麥克萊斯基之所以引用研究，就是相同的道理，都是想把很多案例的情形套用在少數案例，想證明他是因為種族歧視才被判死刑。

## 死刑的自行決定權

最高法院強調刑法保護人民的重要性，也強調司法人員執法時必須擁有自行決定權，否則刑法就會失去作用。舉例來說，犯罪事件發生，嫌犯遭到逮捕，司法體系必須決定要如何處置嫌犯，必須決定以何種罪名起訴、是否允許保釋、是否給予認罪協商、是否因為證據不足，或者因為訴訟沒有勝算而撤銷起訴。如果嫌犯觸犯死罪，而且該州又有死刑的話，那還要決定是否求處死刑。這些決定都是由檢察官做，所以檢察官在審判還沒開始時就具有相當的影響力，也握有相當的自行決定權，可以左右被告的命運。

但是如果行使自行決定權只是種族歧視的藉口，那自行決定權就構成違憲。所以檢察官求處死刑的決策差異是不是因為種族考量？很多研究這個問題的社會科學家認為是的。巴爾杜斯、伍德渥斯與普拉斯基（1990）發現：如果謀殺案的受害人是白人而不是黑人，被告得到死刑判決的機率較高，而檢察官的自行決定權是造成判決差異的主因。麥克萊斯基引用的研究顯示喬治亞州的檢察官遇到黑人殺害白人的案件，求處死刑的機率幾乎是黑人殺害黑人案件的五倍。拉達勒與皮爾斯（1985）研究佛羅里達州一千多個他殺案件，探討檢察官如何將這些案件依據罪行的狀況分類，看看分類會造成案件升等成為死刑案件，還是從死刑案件降等。他們發現升等與降等深受被告與被害者的種族影響：黑人殺害白人的案件最有可能升等成為死刑案件（就是被求處死刑的案件），最不可能降等。在一九七七年至一九九一年間，密蘇里州的檢察官遇到黑人殺害白人的案件，要比黑人殺害黑人的案件更有可能求處死刑（Sorenson & Wallace, 1995）。

最高法院也考量陪審團在死刑案件行使自行決定權的重要性。在死刑案件裁奪刑罰其實是兩階段的程序。陪審團首先要考量所有的加重刑罰因素，也就是犯罪事實的一些特質，如果確實存在，陪審團可能會認定被告應判處死刑。最高法院發現麥克萊斯基案有兩項加重刑罰因素：被害者是一位正在執行勤務的警察，而且謀殺是在搶劫案發生期間犯下。

但是光是認定加重刑罰因素存在，並不足以將被告判處死刑。還要考量減刑因素。所謂減刑因素就是犯罪事實與被告的一些特質，可能導致陪審團認為雖然有一兩項加重刑罰因素存在，被告還是不應被判處死刑。減刑因素不能做為犯罪的藉口，但是可以做為不判處死刑的正當理由。舉例來說，被告曾是受虐兒童，或者被告是受到被害人挑釁才會犯案，這些都算是減刑因素。法律上的減刑因素範圍很廣。只要有一位陪審員認為一個減刑因素能蓋過加重刑罰因素，那被告就不能被判處死刑。麥克萊斯基的律師並沒有向陪審團提交減刑因素的證據。既然沒有減刑因素，又有兩項加重刑罰因素，最高法院認為麥克萊斯基無法證明他受到司法體系的種族歧視。換句話說，他不是普通的該被判死刑。

他冷血殺害一位已婚且育有一子的警察，這種犯行很難忽略不計。考量他的犯罪事實，任何法院都不會認為他是因為種族歧視被判死刑。有些反死刑人士批評「全國有色人種權益促進會」沒有好好利用麥克萊斯基引述的研究的強而有力的結論，這倒也不令人意外（見Lazarus, 1998）。

最高法院也認為陪審團在判決時能行使自主決定權，就是防止被告受到種族歧視的最佳保障。麥克萊斯基認為就是這種想法，才導致陪審團在決策時考量種族。最高法院強烈反對這個主張，認為陪審團可以自行決定，對被告非常有利。陪審團可以決定不判處死刑，甚至裁決被告無罪。而且陪審團決定寬容處理被告，是不用經過再審的。

麥克萊斯基也主張他的案子還有幾個違反平等保護的地方；他主張喬治亞州州政府與州議會明明知道死刑執法不公正，還是維持死刑，所以違反了平等保護條款。最高法院認為沒有證據可以證明這一點。死刑是憲法允許的，喬治亞州的議員有權（自主決定權）延續、修正、廢除死刑。事實上，最高法院明確指出最適合推翻死刑的是喬治亞州的議會，而非法院。最高法院認為議會比較有資格評估「全國有色人種權益促進會」提出的研究。議會可以召開公聽會，進行冗長的調查，法院沒有這種資源。議會召開公聽會，可以邀集與會議主題相關的個人與團體，或者可以提供相關資訊的個人與團體，有時候是被傳喚到議會作證的個人與團體。立法機關的各委員會通常也有員工可以研究相關議題。最高法院也擔心如果採納麥克萊斯基引用的研究，認同種族考量的確會影響檢察官與陪審團的決策，會導致法律癱瘓。麥克萊斯基可以說他是因為種族歧視才被判死刑，那其他人也可以拿種族以外的其他理由，說自己遭到不公判決。被告可以提出一萬個影響陪審團的理由，這樣一來就沒完沒了，法院就得重審每一個帶有特定因素的案子的每一個定罪決策和每一個判決。因此，麥克萊斯基引述的研究不應該交給法院，應該交給立法機關。如果立法機關認為麥克萊斯基引述的研究顯示種族偏見到達違憲的地步，立法機關就可以制訂法律改正這個問題。

事實上，美國國會各委員會就曾經動用資源，研究依據美國一九八八年藥物濫用防治法所判處的聯邦死刑案件的種族因素和檢察官自行決定權。他們表示百分之八十七的起訴案件，都是起訴非裔美籍與墨西哥裔美籍的被告（U.S. Congress Judiciary Subcommittee on Civil and Constitutional Rights, 1994）。政府機關大概是看了麥克萊斯基引述的研究遺留的問題，與本章探討的一些研究結果，也研究起種族與死刑的關係。舉例來說，美國司法部研究聯邦案件的死刑訴訟，發現聯邦監獄死囚牢房百分之八十九的囚犯（十八位當中的十六位）都是少數族群。一九九五年至二〇〇〇年之間，檢察官向美國司法部長建議六百八十二個案子應求處死刑，其中百分之七十七的案子被告都是黑人。美國司法部長經過審核，核准的死刑案件有百分之四十五被告是黑人與西班牙裔。百分之三十八被告是白人（U.S. Department of Justice, 2000）。研究也發現少數族群被告在聯邦死刑案件所佔的比例，比少數族群人口佔總人口的比例高。但是根據這項研究，判決差異並不是因為種族偏見，而是因為少數族群過度出現在暴力犯罪集團（如販毒），遭到地方、州與聯邦執法人員密集鎖定（U.S. Department of Justice, 2000）。

美國司法部的研究因為沒有考慮一些重要的資料而遭受批評，這些重要的資料就雖然事實證明應該求處死刑，檢察官還是決定不求處死刑的案件。檢察官是不是遇到白人被告的案件（有正當理由可求處死刑），量刑就會比少數族群被告的案件來得輕微？美國司法部進行了一項追蹤研究，探討這個問題（U.S. Department of Justice, 2001），把研究的數量增加到九百七十三位被告（百分之七十八為黑人與西班牙裔，百分之十七為白人）。檢察官在百分之七十九的黑人被告案件、百分之五十六的西班牙裔被告案件，以及百分之八十一的白人被告案件都求處死刑。美國司法部長考量之後，最後百分之十七的黑人被告案件、百分之九的西班牙裔被告案件，以及百分之二十七的白人被告案件確定求處死刑（U.S. Department of Justice, 2001）。

## 美國憲法第八條修正案

美國最高法院也不認同麥克萊斯基對於憲法第八條修正案的主張。最高法院認為死刑長久以來一直是美國法學的一部分，各州立法機關的作為與陪審團審理死刑案件的決策，都反映了當代價值觀與不斷演進的行為準則標準，死刑也符合這些標準與價值觀。立法機關立法設置死刑，陪審團也依據法律判處被告死刑，那就表示這些州的當代價值觀接受死刑。如果立法機關認為死刑是殘酷異常的處罰，就不會立法設置死刑，就算立法通過，陪審團要是認為死刑殘酷異常，也不會判處被告死刑。

雖然美國憲法允許死刑，最高法院先前曾經判決不得以武斷、任性的態度做出死刑判決。陪審團的確可以自行決定是否判處被告死刑，但是一定要取得充分資訊才能自行決定。最高法院先前擔心陪審團對於誰該被判處死刑沒有一致的標準。有些罪大惡極的殺人犯只被判有期徒刑，而犯罪情節較輕微的殺人犯卻被判死刑。想要保留死刑的各州推出幾項新措施因應這個問題，第一項就是審判過程分流，就是把審判過程分為定罪階段與判刑階段。在某些地方，這兩個階段是由兩個不同的陪審團負責。這樣一來，負責判刑的陪審團就不會因為看到定罪階段的證據而產生偏見。第二項措施就是給予負責判刑的陪審團指示，告訴他們如何正確使用加重刑罰因素與減刑因素。第三項措施就是被判死刑的被告都會得到自動上訴的機會，由上級法院審核原判的法律程序與判決內容，看看有沒有錯誤。喬治亞州的制度具備了這幾項保護措施，麥克萊斯基也得到這幾項措施的保障。

最高法院也同意麥克萊斯基引用的研究，可能證實了某些死刑判決的確受到種族偏見影響，但是就算種族歧視的風險真的存在，也沒有到達違憲的地步。刑事司法制度一直都有可能發生判刑差異，但是最高法院的意思好像是說這是司法必須付出的代價。麥克萊斯基引用的研究顯示制度並不完美，但是憲法並沒有保障完美。

## 重新檢視死刑判決中被告與被害人的種族

雖然最高法院並不採信麥克萊斯基引用的研究，不過社會科學家看到最高法院的判決，紛紛在許多地方展開更複雜的研究。這項研究探討麥克萊斯基提出的議題的三個重要因素：死刑判決是不是與被告的種族、被害人的種族，或者被告的種族與被害人的種族之間的關係有關？

把這三項因素分開來看，被告的種族對死刑判決的影響似乎有限（相關例子見：Baldus, Pulaski, &Woodworth, 1986; Nebraska Commission on Law Enforcement and Criminal Justice, 2001），把被害人的種族一併考慮進去，情況就有所不同，就變成非常突出的因素。舉例來說，麥克萊斯基引用的研究顯示不管被告的膚色為何，總體案件當中有百分之四是黑人被判死刑，而且如果黑人被告殺害的是白人，那數據更是上升到百分之二十二。反過來看，總體案件當中百分之七是白人被判死刑，但是如果白人被告殺害的是黑人，那數據就會下降到百分之三。比較近期的研究也得到同樣的結果。舉例來說，葛羅斯與毛洛（1989）研究阿肯色州、佛羅里達州、喬治亞州、伊利諾州、北卡羅萊納州、密西西比州、奧克拉荷馬州與維吉尼亞州的死刑判決，發現殺害白人的被告被判死刑的機率，比殺害黑人的被告高出許多，而且沒有例外。在密蘇里州，從一九七七年到一九九一年間，殺害白人的黑人被判死刑的機率是殺害黑人的白人的四倍（Sorenson & Wallace, 1995）。湯姆森（1997）發現亞利桑納州也有類似的判刑差異，殺害白人的黑人是最有可能被判死刑的群體，而殺害黑人的黑人則是最不可能被判死刑的群體。

要充分了解被告的種族與被害人的種族之間的關係，就要比較殺害黑人的黑人、殺害白人的黑人、殺害黑人的白人以及殺害白人的白人。從麥克萊斯基引用的研究，可以看出喬治亞州的陪審團最常將殺害白人的黑人判死刑（機率為百分之二十二），最不常將殺害黑人的黑人判處死刑（機率為百分之一）。殺害白人的白人（百分之八）與殺害黑人的白人（百分之三）被判死刑的機率分別是第二和第三高。比較近期的研究也發現類似的結果。在肯塔基州，凱爾與維多（1995）追蹤一九七六至一九九一年所有死刑案件，也發現殺害白人的黑人被求處死刑、判決死刑的機率比其他被告與被害人種族組合高出許多。在一項最近的研究，尤那與柏格（2001）探討北卡羅萊納州種族與死刑判決的關係，同樣發現殺害白人的黑人被判死刑機率最高（百分之十一點六二），其次為殺害白人的白人（百分之六點一）、殺害黑人的白人（百分之五）與殺害黑人的黑人（百分之四點七一），這個結果現在看來就跟老紀錄沒什麼兩樣。

並不是每一州都有這種因種族而造成的判刑差異。舉例來說，一項研究探討內布拉斯加州一百七十七個可判處死刑的他殺案件當中，最後二十七個案子判處死刑。研究並沒有發現明顯證據顯示死刑判決與被告的種族或是被害人的種族有關（Nebraska Commission on Law Enforcement and Criminal Justice, 2001）。不過很多州都比較重視白人受害者，比較不重視黑人受害者，倒是令人擔憂。

美國最高法院法官在麥克萊斯基案投票的結果是五比四。四位法官看了麥克萊斯基引用的研究的行為事實與社會事實，認為麥克萊斯基得到的判決是種族歧視的結果，構成違憲，而且大概還有很多類似的案件也是如此。諷刺的是，寫下此案的多數法官意見（majority opinion）的包威爾法官一九八八年退休，幾年後他說他後悔當時的判決，如果讓他重來一次，他會投票反對死刑（Simon, 1995）。包威爾法官沒能及時發現研究的相關性，這對麥克萊斯基來說實在很可惜。麥克萊斯基又向最高法院兩度提起上訴，結果在一九九一年九月二十五日遭到處決。

## 少數族群身分對非死刑判決的影響

最高法院的意見還有個有趣之處，那就是最高法院認為如果採納麥克萊斯基的種族歧視論，那其他少數族群也會提出類似理由質疑其他刑罰。最高法院會擔心這個也是有道理。

判刑差異不是只發生在少數族群成人犯罪者，也不是只限於死刑。美國犯罪和違法事務理事會進行的研究，大概是探討少數族群少年待遇最詳盡的一項研究（2000）。這項研究涵蓋美國聯邦調查局在內的六個政府機關的數據，發現黑人少年被關進少年監獄的機率是白人少年的六倍。如果是暴力犯罪，那那黑人少年坐牢的機率是白人少年的九倍。如果是毒品犯罪，那兩者差異更是高達四十八倍。黑人少年因為暴力犯罪被判到少年監獄，服刑的時間也會比白人少年久。黑人少年平均服刑兩百五十四天，相較之下白人少年平均只服刑一百九十三天（National Council on Crime and Delinquency, 2000）。葛登、本卓姆、麥克尼可斯與華頓（1988）的實驗室研究也得到相同的結果。他們發現在罪名相同的情況下，黑人被告被判的刑期都比白人久（侵佔之類的白領犯罪除外）。史偉尼與哈尼）（1992）綜合分析一些模擬研究，發現種族的確造成相當多的判刑差異。

非死刑案件的判刑差異也不是只發生在黑人身上。因為暴力犯罪遭到判刑的拉丁裔少年平均要在少年監獄服刑三百零五天（National Council on Crime and Delinquency, 2000）。輕罪服刑也呈現類似差異。孟洛茲、洛佩茲與史都華（1998）發現同樣的輕罪罪名（如酒精與毒品相關犯罪），拉丁裔被起訴、罰款、判處較長期緩刑的機率都比白人高出許多。

## 其他不受法律支配的因素對判刑的影響

最高法院也表達了一個相關的擔憂，表示如果判決麥克萊斯基勝訴，那麼，被告宣稱自己因為長相或其他不受法律支配的因素遭到歧視的上訴案件，則將蜂擁而至。這次最高法院的擔憂也不是沒有道理。

法官與陪審團不應該以被告的種族、長相、社會地位，還有報紙刊登的消息，或是其他不受法律支配的因素做為定罪與判刑的依據。不過這事說起來容易，要預防可是不簡單，因為要對抗人性。舉例來說，研究顯示被告長相的迷人程度和勝訴機率呈現線性正相關。被告長得越好看，勝訴機率就越高（Zebrowitz & McDonald, 1991）。

事實上，研究人員發現：陪審團決策時有時會考量許多不受法律支配的因素。奧托、潘羅德與德斯特（1994）進行一項探討審判前名聲的模擬研究，要求研究對象閱讀幾篇報紙文章，內容是一群警察鎮壓一場公共騷亂，還要逮捕騷亂份子。文章含有關於嫌犯的特徵、工作、前科與證人說詞的各種說法。嫌犯的報導越負面，研究對象就越容易覺得嫌犯有罪。接著研究對象又觀看一段剪輯過的影片，內容是他們先前閱讀的類似事件的真實審判過程。研究對象看到被告的陳述，先前看報紙得到的負面觀感就降低一些，但是沒有完全消除。研究對象看了影片之後，比較容易覺得被告有罪，看過被告的負面報導的研究對象，尤其覺得被告有罪，相較之下，沒有看過被告的負面報導的研究對象比較不會覺得被告有罪。

被告的工作職位也會影響陪審團的決策。一般來說，同樣的輕罪罪名，職位高的被告得到的處罰會比職位低的被告輕（Rosoff, 1989）。不過如果職位與犯罪事實有關，那職位高的被告得到的處罰就會比職位低的被告重（Shaw & Skolnick, 1996）。陪審員對於和自己相似的被告也比較寬容，比方說相同種族（Ugwuebu, 1979），或相同宗教（Kerr, Hymes, Anderson, & Weathers, 1995）。但是如果被告罪證確鑿，這種效應就會顛倒，也就是說陪審員看待自己人會比較嚴格，這就像是害群之馬效應，而與被告沒有共同點的陪審員則沒有那麼嚴格（Kerr et al., 1995）。華許（1990）研究四百多位性侵犯的判刑紀錄，發現被認定有精神病的被告坐牢的機率是其他被告的兩倍。

性別也會影響判刑，男性被告得到的判罰通常較重。比較犯罪情節類似的男性與女性殺人犯（不考慮絕大多數的殺人案件都是男性犯下的事實），發現男性被逮捕、被定罪、被判死刑的機率是女性的六倍（Streib, 2003; 亦見Shapiro, 2000）。犯下重罪的女性得到的判決也比男性輕微（Nagel, 1969），分配到的社區服務也比較輕鬆（Meeker, Jesilow, & Aranda, 1992）。

有些研究人員認為法官對於女性還有監禁對女性的影響存有一些行為假設與社會假設（Associated Press, 1984, Wrightsman, Nietzel, & Fortune, 1998引用）。第一個假設就是監獄環境不佳，所以女性適應起來會不如男性。第二，法官認為女人是兒童的主要照顧者，甚至是唯一照顧者，監禁女性顯然對兒童會產生負面影響。同樣的道理，有些法官相信騎士精神理論（chivalry theory），認為男性主導的司法制度應該保護、體貼女性被告，所以對待女性被告通常比較寬容（Carroll, 1997）。

不管從前對女罪犯的看法如何，現在都有所不同。根據毛爾（1999；見Roberts, 2001）的研究，在一九八五年至一九九五年間，各州與聯邦監獄的黑人女性囚犯人數增加了百分之兩百以上，現在黑人女性是監獄囚犯當中人數成長最快的族群。有人認為這種現象是因為惡女理論（evil women theory），也就是女人的行為違反社會期待，沒有淑女風範，所以受到處罰（Carroll, 1997）。

## 本章重點

最高法院把重點放在探討麥克萊斯基案有無種族歧視，而沒有探討其他類似案件有無種族歧視，所以最高法院認為麥克萊斯基引用的研究與法律議題無關。要避免行為研究與社會研究被法院認定無關，社會科學家與行為科學家在開始研究之前，一定要先了解：（一）法律認定研究需要解答的相關事實資訊有哪些；（二）法律認定研究需要提供的相關事實資訊有哪些。這對想要影響法律決策的行為科學家與社會科學家來說，是個有趣的兩難局面。他們得了解相關法律，不然就得與律師密切合作，免得研究離題。要了解相關法律很難，跟律師密切合作，又會讓人擔憂研究是為訴訟量身訂做，可能有偏見（見本書第九章和第十章）。

## 參考書目

Anti-Drug Abuse Act of 1988, Pub. L. 100-690.

Baldus, D. C., Pulaski, C. A., Jr., & Woodworth, G. (1983). Comparative review of death sentence: An empirical study of the Georgia experience. *Journal of Criminal Law and Criminology, 74*, 661-753.

Baldus, D. C., Pulaski, C. A., & Woodworth, G. (1986). Arbitrariness and discrimination in the administration of the death penalty: A challenge to state supreme courts. *Stetson Law Review*, 15, 133-261.

Baldus, D. C., Pulaski, C. A., Jr., & Woodworth, G. (1990). *Equal justice and the death penalty: A legal and empirical analysis*. Boston: Northeastern University Press.

Carroll, J. E. (1997). Images of women and capital sentencing among female offenders: Exploring the outer limits of the Eighth Amendment and articulated theories of justice. *Texas Law Review, 75*, 1413-1452.

Gordon, R. A., Bindrim, T. A., McNicholas, M. L., & Walden, T. L. (1988). Perceptions of blue-collar and white-collar crime: The effect of defendant race on simulated juror decisions. *Journal of Social Psychology, 128*, 191-197.

Gross, S. R., & Mauro, R. (1989). Death & discrimination: *Racial disparities in capital sentencing*. Boston: Northeastern University Press.

Keil. T. J., & Vito, G. F. (1995). Race and the death penalty in Kentucky murder trials: 1976-1991. *American Journal of Criminal Justice, 20*, 17-36.

Kerr, N. L., Hymes, R. W., Anderson, A. B. Weathers, J. E. (1995). Defendant-juror similarity and mock juror judgments. *Law and Human Behavior, 19*, 545-567.

Lazarus, E. P. (1998). Closed chambers: *The first eyewitness account of the epic struggles inside the Supreme Court*. New York: Times Books.

Mauer, M. (1999). *Race to incarcerate*. New York: New Press.

McClesky v. Kemp, 481 U.S. 279 (1987).

Meeker, J. W., Jusilow, P., & Aranda, J. (1992). Bias in sentencing: A preliminary analysis of community service sentences. *Behavioral Science and the Law, 10*, 197-202.

Munoz, E. A., Lopez, D. A., & Stewart, E. (1998). Misdemeanor sentencing decisions: The cumulative disadvantage of "gringo justice." *Hispanic Journal of Behavioral Sciences, 20*, 298-299.

Nagel, S. (1969). *The legal process from a behavioral perspective*. Pacific Grove, CA: Brooks/Cole.

National Council on Crime and Delinquency. (2000). *And justice for some*. Retrieved June 25, 2004, from http://www.buildingblocksforyouth.org/justiceforsome/jfs.html

Nebraska Commission on Law Enforcement and Criminal Justice. (2001). The disposition of Nebraska capital and non-capital homicide cases (1973-1999): A legal and empirical analysis. Retrieved June 25, 2004, from http://www.nol.org/home/crimecom/homicide/homicide.htm

Otto, A. L., Penrod, S. D., & Dexter, H. R. (1994). The biasing impact of pretrial publicity on juror judgments. *Law and Human Behavior, 18*, 453-469.

Radalet, M. L., & Pierce, G. L. (1985). Race and prosecutorial discretion in homicide cases. *Law and Society Review, 19*, 587-621.

Roberts, D. E. (2001). Criminal justice and Black families: The collateral damage of over-enforcement. *University of California Davis Law Review, 34*, 1005-1028.

Rosoff, S. M. (1989). Physicians as criminal defendants: Specialty, sanctions, and status liability. *Law and Human Behavior, 13*, 231-236.

Shapiro, A. (2000). Unequal before the law: Men, women, and the death penalty. *American University Journal of Gender, Social Policy & the Law, 8*, 427-470.

Shaw, J. I., & Skolnick, P. (1996). When is defendant status a shield or a liability? Clarification and extension. *Law and Human Behavior, 20*, 431-442.

Simon, J. F. (1995). *The center holds: The power struggle inside the Rehnquist court*. New York: Simon & Schuster.

Sorenson, J. R., & Wallace, D. H. (1995). Capital punishment in Missouri: Examining the issue and racial disparity. *Behavioral Sciences and the Law, 13*, 61-80.

Streib, V. L. (2003). *Death penalty for female offenders, January 1, 1973, through June 30, 2002* (last modified July 1, 2003). Retrieved June 25, 2004, from http://www.law.onu.edu/faculty/streib/femdeath.htm

Sweeney, L. T., & Haney, C. (1992). The influence of race on sentencing: A meta-analytic review of experimental studies. *Behavioral Sciences and the Law, 10*, 179-195.

Thomson, E. (1997). Discrimination and the death penalty in Arizona. *Criminal Justice Review, 22*, 65-76.

Ugwuebu, D. C. (1979). Racial and evidential factors in juror attributions of legal responsibility. *Journal of Experimental Social Psychology, 15*, 133-146.

Unah, I., & Boger, J. C. (2001). *Race and the death penalty in North Carolina: An empirical analysis: 1993-1997; initial findings—April 16, 2001*. Retrieved June 25, 2004, from http://www.unc.edu/-jcboger/NCDeathPenaltyReport2001.pdf.

U.S. Congress Judiciary Subcommittee on Civil and Constitutional Rights. (1994). *Racial disparities in federal death penalty prosecutions 1988-1994*. Washington, DC: U.S. Government Printing Office.

U.S. Department of Justice. (2000). *Survey of the federal death penalty system (1988-2000)*. Washington, DC: U.S. Government Printing Office.

U.S. Department of Justice. (2001). *The federal death penalty system: Supplementary data, analysis, and revised protocols for capital case reviews*. Washington, DC: U.S. Government Printing Office.

Walsh, A. (1990). Twice labeled: The effect of psychiatric labeling on the sentencing of sex offenders. *Social Problems, 37*, 375-389.

Wrightsman, L. S., Nietzel, M. T., & Fortune, W. H. (1998). *Psychology and the legal system* (4th ed.). Pacific Grove, CA: Brooks/Cole.

Zebrowitz, L. A., McDonald, S. M. (1991). The impact of litigants' baby-facedness and attractiveness on adjudications in small claims courts. *Law and Human Behavior, 15*, 603-624.

# 第十二章 事實研究的侷限

## 案例：遴選陪審員

美國憲法保障許多種類的民事訴訟與刑事訴訟，都應設置陪審團，陪審團也是人民能否獲得公平審判的重要關鍵。那陪審員是如何選出來的呢？一般來說，法院在審判當天早上會召集一群合格的選民到法院來，如果當天有一場審判，那這群人大概就有五十人左右，如果當天有好幾場審判，那大概就要召集兩、三百人左右，法院再從這群人裡面隨機挑選三十至五十人到某個法庭。到了法庭，法官與律師會問這群人一些問題，判斷哪些人不適合擔任這場審判的陪審員或候補陪審員。候補陪審員也會旁聽審判過程，但是不會參與陪審團審議，除非其中一位陪審員因故（例如生病）無法全程參與。

這個面談、排除不適任陪審員的過程叫做預先審查（voir dire）或陪審團篩選。「陪審團篩選」是通俗的說法，卻很諷刺，因為被挑出的人並不是獲選，而是被淘汰。很多承審法官與律師都認為預先審查是審判的重要部分，因為法官和律師可以透過預先審查剔除不能或不願意公平審判的人。

被剔除的原因有兩種：有理由迴避（causal challenge）與無理由迴避（peremptory challenge）。所謂有理由迴避，就是一個人因為符合法律明訂的標準（例如聽不懂英語或者懷有嚴重偏見），而被法官排除在外。而無理由迴避，就是律師無須解釋就可以將一個人剔除，不過剔除的理由不能是種族或性別。有理由迴避的執行數量沒有上限，無理由迴避則是有法官依據法律規定的上限（例如一方最多三次或六次）。剔除完畢之後，法官會在剩下的人選當中選最先進入法庭的十二個人（視陪審團所需人數而定）擔任陪審團。接下來的四位（人數由法官決定）則是擔任候補陪審員。其他人則獲准離開。

如果檢方在行使迴避權時，排除了所有不願意判處被告死刑的人該怎麼辦？如果這些被排除的人獲選進入陪審團，被告被定罪的機率是不是比較大？美國最高法院在羅克哈特對麥克克里（Lockhart v. McCree）（1986）一案，面對的就是這些問題。為了做出判決，最高法院考量了相關的實證研究，但是最高法院必須判斷研究的品質是否足以影響最高法院的決策。

## 羅克哈特對麥克克里

### 美國最高法院

一間禮品店與服務站的綜合商店遭到搶劫，店主伊芙琳·柏頓遭到槍擊身亡。一名警察看到阿迪亞．麥克里開著一部紫褐白色的林肯大陸汽車，與目擊證人指稱兇手所駕駛逃逸的汽車正好相同，就將他逮捕。麥克里坦承案發當時他人在柏頓的店裡，不過他說是一位身材高大、穿著大衣的黑人先是請他載他一程，又把他的步槍從後車廂拿出來，殺害柏頓。麥克里也說那位陌生人殺了柏頓之後，坐著他的車到了附近的一條土路，就拿著步槍下車離去。

麥克里的說法和兩位目擊證人的說法不符。從案發到麥克里指稱陌生人下車離去的這段時間，兩位證人都看到麥克里的車，而且他們說車裡只有一個人。警方在土路旁邊找到麥克里的步槍以及柏頓店裡的銀行錢袋。一位聯邦調查局官員根據彈道比對結果，認定殺害柏頓的子彈就是從麥克里的步槍射出。

麥克里以謀殺罪名遭到起訴，承審法官依據阿肯色州法律，在預先審查時排除了八個人。這八個人表示他們絕不可能投票贊成死刑（這些人稱為威瑟斯彭可排除者）。陪審團裁決麥克里的謀殺罪成立，卻駁回州檢方的死刑請求，而是判處麥克里無期徒刑，不得假釋。

麥克里以「排除反對死刑者」的死刑案件陪審團（death qualification）為由提起上訴。他主張承審法官不應該將絕不可能贊成死刑的人排除在陪審團之外，認為這樣是違反美國憲法第六條修正案賦予他的權利。憲法第六條修正案是透過第十四條修正案適用美國各州。麥克里主張這樣一來，他的陪審團就不能代表社會各階層，無法公正裁決他是否有罪。他提出十五項社會科學研究當作證據。

十五項研究之中，只有六項宣稱探討將「威瑟斯彭可排除者」排除在陪審團外對定罪結果的影響。其他的九項研究中，八項僅研究一般人對於死刑與刑事司法制度其他方面的態度與看法，所以說到底與麥克里的裁決結果違憲與否，只有一點點相關。第十五項研究探討的是預先審查時所問的問題對於候選陪審員對死刑的態度有何影響。麥克克里坦承，候選陪審員如果強烈反對死刑，無法公正裁決死刑案件被告有罪與否，那州檢方可以根據有理由迴避原則將候選陪審員排除在外。因此州檢方一定要透過預先審查，詢問候選陪審員對於死刑的看法，挑出不適任的候選陪審員。

麥克克里提出研究當中，有六項宣稱探討本案的主題，也就是「排除反對死刑者」的死刑案件陪審團對於定罪結果可能的影響。這六項研究當中，其中三項在最高法院審理威瑟斯彭對伊利諾州（Witherspoon v. Illinois）（1968）一案也提出過。最高法院在該案參考了這三項研究，認為研究資料太不確定，也太不完整，無法證明不反對死刑的陪審員在定罪時會偏向檢方。而且根據當時的審判紀錄，也不能認定把反對死刑的陪審員排除在陪審團之外，會導致陪審團代表性不足，無法裁決被告有罪與否，也不能證明這樣做會大幅提高被告被判有罪的風險。如果說這些研究太不確定，又太不完整，無法證實威瑟斯彭案中確有違憲錯誤，那同樣的一批研究在十八年後還是無法證實麥克克里案有違憲事實。

麥克克里提出三項在威瑟斯彭案之後發表的研究，這三項研究也無法證實「排除反對死刑者」的死刑案件陪審團構成違憲。這三項新研究的研究對象都是隨機挑選出來的人，並非經過宣誓，負責運用法律在真正的訴訟案件中判斷事實，決定一位真正的刑事案件被告的命運的真實陪審員。最高法院嚴重懷疑這種研究能否預測真正的陪審員的行為。三項研究中有兩項完全沒有模擬陪審團審議過程，而且三項研究都無法預測「一位或者一位以上的威瑟斯彭可排除者加入負責定罪的陪審團，對最後的定罪結果有無影響？如果有影響，影響又有多大？」

最重要的是探討死刑案件陪審團的六項研究中，只有一項探討所謂的無效者（nullifier），所謂的無效者就是根深蒂固反對死刑，所以無法公平公正判斷死刑案件被告是否有罪的人。麥克克里承認應該把無效者排除在負責定罪的陪審團之外，而且研究如果沒有考量無效者，就存有重大瑕疵。這個瑕疵對於研究結果可能產生重大影響。唯一一項考量無效者的研究顯示，大約百分之三十七的威瑟斯彭可排除者也是無效者。雖然這項研究沒有基本瑕疵，但是麥克克里提出的違憲爭議影響深遠，當然不能光憑一項研究的結果做定論。

## 不同意見【*】

十八年前威瑟斯彭控告伊利諾州一案當中，最高法院撤銷了一位被告的判刑，因為州檢方在遴選陪審員時，將對於死刑有任何顧忌的人都排除在外。這種做法等於是在審判的判刑階段製造了一

【*】所謂不同意見，是指一位或者一位以上的法官所提出和多數法官的主要意見不同的意見。

個將被告判處死刑的陪審團，違反美國憲法。除非候選陪審員明確表示自己無法投票贊成死刑，否則不能將他們排除在外，不然就構成違憲。

麥克克里表示，州檢方已經將不願意判處他死刑的候選陪審員全部排除在外，後來「排除反對死刑者」的死刑案件陪審團將他定罪，州檢方的做法，等於是蓄意安排一個會在審判的定罪階段判決被告有罪的陪審團。麥克克里也提出強而有力的證據，顯示死刑案件陪審團判定被告有罪的機率較高，也比較容易以較重的罪名將被告定罪。相較之下，陪審團成員如果含有堅持反對死刑的人，就比較不會出現這種情形。

麥克克里並不是主張無法公正判斷被告是否有罪的人（也就是無效者），都應該獲准進入所有死刑案件的陪審團。在他的案子中，有些候選陪審員知道被告受到憲法保障的權利，也能夠公平公正判斷被告有罪與否，卻被排除在外，導致陪審團做出偏向檢方的裁決。他只是希望判斷他有罪與否的陪審團，能像非死刑案件的陪審團一樣，沒有這個問題。

這個問題非常重要，麥克克里的主張也強而有力，但是承審本案的多數法官卻不關心，所以遇到罪名最嚴重，處罰也有可能是最嚴重的案件，州檢方就握有特殊優勢。州政府表示「如果死刑案件被告被裁決有罪，州檢方就會求處死刑」，那依據現在的判決，州檢方等於握有特權，可以安排一個極有可能將被告判處死刑的陪審團。這種公然漠視死刑案件被告人權的行為不合理、不公平又違憲。

麥克克里並不是第一個指出「『排除反對死刑者』的死刑案件陪審團嚴重妨害死刑案件被告獲

得公正審判的機會」的人。一位學者曾經表示：「陪審員不願意判處被告死刑，他人就會覺得這個陪審員在判斷被告有罪與否的時候會比較偏向被告。而比較能做出『合理且無情』的判斷的陪審員則比較不會偏向被告。」在威瑟斯彭控告伊利諾州一案，威瑟斯彭也提出證據證明這個觀點。但是這個案子只有三項研究還有一項研究的初步總結可以參考，這些資料雖然能證明威瑟斯彭對他的判決的質疑的確成立，卻不能最高法院判斷違憲與否的依據。所以最高法院無法斷定將反對死刑的陪審員排除在外，會導致陪審團代表性不足，無法判斷被告是否有罪，或者會大幅提高被告被定罪的風險。結果最高法院撤銷了威瑟斯彭的死刑判決，但是沒有撤銷他的有罪判決。

在威瑟斯彭案之後，許多研究人員著手補充最高法院在該案認為不足的資料。資料證明被排除在死刑案件陪審團之外的候選陪審員，有許多在審判的定罪階段其實都能保持公正。這些被排除的候選陪審員又以黑人和女性居多。

獲選進入死刑案件陪審團的陪審員，對於刑事司法制度的看法和被排除在外的候選陪審員不同。舉例來說，獲選陪審員比較會認為被告不願意作證就代表有罪，對於以精神失常為由辯護的被告比較不友善，對於辯護律師比較不信任，也比較不在意錯誤定罪的風險。「排除反對死刑者」的死刑案件陪審團比較容易將被告定罪，或是將被告以較重罪名定罪，就是反映了這種偏向檢方的偏好。「排除反對死刑者」的死刑案件陪審團的遴選過程，是在審判尚未開始之前就著重在死刑，導致通過遴選的陪審員普遍認為被告有罪。因此證據與學者還有死刑案件的法官、辯護律師與檢察官的直覺判斷相符。

麥克克里如果能拿出資料，證明「排除反對死刑者」的死刑案件陪審團在實際審判中，的確會有偏見，他的論證會更有力。但是除非州政府允許同一個死刑案件由兩個不同的陪審團（一個有排除反對死刑者，另一個沒有排除）審議，同時做成裁決，否則宣稱自己遭受「排除反對死刑者」的死刑案件陪審團偏見影響的被告，不應被剝奪唯一可以為自己辯護的辦法，那就是重現預先審查與審判過程。研究人員之所以無法訪問到真正的陪審員，常常是因為法院的關係，我們現在不能因為研究沒有涵蓋真正的陪審員，就拒絕採納。

麥克克里提出的證據最強而有力的一點在於，研究人員運用各種研究方法，研究各類研究對象，得到的結果相當一致。就算多數法官主要意見偶爾提出異議，也不能遮蔽研究結果的力量。現在的研究發現並改正了先前的研究明顯的瑕疵，那現在的研究的結果還是會和先前研究得到的結果一致。按照這個道理，有些研究可能因為沒有將「無效者」（麥克克里也認為可以將「無效者」排除在審判的定罪階段之外），與能夠公正判斷被告有罪與否的陪審員區分開來而遭受批評，但是這些研究的結果與完全排除「無效者」的研究的結果還是完全相同。有些研究雖然沒有考量陪審團的集體審議，卻還是發現從陪審團在集體審議之前的最初的裁決偏好，就能準確預測陪審員在陪審團室遇到反對意見時的投票行為，所以這些研究還是有價值的。

威瑟斯彭案中的證據不確定又不完整，無法說服最高法院，麥克克里引用的證據則是非常不同。而且麥克克里案的紀錄也顯示該案是採用當事人進行主義（adversary process）的測試機制，這點和威瑟斯彭案也有所不同。初審法院和最高法院參考了專家證人在法庭上的證詞之後，就更了解本案所採用的方法與這些方法的侷限。目前並沒有研究資料與麥克克里提出的研究資料互相牴觸，換句話說，所有的研究資料都與麥克克里的主張以及初審法院的結論一致。

「排除反對死刑者」的死刑案件陪審團對於審判公正的實質影響，比研究顯示的還要嚴重。在威瑟斯彭案，州政府不得因為候選陪審員對死刑有所顧忌就將他們排除在外，除非他們明白表示「不管審判過程揭露的事實為何，他們都會投票反對將被告判處死刑」，卻沒有提到檢方用「無理由迴避」將反對死刑的候選陪審員排除在外。檢方的確使用「無理由迴避」將一些候選陪審員排除在外，這點無庸置疑，所以，的確有候選陪審員因為對死刑有所顧忌而遭到排除。唯一一項探討這個主題的研究顯示，在五年的研究期間，從一個表面上罪證確鑿的案子（就是認定表面上的案情就是實際發生的案情，除非有證據予以推翻）可以看出，佛羅里達州的第四巡迴審判法庭的檢察官常用「無理由迴避」，將反對死刑的候選陪審員排除在死刑案件的陪審團之外。

司法採用威瑟斯彭案的標準，也擴大了可用「有理由迴避」排除的候選陪審員的範圍。雖然依據麥克克里提出的研究，候選陪審員必須明確表示自己在任何情況都會投票反對死刑，才算是「威瑟斯彭可排除者」，法院實際操作卻從未如此嚴謹。就算候選陪審員並未表示自己絕對反對死刑，還是常常遭到初審法院排除。這種比較寬鬆的做法想必會變得更為普遍，因此這項法律會導致陪審團更容易將被告定罪，因為對死刑有顧忌的候選陪審員（就是一般來說反對死刑，但是沒有明確表示自己絕對不會投票贊成死刑）通常跟可排除的候選陪審員一樣，都比較偏向被告。

麥克克里主張將反對死刑的候選陪審員排除在陪審團之外，就等於在死刑案件審判的定罪階段，給予檢方特別的優勢。最高法院參考了諸多與麥克里的主張幾乎一致的研究資料之後，多數法官並不能針對麥克里的主張提出有力的異議。憲法的原則保障被告公平審判的權利，也保障被告獲得公正且不會偏向檢方的陪審團的審判，所以這種漠視重要證據的行為違反了憲法原則。

## 分析與影響

死刑牽涉到兩個截然不同的議題。第一個是被告是否有罪，第二個是被告如果有罪，應該判處死刑還是無期徒刑。這表示審判要分成兩個階段，第一階段是要判斷被告是否有罪，如果被告有罪，那在第二階段就要判刑（死刑或無期徒刑）。美國有些州是定罪、判刑都由同一個陪審團負責；有些州則是分別交由兩個不同的陪審團負責。

如果候選陪審員對於死刑有顧忌，在審判的定罪階段無法公正判斷被告是否有罪，那該怎麼辦？萬一這位候選陪審員在審判的判刑階段無法投票贊成將被告判處死刑，那該怎麼辦？這樣的候選陪審員會不會因為存有偏見，無法根據法律與證據做出判斷，所以應該以「有理由迴避」排除在陪審團之外？美國最高法院在一九六八年的威瑟斯彭對伊利諾州一案中，就遇到這個問題。威瑟斯彭針對他被判有罪與被判死刑提出上訴，他的理由是有些候選陪審員表示他們有點反對死刑，或者他們對於判處死刑有些顧忌，法官就把他們排除在外。威瑟斯彭主張這樣的陪審團並不是從社會各階層隨機挑選出來的，會漠視無罪推定原則（presumption of innocence），會偏向認定檢方陳述的事實，也比較容易判決被告有罪。最高法院對此提出異議：

> （威瑟斯彭）引用的（社會科學）資料……不確定也不完整，無法證明不反對死刑的陪審員在判斷被告是否有罪時會偏向檢方。我們無法認定……把反對死刑的候選陪審員排除在陪審團之外，會導致陪審團代表性不足，無法判斷被告有罪與否，或者會大幅提高被告被定罪的風險（一七七四至一七七五頁）。

不過最高法院對於威瑟斯彭關於判刑的主張則有不同看法：

> 一個陪審團要決定將被告判處死刑或無期徒刑，沒有規則、標準可以參考，「必須自行考量定奪」，陪審團應該做的就是在生與死的終極問題上代表社會的良知做出抉擇，而且也不能逾越這個界線……，陪審團如果排除了所有對於死刑有疑慮的人，排除了所有不願意將被告判處極刑的人，那這樣的陪審團只能代表社會上日漸減少的少數特殊族群……，如果政府只將那些在審判之前聲明絕對不會判處死刑的候選陪審員排除在外，那這樣產生的陪審團在判刑上就可保持「中立」。但是政府如果把因為宗教、良知因素對死刑有顧忌的人，還有所有原則上反對死刑的人排除在外，就逾越了中立的界線。政府要設置一個能判處死刑的陪審團，結果卻製造出一個格外願意將被告判處死

刑的陪審團（一七七五至一七七六頁）。

最高法院接著表示，只因為候選陪審員反對死刑，或者因為良知、宗教因素對於判處死刑有些顧忌，就將這些候選陪審員排除在外，這種做法構成違憲。只有在陪審員因為反對死刑，在審判的判刑階段無法保持公正，或者陪審員絕對不可能投票贊成死刑（如威瑟斯彭可排除者），才能將陪審員排除在審判的判刑階段之外。

美國最高法院一九八五年在溫萊特對韋特一案（Wainwright v. Witt）也遇到類似的情形。強尼・保羅・韋特在佛羅里達州因一級謀殺罪被判死刑。在佛羅里達州，候選陪審員的想法如果「會嚴重妨礙他們行使陪審團的職權」，就可以「有理由迴避」予以排除。最高法院利用這個機會表明他們在威瑟斯彭案的立場。這次最高法院表示排除的標準在於「陪審員的想法會不會嚴重妨礙陪審員依據宣誓內容與指示行使職權」（四二四頁）。

最高法院在隔年的羅克哈特對麥克克里案，又遇到將「威瑟斯彭可排除者」排除在審判的定罪階段之外的問題。最高法院認為「威瑟斯彭可排除者」這個名稱是「有點用詞不當」，因為標準是在溫萊特對韋特一案立下的。不過因為訴訟當事人都用「威瑟斯彭可排除者」這個名稱，最高法院就繼續用，只是知道這個名稱指的是韋特案立下的標準。麥克克里主張他的案子中，八位陪審員因為反對死刑，在審判的判刑階段絕對不會投票贊成死刑，所以被排除在陪審團之外，而這種做法違反美國憲法。麥克克里主張如果這些「威瑟斯彭可排除者」被排除在審判的定罪階段之外，那這樣的陪審團就無法充分代表犯罪事實發生的社會，就是一個偏頗的陪審團（也就是比較容易將被告定罪的陪審團）。麥克克里認為這樣違反美國憲法第六條修正案。第六條修正案是透過第十四條修正案適用各州。

## 社會科學研究的方法問題

麥克克里提出十五項社會科學研究證明他的主張，其中三項在威瑟斯彭案也提出過。最高法院認為這十五項研究都不足以採信。

### 模擬的陪審員與陪審團

最高法院認定其中三項研究有瑕疵，因為這三項研究沒有使用在真實審判過程審判真實被告的真實陪審員，只是模擬而已。最高法院認為模擬的審判沒有實質風險，所以無法探討羅克哈特案出現的問題。研究模擬陪審員得到的結果，怎麼能用來預測真正的陪審員在真正的審判的行為呢？

答案是研究人員透過模擬，可以控制真正的審判過程可能出現的外在變數（比方說模擬不會出現無效審判）。研究人員可以控制模擬陪審員的所見、所聞與所作所為，就能探討與法律制度（例如測試「將反對死刑的候選陪審員排除在外」之類的新程序）和社會科學（例如測試集體決策理論）最相關的問題。這種實驗控制其實可以提升研究結果的正確程度，法律評論家一定會覺得很意外。

但是如果沒有將模擬特質最小化，會影響模擬的外部效度（也就是研究結果與實際情形的近似程度；Diamond, 1997）。研究陪審團決策的社會科學家與這個問題搏鬥多年（如Diamond, 1997; Weiten & Diamond, 1979），研究人員如果能研究真正的陪審員在真正的審判過程的情形，那當然很理想，但這種機會可遇不可求。就算有幸遇到，法院為了保護被告的權益，也會大幅限制研究人員能操作的變數。所以研究人員只能模擬（有時候是請曾經擔任陪審員的人充當模擬陪審員），而且逼真程度不一（會盡量貼近真實情況）。最好的模擬審判用逼真的方式重現審判過程（通常會請模擬陪審員觀看法庭錄影，有時也會請演員演給模擬陪審員看），在逼真的環境重現（比方說在法庭裡，而不是在教室裡），還要大量採樣（以便觀察實驗效應），而研究對象則是從一群真正的候選陪審員當中隨機選出，而且研究對象在做出裁決之前也有機會審議（Devine, Clayton, & Dunford, 2001; Diamond, 1997）。

可惜的是，研究人員不見得能擁有上述這種理想的模擬環境，很多研究人員還是找來大學生擔任陪審員。這些陪審員只拿到簡短的書面說明就要展開審判，而且環境也不逼真（比方說心理學實驗室），也沒有機會審議。事實上，柏恩斯坦（1999）分析過去二十年在美國主要的實證心理學研究期刊上發表的陪審團模擬研究，發現這類研究越來越盛行。

雖然柏恩斯坦（1999）也贊成使用最好的研究方法，他的分析結果卻顯示研究人員偏好使用快速，比較不逼真也比較便宜的模擬方法（用書面資料取代錄影，以及用大學生充當模擬陪審員），而我們也無須太過緊張。柏恩斯坦在分析過程中探討模擬陪審團實驗，在這些實驗當中，研究人員將大學生與社區居民（例如從登記選民、候選陪審員、曾經擔任過陪審員的人，以及其他社區來源選出的研究對象）的裁決結果拿來比較。他看了二十五項研究，其中只有五項顯示大學生與社區居民的裁決結果非常不同。在這五項研究當中，學生陪審員在裁決與判斷金錢賠償（模擬民事訴訟）上會比社區居民來得寬容。柏恩斯坦也將陪審團模擬實驗的審判重現方法（如真人演出、錄影、書面資料與錄音）的效果拿來比較。他比較了十一項研究，發現只有三項研究顯示不同的重現方法會造成不同的效果，而且這三項的研究結果還互相矛盾。柏恩斯坦比較了用大學生充當陪審員，以及用比較接近真正的陪審員的研究對象的兩項模擬實驗，沒有發現可靠的差異。他又比較了用不同方法重現審判過程的幾項模擬實驗，也沒有發現可靠的差異，所以柏恩斯坦認為模擬實驗可以用來預測真正的陪審團的行為。

戴蒙（1997）也標榜現在有更好的研究方法，可供研究陪審團的人採用，但他也提出有兩個地方需要深入研究，第一，她認為應該要有更確定的實地研究資料。雖然她認為實地研究結果與實驗室研究結果大致相符，不過研究人員要是能將實驗室得來的結果拿到實地（如真正的審判）確認，就更能確立模擬與實際情形的近似程度。第二，研究人員應該更了解模擬陪審員在模擬審判過程所做的決定。我們知道模擬陪審員所做的決定多半都不重要，不管他們怎麼決定，最後都不會有人坐牢。最高法院主張模擬審判對當事人沒有實質風險，由此可見一斑。不過這個問題倒有幾個解決方式。舉例來說，也可以請各州法院與聯邦法院真正的法官參與研究，告訴模擬陪審員陪審員的工作對法院有多重要。另外研究人員也可以告訴模擬陪審員，他們接下來要參與的模擬審判是模擬已經舉行過的審判，他們的裁決結果會拿來跟原始審判的裁決結果比較（Elwork, Sales, & Alfini, 1982）。

麥克里在法庭上提出的研究，有些確實揭露了候選陪審員對死刑的態度與決定，但是最高法院認為研究結果並不能代表真正的陪審員會有的行為。行為科學家與社會科學家面臨的挑戰在於和法界合作，更了解彼此的工作與成果的優勢與侷限。另外，社會科學家也要採用有效且能解決法律問題的研究方法，行為科學家與社會科學家用這種方式，提供給法律決策者的事實，就不會像羅克哈特對麥克克里的社會科學事實一樣，被最高法院認定含有侷限（真正的侷限或感覺的侷限）。雖然陪審團模擬實驗還有很多有待改進之處，模擬還是有其價值，因為有模擬總比沒有模擬，憑空猜測真正的陪審團會有的行為來得好（Diamond, 1997）。要了解、分析真正的陪審團的行為，還是做陪審團模擬實驗比較好。

## 裁決審議

最高法院對於社會科學研究的另一項批評，就是模擬陪審員在實驗過程中沒有審議。最高法院認為少了審議的實驗不夠真實，也不足以採信。

在陪審團決策研究中納入審議會有一些問題。如果要安排模擬陪審員審議，那就需要募集更多參與者，因為需要十二位陪審員才能完成一個資料點（例如有罪或無罪裁決）。但是如果十二個人是個別接受測試，那就會製造出十二個資料點，所以需要一百四十四位參與者以十二個人為一組組成陪審團審議，得到的資料點才會和十二位不審議的參與者一樣多。這樣一來，研究人員可能得測試好幾百名參與者，才能得到些微的群體結果。

審議也許並不像最高法院所想的那樣重要，因為要預測陪審團審議之後的投票結果，最好還是看陪審團在審議之前對案子的看法。卡文與查塞爾（1966）在這個領域做了一個影響深遠的研究。他們訪問前任陪審員，發現陪審團第一次投票結果對於最後的裁決結果有重大影響。舉例來說，陪審團第一次投票的結果是一致同意被告有罪，那最終的裁決就是被告有罪。這個結果看似明顯，但是第一次投票就算有多達五位陪審員投下「有罪」票，另外七位投下「無罪」票，最終裁決還是有百分之九十一的機率是「無罪」。如果第一次投票的結果是七票有罪對上五票無罪，那最終裁決有百分之八十六的機率是有罪。桑迪斯與迪爾哈（1995）的研究也得到極為接近的結果。第一次投票的結果有百分之九十三的機率會符合最終裁決結果。在另一項研究中，有資格擔任陪審員的一群參與者在模擬審判中審議，最終的裁決結果也相似（Tanford & Penrod, 1986）。包爾斯（1996）進行死刑案件陪審團研究計畫，研究真正的陪審員在真正的死刑案件審判過程的行為。研究人員與隨機選出的陪審員進行詳細的訪談，發現很多陪審員在被告還沒有被定罪之前，就已經在考慮被告的刑罰了。受訪的陪審員有半數表示他們在審判的判刑階段之前，也就是還沒有參考任何減刑或加重刑罰的證據之前，就已經決定了被告的刑罰。因此研究人員可以確定，只要知道一位陪審員在審議之前的第一次投票的選擇，就可以正確預測陪審團的最終裁決（如Hastie, Penrod, & Pennington, 1983），而且就算研究沒有安排審議，最高法院也不應該以此為由拒絕採納。

麥克克里提出的研究當中有一項確實涵蓋審議（Cowan, Thompson, & Ellsworth, 1984），但是最高法院還是不採納，因為研究人員雖然要求模擬陪審員審議，卻沒有要求他們做出集體裁決。這項研究的模擬陪審團的確含有「威瑟斯彭可排除者」（最高法院表示麥克克里提出的其他研究都犯了沒有涵蓋「威瑟斯彭可排除者」的缺失），最高法院還是認為這項研究並沒有顯示「威瑟斯彭可排除者」對陪審團決策的影響。不過之前探討的另一項研究，也就是從個別陪審員在審議之前的裁決，就能準確預測全體陪審團的投票行為，就能解決這個問題。

## 態度與行為的比較

最高法院認為麥克克里提出的十五項研究當中，有八項是探討研究對象對死刑的態度與觀念。最高法院認為光憑匿名受訪者對死刑的態度，並不足以斷定裁決麥克克里有罪與否的陪審團的行為。畢竟光憑態度與觀念要如何看出「排除反對死刑者」的死刑案件陪審團的行為，還有麥克克里案的陪審團的行為呢？最高法院認為這樣是完全看不出來的。這幾項研究只是稍微相關，從研究內容也無法判斷麥克克里的有罪判決是否違憲。

能不能用態度預測候選陪審員在死刑案件的行為？這並不是一個理論上的問題，因為依照法律，兩造律師有權在預先審查階段盤問候選陪審員的態度，藉此判斷候選陪審員適不適合擔任陪審員，再決定要不要動用「有理由迴避」與「無理由迴避」。最高法院在威瑟斯彭案已經明確表示，將堅決反對死刑的陪審員排除在外並不構成違憲。所以律師在預先審查階段所問的關於死刑的態度與觀念的問題也一定合乎憲法。如果真如最高法院所言，態度和行為之間並無關連，那為何又要讓律師盤問候選陪審員的態度？

麥克克里提出的一項研究，探討了詢問候選陪審員對死刑的看法對於之後陪審團決策的影響。研究顯示光是在預先審查階段詢問有關死刑的問題，就已經會讓候選陪審員產生「被告可能有罪」的想法。陪審員可能會想：「法官和律師一定是認為被告有罪，不然何必問我對死刑的想法？」哈尼（1984）將一群研究對象隨機分為一兩組，一組要經歷標準的預先審查，或者是預先審查之後，如果被發現反對死刑，還要被排除在外。結果排除反對死刑者的陪審團比沒有排除的更有可能判被告有罪，也更有可能將被告判處死刑。他們也比較會認為法律不贊成他們反對死刑。哈尼認為在預先審查階段將反對死刑者排除在外，會導致陪審團偏向將被告判處死刑。後來研究人員將十四項態度與死刑的關係的研究加以綜合分析，也得到相同的結論（Allen, Mabry, & McKelton, 1998）。十四項研究都進行了預先審查，結果陪審團都比較會判被告有罪，也比較願意判處被告死刑（亦見 Filkins, Smith, & Tindale, 1998）。

## 無效者對陪審團的影響

最高法院特別提到柯文等人（1984）的研究，因為這項研究探討無效者的影響。所謂「無效者」，就是不遵守法官指示的陪審員。他們判斷被告是否有罪不是根據法律與法官指示，而是根據其他推斷與原則（例如他們對司法的概念）。明確表示不願意遵守法律的陪審員應該被排除在外，這點沒有人有異議。

但是不願意判處死刑的人（例如「威瑟斯彭可排除者」）是不是明知道被告有罪，也無法遵守法律，在審判的定罪階段投下「有罪」票呢？哈尼、何達多與維嘉（1994）仿照法官與律師在死刑案件的預先審查，與將近五百位加州公民深入訪談，發現大約有百分之四點五的研究對象極度反對死刑，知道被告有可能被判死刑，在審判的定罪階段就不願意判被告有罪（他們就是所謂的「無效者」）。較早的研究（如Fitzgerald & Ellsworth, 1984（見Haney et al., 1994））則是估計百分之八至百分之十二。假設沒有其他的陪審員非要投「有罪」或「無罪」，陪審團裡面有「無罪者」，就會比較偏頗。

但是這並不表示應該將所有「威瑟斯彭可排除者」排除在外。「威瑟斯彭可排除者」當中有一些（大概是大多數）如果獲准加入陪審團，還是會投票判定被告有罪。他們就算可能反對死刑，也還是堅決擁護法治，希望犯罪者能遭到定罪。

最高法院認為，既然只有柯文等人的研究探討「無效者」對有罪無罪裁決結果的影響，就不能制訂法律，讓所有遭到「排除反對死刑者」的死刑案件陪審團判刑的死刑犯翻案。最高法院認為，只有一項研究探討「無效者」的影響是重大瑕疵。

最高法院的擔憂也是合理的。最高法院要回答一個憲法的問題，不僅關係到麥克克里的生命，也關係到其他許多人的生命，當然要尋找類似的研究結果，或者尋找探討相同議題的其他研究。柯文等人所做的模擬並不是最逼真的。不過在探討這些問題之前，還是要為柯文等人說句公道話，他們的研究確實有幾項重要特點，與最高法院探討的主題相關。這些特點包括：模擬陪審團排除了反對死刑者、審判的內容是根據真實謀殺案審判撰寫的腳本，再拍攝而成的長達兩個半小時的詳細影片，而且模擬陪審員也可以審議。這項研究有幾個缺點，其中一項是兩百八十八位研究對象中只有三十七位曾經擔任過陪審員。其他人都是看報紙廣告應徵，或是朋友推薦而來。所有的研究對象都是自願參加，而且全都是加州居民。麥克克里是在阿肯色州受審定罪，研究如果是在阿肯色州取樣，得到的樣本會有所不同。研究對象是三十六個人一起在禮堂看影片，而不是像真正的陪審團一樣是十二個人。研究對象看完影片，就要先做初步裁決。而在真正的審判，法官都會要求陪審團在聽取所有的證據，仔細討論過後再做出裁決（雖然陪審團要做到這點並不容易）。模擬陪審員在審議之前，研究人員會告訴他們審議一開始都要先進行假投票（一種非正式投票，目的是要了解團體的意見分布）。雖然真正的陪審團開始審議時都會舉行假投票，但是研究人員這樣說是多此一舉，給審議的過程帶來不必要的影響。應該由研究對象自行決定審議過程，真正的陪審員就是自行決定。審議過程全程錄音錄影，研究對象也看得見攝影機與麥克風，這可能會影響到研究對象的審議與行為。不過研究人員後來觀看錄影，發現模擬陪審員很快就忘記攝影機的存在。研究人員也告訴研究對象審議時間只有一小時，研究對象知道有時間限制，這也可能影響他們的審議。

## 本章重點

羅克哈特案提出的研究如果以合適的方式進行，就會與這個案子的事實議題相關，但是，最高法院在本案表示這個研究的方法有所侷限。我們在分析最高法院的意見時曾經提到，研究這個領域的社會科學家會不贊同這個説法，會認同最高法院的不同意見。也許法律和行為科學與社會科學兩種截然不同的領域交會時，難免會有這種歧見。如同沙爾斯和舒曼（2005）所言，法官和律師應該知道如何正確評估訴訟案件的專家資訊，行為科學家與社會科學家也應該知道法律與法律決策。這是新的一課，拿來作為本書的結尾應該很恰當。

## 參考書目

Allen, M., Mabry, E., & McKelton, D. (1998). Impact of juror attitudes about the death penalty on juror evaluations of guilt and punishment: A meta-analysis. *Law and Human Behavior, 22*, 715-731.

Bornstein, B. H. (1999). The ecological validity of jury simulations: Is the jury still out? *Law and Human Behavior, 23*, 75-91.

Bowers, W. J. (1996). The capital jury: Is it tilted toward death? *Judicature, 79*, 220-223.

Cowan, C. L., Thompson, W. C., & Ellsworth, P. C. (1984). The effects of death qualification on jurors' predispositions to convict and on the quality of deliberation. *Law and Human Behavior, 8*, 53-79.

Devine, D. J., Clayton, L. D., & Dunford, B. B. (2001). Jury decision making: 45 years of empirical research.

*Psychology, Public Policy and Law, 7*, 622-727.

Diamond, S. S. (1997). Illuminations and shadows from jury simulations. *Law and Human Behavior, 21*, 561-571.

Elwork, A., Sales, B. D., & Alfini, J. (1982). *Making jury instructions understandable*. Charlottesville, VA: Michie.

Filkins, J. W., Smith, C. M., & Tindale, R. S. (1998). An evaluation of the biasing effects of death qualification: A meta-analytic/computer simulation approach. In R. S. Tindale, L. Heath, J. Edwards, E. Posavac, F. Bryant, & Y. Suarez-Balcazar (Eds.), *Theory and research on small groups: Social psychological applications to social issues* (pp. 153-175). New York: Plenum.

Haney, C. (1984). The biasing effects of the death-qualification process. *Law and Human Behavior, 8*, 121-132.

Haney, C., Hurtado, A., & Vega, L. (1994). "Modern" death qualification: New data on its biasing effects. *Law and Human Behavior, 18*, 619-633.

Hastie, R., Penrod, S., & Pennington, N. (1983). *Inside the jury*. Cambridge: MA: Harvard University Press.

Kalven, H., & Zeisel, H. (1966). *The American jury*. Boston: Little, Brown.

Lockhart v. McCree, 476 U.S. 162 (1986).

Sales, B. D., & Shuman, D. W. (2005). *Experts in court: Reconciling law, science, and professional knowledge*. Washington, DC: American Psychological Association.

Sandys, M., & Dillehay, R. C. (1995). First ballot votes, predeliberation dispositions, and final verdicts in jury trials. *Law and Human Behavior, 19*, 175-195.

Tanford, S., & Penrod, S. (1986). Jury deliberations: Discussion content and influence processes in jury decision making. *Journal of Applied Social Psychology, 16*, 322-347.

Wainwright v. Witt, 469 U.S. 412 (1985).

Weiten, W., & Diamond, S. S. (1979). A critical review of the jury simulation paradigm: The case of defendant characteristics. *Law and Human Behavior, 3*, 71-93.

Witherspoon v. Illinois, 391 U.S. 510 (1968).

**博雅文庫 115**

# 法律，不只是法律：

## 行為與社會事實在法律判決時的角色

*More Than The Law: Behavioral And Social Facts In Legal Decision Making*

作　　者　彼德・英格利許（Peter W. English）、
　　　　　布魯斯・塞爾斯（Bruce Dennis Sales）
譯　　者　龐元媛
發 行 人　楊榮川
總 經 理　楊士清
總 編 輯　楊秀麗
副總編輯　劉靜芬
校　　對　黃麗玟
封面設計　王麗娟
出 版 者　五南圖書出版股份有限公司
地　　址　106 台北市大安區和平東路二段 339 號 4 樓
電　　話　（02）2705-5066
傳　　真　（02）2706-6100
劃撥帳號　01068953
戶　　名　五南圖書出版股份有限公司
網　　址　https://www.wunan.com.tw
電子郵件　wunan@wunan.com.tw
法律顧問　林勝安律師事務所　林勝安律師
出版日期　2012 年 2 月初版一刷
　　　　　2014 年 11 月二版一刷
　　　　　2022 年 9 月三版一刷
定　　價　新臺幣 420 元

**國家圖書館出版品預行編目資料**

法律，不只是法律：行為與社會事實在法律判決時的角色／彼德・英格利許（Peter W. English），布魯斯・塞爾斯（Bruce Dennis Sales）著；龐元媛譯. -- 三版. -- 臺北市：五南圖書出版股份有限公司, 2022.09
面；　公分. --（博雅文庫；115）
譯自 : More than the law : behavioral and social facts in legal decision making
ISBN 978-626-343-043-3（平裝）

1.CST: 法律心理學 2.CST: 判決

580.1617　　　111010600